合规管理
流程设计
与控制程序

孙宗虎　陶光辉　王文龙 —— 编著

电子工业出版社
Publishing House of Electronics Industry
北京·BEIJING

内容简介

这是一本关于企业合规管理的全景图，帮助企业管理人员和工作人员理解、规划和实施有效的合规策略，以保障企业的可持续发展。

本书在流程管理、风险控制方面体现了很强的操作性和实用性，详细介绍了企业流程体系与设计、企业治理、市场交易、产权管理、资本运作、投融资与担保、租赁性资产、债务管理、产品质量、工程建设、安全环保、合同管理、劳动合同、财务税收、知识产权、商业伙伴、信息安全、礼品与接待、捐赠与赞助、跨境贸易、重点环节、重点人员、境外投资经营、合规管理运行以及合规管理保障的内容。

本书适合企业中高层管理人员、合规管理从业者，尤其是合规管理流程设计者阅读，也适合高等院校管理专业师生、培训和合规管理咨询人员阅读与使用。

未经许可，不得以任何方式复制或抄袭本书之部分或全部内容。
版权所有，侵权必究。

图书在版编目（CIP）数据

合规管理流程设计与控制程序／孙宗虎，陶光辉，王文龙编著 . -- 北京：电子工业出版社，2024.7
（弗布克企业合规管理三部曲）
ISBN 978-7-121-47848-2

Ⅰ.①合… Ⅱ.①孙…②陶…③王… Ⅲ.①企业管理 Ⅳ.① F270

中国国家版本馆 CIP 数据核字 (2024) 第 096709 号

责任编辑：张　毅
印　　刷：三河市兴达印务有限公司
装　　订：三河市兴达印务有限公司
出版发行：电子工业出版社
　　　　　北京市海淀区万寿路 173 信箱　邮编：100036
开　　本：787×1092　1/16　印张：17.25　字数：372 千字
版　　次：2024 年 7 月第 1 版
印　　次：2024 年 7 月第 1 次印刷
定　　价：79.00 元

凡所购买电子工业出版社图书有缺损问题，请向购买书店调换。若书店售缺，请与本社发行部联系，联系及邮购电话：（010）88254888，88258888。
质量投诉请发邮件至 zlts@phei.com.cn，盗版侵权举报请发邮件至 dbqq@phei.com.cn。
本书咨询联系方式：（010）68161512，meidipub@phei.com.cn。

序

合规管理流程是企业合规管理的有力抓手，其作用在于确保企业或组织的运营符合相关法律法规、行业标准及内部规定，降低企业或组织因违反法律法规带来的法律风险、声誉风险和经济损失。

合规管理流程的建立，有助于企业：建立规范、塑造文化、识别风险、保护声誉、减本降费、强化执行、提升能力。

建立规范。通过建立合规流程，企业或组织可以规范企业内部流程和规章制度，提高管理效率，减少错误和纠纷的发生，为企业或组织的运营提供更稳定的环境。

塑造文化。通过建立合规流程，企业可以更好地塑造积极的企业文化，强调诚信、透明和责任，鼓励员工遵守法律法规，并将合规理念融入企业的日常运营中。

识别风险。通过建立合规流程，企业或组织能够更好地识别、评估和管理法律、道德和商业方面的风险，从而降低因违反法规或道德标准而造成的风险和损失。

保护声誉。通过建立合规流程，企业或组织能够提高对重要信息的保护水平，建立良好的声誉，增加投资者、客户和员工对企业或组织的信任，提升企业或组织的形象和市场价值，防止机密泄露、信息丢失等问题的出现，从而保护企业品牌及声誉。

减本降费。通过建立合规流程，企业或组织可以减少因违反法律法规而导致的罚款，因诉讼和赔偿而产生的经济损失等不必要的费用。同时，遵守法律法规可以提高企业的公信力，增强客户对企业的信任，从而促进业务拓展。

强化执行。通过建立合规流程，明确各项规定，让员工清楚了解相应的法律法规和行业标准，从而避免不必要的执行风险。

提升能力。通过建立合规流程，企业可以提高自己的竞争力、公信力、品牌影响力，从而更容易获得市场认可和政策支持，进而提高在市场竞争中的胜算。

需要注意的是，合规流程不是一成不变的，要不断再造。合规管理流程要按照年度进行盘点和审计，对一些法律法规、行业标准、业务和政策发生变化的，要及时进行流程更新和再造，并重新审定和颁布。

对于需要马上进行流程更新和流程再造的，要立即应用新的变化，以免因为合规问题给企业或者组织造成不必要的损失。

在当今社会，合规管理已成为企业管理中不可或缺的重要组成部分。随着法规环境的日益复杂和监管要求的不断提高，企业面临着越来越多的合规挑战。因此，建立一套科学、高效的合规管理流程，对于企业的稳健发展具有至关重要的意义。

本书深入剖析了合规管理流程的核心要素和实践方法，为企业进行合规管理提供了宝贵的参考和指导。无论您是企业高管、合规专员还是其他相关从业人员，本书都将为您提供有益的帮助。我衷心推荐大家阅读这本关于合规管理流程的优秀著作，相信它会为您的工作带来诸多裨益。

中国石化催化剂（北京）有限公司
周常发

前　言

企业合规管理已经成为当今商业环境中不可或缺的重要管理领域。随着法律法规和监管要求的不断增加，以及公众对企业道德责任要求的不断提升，合规管理已经成为企业成功经营的关键因素之一。

本书的目的是为企业合规管理人员、合规岗位从业者提供一种简单、系统且实用的方法来应对合规挑战，为企业建立健全合规体系提供流程设计支持。

本书共包含 25 章，涵盖了企业合规管理的各个重要领域，每章都以流程图和合规风险控制矩阵的形式呈现，旨在让相关人员能清晰地了解每个合规领域的核心流程和关键控制点。这种方式将帮助相关人员更直观地理解合规管理的步骤和程序、标准和依据，同时为相关人员提供了实用工具，以便相关人员自行评估、规划和制定合规措施。

无论您是初次接触合规管理还是已经在这一领域积累了丰富经验，我们相信本书都将为您带来新的启发和价值。愿本书成为您在合规流程管理过程中的重要伙伴，陪伴您走向合规管理的成功之路。

同时，我们欢迎您与我们一同探索合规管理的未来。作为不断发展和演变的领域，合规管理需要与时俱进，适应不断变化的法规和业务环境。我们希望您积极参与讨论，分享经验和见解，以推动合规管理的创新和进步。

最后，我们要感谢所有为本书的完成作出贡献的人员，包括撰写者、编辑、审校人员和出版团队，他们的辛勤工作和专业知识使得本书的出版成为可能。

衷心感谢您选择阅读本书。我们希望您能够从中获得宝贵的知识和启示，为您的事业增添更多成功的因素！

祝您阅读愉快，使用愉快，合规管理有成！再次期待收到您的宝贵意见！

孙宗虎　陶光辉　王文龙

2024 年 1 月

目 录

第 1 章　企业合规——流程体系与设计 / 1

1.1　合规管理流程设计体系 / 2
1.1.1　企业合规管理总体流程设计体系 / 2
1.1.2　企业合规管理职责流程设计体系 / 2
1.1.3　企业合规管理重点流程设计体系 / 3
1.1.4　企业合规管理运行流程设计体系 / 3
1.1.5　企业合规管理保障流程设计体系 / 4

1.2　合规管理流程设计 / 6
1.2.1　流程的定义 / 6
1.2.2　流程的分类 / 7
1.2.3　流程的层级 / 8
1.2.4　流程图的绘制方法 / 9
1.2.5　流程图的管理与实施 / 12

第 2 章　企业合规——企业治理 / 13

2.1　三重一大决策流程设计与风险点、合规程序、合规依据 / 14
2.1.1　三重一大决策流程设计 / 14
2.1.2　三重一大决策流程风险点、合规程序、合规依据 / 15

2.2　制度文件审查流程设计与风险点、合规程序、合规依据 / 17
2.2.1　制度文件审查流程设计 / 17
2.2.2　制度文件审查流程风险点、合规程序、合规依据 / 18

第 3 章　企业合规——市场交易 / 21

3.1　资产交易流程设计与风险点、合规程序、合规依据 / 22
3.1.1　资产交易流程设计 / 22
3.1.2　资产交易流程风险点、合规程序、合规依据 / 23

3.2 招标管理流程设计与风险点、合规程序、合规依据 / 25

3.2.1 招标管理流程设计 / 25
3.2.2 招标管理流程风险点、合规程序、合规依据 / 26

3.3 交易决策流程设计与风险点、合规程序、合规依据 / 28

3.3.1 交易决策流程设计 / 28
3.3.2 交易决策流程风险点、合规程序、合规依据 / 29

第 4 章 企业合规——产权管理 / 31

4.1 资产评估流程设计与风险点、合规程序、合规依据 / 32

4.1.1 资产评估流程设计 / 32
4.1.2 资产评估流程风险点、合规程序、合规依据 / 33

4.2 资产交易流程设计与风险点、合规程序、合规依据 / 35

4.2.1 资产交易流程设计 / 35
4.2.2 资产交易流程风险点、合规程序、合规依据 / 36

4.3 产权变动监管流程设计与风险点、合规程序、合规依据 / 38

4.3.1 产权变动监管流程设计 / 38
4.3.2 产权变动监管流程风险点、合规程序、合规依据 / 39

第 5 章 企业合规——资本运作 / 41

5.1 上市公司股权变动流程设计与风险点、合规程序、合规依据 / 42

5.1.1 上市公司股权变动流程设计 / 42
5.1.2 上市公司股权变动流程风险点、合规程序、合规依据 / 43

5.2 信息披露流程设计与风险点、合规程序、合规依据 / 45

5.2.1 信息披露流程设计 / 45
5.2.2 信息披露流程风险点、合规程序、合规依据 / 46

第 6 章 企业合规——投资与担保 / 49

6.1 投资管理流程设计与风险点、合规程序、合规依据 / 50

6.1.1 投资管理流程设计 / 50
6.1.2 投资管理流程风险点、合规程序、合规依据 / 51

6.2 违规投资责任追究流程设计与风险点、合规程序、合规依据 / 53

6.2.1 违规投资责任追究流程设计 / 53
6.2.2 违规投资责任追究流程风险点、合规程序、合规依据 / 54

6.3 违规担保责任追究流程设计与风险点、合规程序、合规依据 / 56
　　6.3.1 违规担保责任追究流程设计 / 56
　　6.3.2 违规担保责任追究流程风险点、合规程序、合规依据 / 57
6.4 跨境投资管理流程设计与风险点、合规程序、合规依据 / 59
　　6.4.1 跨境投资管理流程设计 / 59
　　6.4.2 跨境投资管理流程风险点、合规程序、合规依据 / 60

第7章　企业合规——租赁性资产 / 61

7.1 资产租赁管理流程设计与风险点、合规程序、合规依据 / 62
　　7.1.1 资产租赁管理流程设计 / 62
　　7.1.2 资产租赁管理流程风险点、合规程序、合规依据 / 63
7.2 租赁性资产审计与监督流程设计与风险点、合规程序、合规依据 / 65
　　7.2.1 租赁性资产审计与监督流程设计 / 65
　　7.2.2 租赁性资产审计与监督流程风险点、合规程序、合规依据 / 66
7.3 租赁性资产处理流程设计与风险点、合规程序、合规依据 / 68
　　7.3.1 租赁性资产处理流程设计 / 68
　　7.3.2 租赁性资产处理流程风险点、合规程序、合规依据 / 69

第8章　企业合规——债务管理 / 71

8.1 债务监督检查流程设计与风险点、合规程序、合规依据 / 72
　　8.1.1 债务监督检查流程设计 / 72
　　8.1.2 债务监督检查流程风险点、合规程序、合规依据 / 73
8.2 债务问题问责流程设计与风险点、合规程序、合规依据 / 75
　　8.2.1 债务问题问责流程设计 / 75
　　8.2.2 债务问题问责流程风险点、合规程序、合规依据 / 76

第9章　企业合规——产品质量 / 79

9.1 产品管理质量体系建设流程设计与风险点、合规程序、合规依据 / 80
　　9.1.1 产品管理质量体系建设流程设计 / 80
　　9.1.2 产品管理质量体系建设流程风险点、合规程序、合规依据 / 81
9.2 服务管理质量体系建设流程设计与风险点、合规程序、合规依据 / 83
　　9.2.1 服务管理质量体系建设流程设计 / 83
　　9.2.2 服务管理质量体系建设流程风险点、合规程序、合规依据 / 84

9.3 产品质量过程控制流程设计与风险点、合规程序、合规依据 / 86

    9.3.1 产品质量过程控制流程设计 / 86

    9.3.2 产品质量过程控制流程风险点、合规程序、合规依据 / 87

第 10 章　企业合规——工程建设 / 89

10.1 工程项目进度管理流程设计与风险点、合规程序、合规依据 / 90

    10.1.1 工程项目进度管理流程设计 / 90

    10.1.2 工程项目进度管理流程风险点、合规程序、合规依据 / 91

10.2 工程项目资金管理流程设计与风险点、合规程序、合规依据 / 93

    10.2.1 工程项目资金管理流程设计 / 93

    10.2.2 工程项目资金管理流程风险点、合规程序、合规依据 / 94

10.3 工程项目施工合同管理流程设计与风险点、合规程序、合规依据 / 96

    10.3.1 工程项目施工合同管理流程设计 / 96

    10.3.2 工程项目施工合同管理流程风险点、合规程序、合规依据 / 97

第 11 章　企业合规——安全环保 / 99

11.1 安全生产管理流程设计与风险点、合规程序、合规依据 / 100

    11.1.1 安全生产管理流程设计 / 100

    11.1.2 安全生产管理流程风险点、合规程序、合规依据 / 101

11.2 环境保护管理流程设计与风险点、合规程序、合规依据 / 103

    11.2.1 环境保护管理流程设计 / 103

    11.2.2 环境保护管理流程风险点、合规程序、合规依据 / 104

11.3 安全生产违规整改流程设计与风险点、合规程序、合规依据 / 105

    11.3.1 安全生产违规整改流程设计 / 105

    11.3.2 安全生产违规整改流程风险点、合规程序、合规依据 / 106

11.4 环境保护违规行为整改流程设计与风险点、合规程序、合规依据 / 108

    11.4.1 环境保护违规行为整改流程设计 / 108

    11.4.2 环境保护违规行为整改流程风险点、合规程序、合规依据 / 109

第 12 章　企业合规——合同管理 / 111

12.1 合同签订管理流程设计与风险点、合规程序、合规依据 / 112

    12.1.1 合同签订管理流程设计 / 112

12.1.2　合同签订管理流程风险点、合规程序、合规依据 / 113

　12.2　合同执行管理流程设计与风险点、合规程序、合规依据 / 115

　　　12.2.1　合同执行管理流程设计 / 115

　　　12.2.2　合同执行管理流程风险点、合规程序、合规依据 / 116

　12.3　合同执行评价流程设计与风险点、合规程序、合规依据 / 118

　　　12.3.1　合同执行评价流程设计 / 118

　　　12.3.2　合同执行评价流程风险点、合规程序、合规依据 / 119

第 13 章　企业合规——劳动合同 / 121

　13.1　劳动合同管理流程设计与风险点、合规程序、合规依据 / 122

　　　13.1.1　劳动合同管理流程设计 / 122

　　　13.1.2　劳动合同管理流程风险点、合规程序、合规依据 / 123

　13.2　劳动合同签订流程设计与风险点、合规程序、合规依据 / 125

　　　13.2.1　劳动合同签订流程设计 / 125

　　　13.2.2　劳动合同签订流程风险点、合规程序、合规依据 / 126

　13.3　劳动合同变更流程设计与风险点、合规程序、合规依据 / 128

　　　13.3.1　劳动合同变更流程设计 / 128

　　　13.3.2　劳动合同变更流程风险点、合规程序、合规依据 / 129

　13.4　劳动合同解除流程设计与风险点、合规程序、合规依据 / 131

　　　13.4.1　劳动合同解除流程设计 / 131

　　　13.4.2　劳动合同解除流程风险点、合规程序、合规依据 / 132

第 14 章　企业合规——财务税收 / 135

　14.1　财务审批管理流程设计与风险点、合规程序、合规依据 / 136

　　　14.1.1　财务审批管理流程设计 / 136

　　　14.1.2　财务审批管理流程风险点、合规程序、合规依据 / 137

　14.2　税收管理流程设计与风险点、合规程序、合规依据 / 139

　　　14.2.1　税收管理流程设计 / 139

　　　14.2.2　税收管理流程风险点、合规程序、合规依据 / 140

　14.3　税务审计管理流程设计与风险点、合规程序、合规依据 / 142

　　　14.3.1　税务审计管理流程设计 / 142

　　　14.3.2　税务审计管理流程风险点、合规程序、合规依据 / 143

第15章　企业合规——知识产权 / 145

15.1　商标注册流程设计与风险点、合规程序、合规依据 / 146
15.1.1　商标注册流程设计 / 146
15.1.2　商标注册流程风险点、合规程序、合规依据 / 147

15.2　专利注册流程设计与风险点、合规程序、合规依据 / 149
15.2.1　专利注册流程设计 / 149
15.2.2　专利注册流程风险点、合规程序、合规依据 / 150

15.3　商标许可流程设计与风险点、合规程序、合规依据 / 152
15.3.1　商标许可流程设计 / 152
15.3.2　商标许可流程风险点、合规程序、合规依据 / 153

15.4　商标侵权处理流程设计与风险点、合规程序、合规依据 / 155
15.4.1　商标侵权处理流程设计 / 155
15.4.2　商标侵权处理流程风险点、合规程序、合规依据 / 156

第16章　企业合规——商业伙伴 / 159

16.1　商业伙伴调查流程设计与风险点、合规程序、合规依据 / 160
16.1.1　商业伙伴调查流程设计 / 160
16.1.2　商业伙伴调查流程风险点、合规程序、合规依据 / 161

16.2　商业伙伴信息保密流程设计与风险点、合规程序、合规依据 / 163
16.2.1　商业伙伴信息保密流程设计 / 163
16.2.2　商业伙伴信息保密流程风险点、合规程序、合规依据 / 164

16.3　商业伙伴信息使用流程设计与风险点、合规程序、合规依据 / 166
16.3.1　商业伙伴信息使用流程设计 / 166
16.3.2　商业伙伴信息使用流程风险点、合规程序、合规依据 / 167

第17章　企业合规——信息安全 / 169

17.1　企业信息安全管理流程设计与风险点、合规程序、合规依据 / 170
17.1.1　企业信息安全管理流程设计 / 170
17.1.2　企业信息安全管理流程风险点、合规程序、合规依据 / 171

17.2　客户信息安全管理流程设计与风险点、合规程序、合规依据 / 173
17.2.1　客户信息安全管理流程设计 / 173
17.2.2　客户信息安全管理流程风险点、合规程序、合规依据 / 174

17.3 个人信息安全管理流程设计与风险点、合规程序、合规依据 / 176
　　17.3.1 个人信息安全管理流程设计 / 176
　　17.3.2 个人信息安全管理流程风险点、合规程序、合规依据 / 177

第 18 章　企业合规——礼品与接待 / 179

18.1 礼品管理流程设计与风险点、合规程序、合规依据 / 180
　　18.1.1 礼品管理流程设计 / 180
　　18.1.2 礼品管理流程风险点、合规程序、合规依据 / 181
18.2 接待管理流程设计与风险点、合规程序、合规依据 / 183
　　18.2.1 接待管理流程设计 / 183
　　18.2.2 接待管理流程风险点、合规程序、合规依据 / 184

第 19 章　企业合规——捐赠与赞助 / 187

19.1 捐赠管理流程设计与风险点、合规程序、合规依据 / 188
　　19.1.1 捐赠管理流程设计 / 188
　　19.1.2 捐赠管理流程风险点、合规程序、合规依据 / 189
19.2 赞助管理流程设计与风险点、合规程序、合规依据 / 191
　　19.2.1 赞助管理流程设计 / 191
　　19.2.2 赞助管理流程风险点、合规程序、合规依据 / 192

第 20 章　企业合规——跨境贸易 / 195

20.1 跨境货物贸易管理流程设计与风险点、合规程序、合规依据 / 196
　　20.1.1 跨境货物贸易管理流程设计 / 196
　　20.1.2 跨境货物贸易管理流程风险点、合规程序、合规依据 / 197
20.2 跨境服务贸易管理流程设计与风险点、合规程序、合规依据 / 199
　　20.2.1 跨境服务贸易管理流程设计 / 199
　　20.2.2 跨境服务贸易管理流程风险点、合规程序、合规依据 / 200

第 21 章　企业合规——重点环节 / 203

21.1 制度制定合规管理流程设计与风险点、合规程序、合规依据 / 204
　　21.1.1 制度制定合规管理流程设计 / 204
　　21.1.2 制度制定合规管理流程风险点、合规程序、合规依据 / 205

21.2 经营决策合规管理流程设计与风险点、合规程序、合规依据 / 207
 21.2.1 经营决策合规管理流程设计 / 207
 21.2.2 经营决策合规管理流程风险点、合规程序、合规依据 / 208
21.3 生产运营合规管理流程设计与风险点、合规程序、合规依据 / 210
 21.3.1 生产运营合规管理流程设计 / 210
 21.3.2 生产运营合规管理流程风险点、合规程序、合规依据 / 211

第 22 章 企业合规——重点人员 / 213

22.1 管理人员合规管理流程设计与风险点、合规程序、合规依据 / 214
 22.1.1 管理人员合规管理流程设计 / 214
 22.1.2 管理人员合规管理流程风险点、合规程序、合规依据 / 215
22.2 重要风险岗位人员管理流程设计与风险点、合规程序、合规依据 / 216
 22.2.1 重要风险岗位人员管理流程设计 / 216
 22.2.2 重要风险岗位人员管理流程风险点、合规程序、合规依据 / 217
22.3 境外人员管理流程设计与风险点、合规程序、合规依据 / 219
 22.3.1 境外人员管理流程设计 / 219
 22.3.2 境外人员管理流程风险点、合规程序、合规依据 / 220

第 23 章 企业合规——境外投资经营 / 223

23.1 境外投资合规风险排查流程设计与风险点、合规程序、合规依据 / 224
 23.1.1 境外投资合规风险排查流程设计 / 224
 23.1.2 境外投资合规风险排查流程风险点、合规程序、合规依据 / 225
23.2 境外投资合规风险评估流程设计与风险点、合规程序、合规依据 / 227
 23.2.1 境外投资合规风险评估流程设计 / 227
 23.2.2 境外投资合规风险评估流程风险点、合规程序、合规依据 / 228
23.3 境外投资合规风险应对流程设计与风险点、合规程序、合规依据 / 230
 23.3.1 境外投资合规风险应对流程设计 / 230
 23.3.2 境外投资合规风险应对流程风险点、合规程序、合规依据 / 231

第 24 章 企业合规——合规管理运行 / 233

24.1 风险应对管理流程设计与风险点、合规程序、合规依据 / 234
 24.1.1 风险应对管理流程设计 / 234

24.1.2 风险应对管理流程风险点、合规程序、合规依据 / 235

24.2 合规审查管理流程设计与风险点、合规程序、合规依据 / 237

24.2.1 合规审查管理流程设计 / 237

24.2.2 合规审查管理流程风险点、合规程序、合规依据 / 238

24.3 违规问责管理流程设计与风险点、合规程序、合规依据 / 240

24.3.1 违规问责管理流程设计 / 240

24.3.2 违规问责管理流程风险点、合规程序、合规依据 / 241

24.4 合规评估管理流程设计与风险点、合规程序、合规依据 / 243

24.4.1 合规评估管理流程设计 / 243

24.4.2 合规评估管理流程风险点、合规程序、合规依据 / 244

第 25 章　企业合规——合规管理保障 / 247

25.1 合规考核流程设计与风险点、合规程序、合规依据 / 248

25.1.1 合规考核流程设计 / 248

25.1.2 合规考核流程风险点、合规程序、合规依据 / 249

25.2 合规报告管理流程设计与风险点、合规程序、合规依据 / 251

25.2.1 合规报告管理流程设计 / 251

25.2.2 合规报告管理流程风险点、合规程序、合规依据 / 252

25.3 合规奖励管理流程设计与风险点、合规程序、合规依据 / 254

25.3.1 合规奖励管理流程设计 / 254

25.3.2 合规奖励管理流程风险点、合规程序、合规依据 / 255

25.4 合规培训管理流程设计与风险点、合规程序、合规依据 / 257

25.4.1 合规培训管理流程设计 / 257

25.4.2 合规培训管理流程风险点、合规程序、合规依据 / 258

25.5 合规文化建设管理流程设计与风险点、合规程序、合规依据 / 259

25.5.1 合规文化建设管理流程设计 / 259

25.5.2 合规文化建设管理流程风险点、合规程序、合规依据 / 260

第1章
企业合规——流程体系与设计

1.1 合规管理流程设计体系

1.1.1 企业合规管理总体流程设计体系

企业开展合规管理工作，首先要明确负责合规管理的部门和人员，梳理清楚各部门及人员的权限与职责，再找到合规管理的重点，在每一个重点领域内进行详尽的流程设计；接着，企业应建章建制，确保合规管理工作顺利推进；最后，企业应做好合规管理保障工作，加强对合规管理工作的考核评价，提升合规管理工作的质量和水平。

根据以上内容，设计的企业合规管理总体流程设计体系如图 1-1 所示。

图 1-1 企业合规管理总体流程设计体系

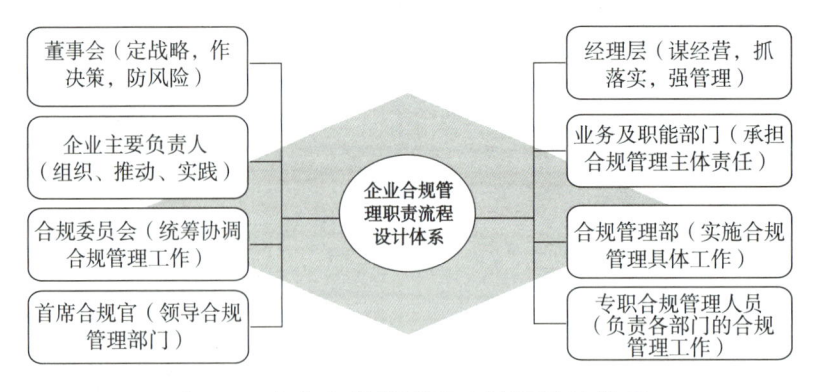

1.1.2 企业合规管理职责流程设计体系

企业进行合规管理时，董事会、经理层、合规委员会、业务及职能部门、合规管理部等机构或部门，企业主要负责人、首席合规官、专职合规管理人员等人员，应做到职责清晰，分工明确，共同促进企业合规管理工作有序开展。据此设计的企业合规管理职责流程设计体系如图 1-2 所示。

图 1-2 企业合规管理职责流程设计体系

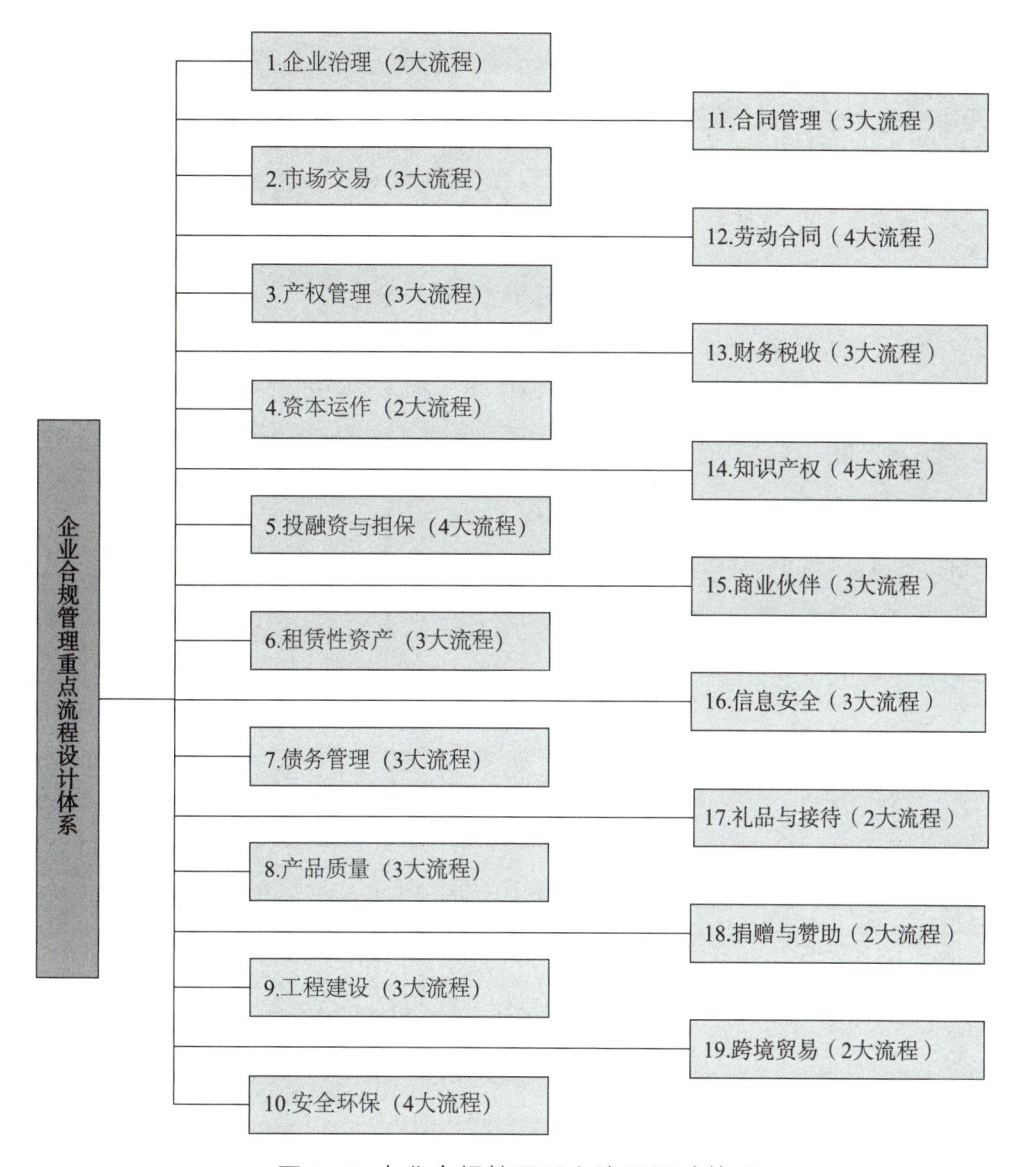

1.1.3　企业合规管理重点流程设计体系

企业应当根据外部环境变化，结合自身实际，在全面推进合规管理的基础上，突出重点领域。企业合规管理重点流程涵盖了 19 个领域，据此设计的企业合规管理重点流程设计体系如图 1-3 所示。

企业合规管理重点流程设计体系：
- 1.企业治理（2大流程）
- 2.市场交易（3大流程）
- 3.产权管理（3大流程）
- 4.资本运作（2大流程）
- 5.投融资与担保（4大流程）
- 6.租赁性资产（3大流程）
- 7.债务管理（3大流程）
- 8.产品质量（3大流程）
- 9.工程建设（3大流程）
- 10.安全环保（4大流程）
- 11.合同管理（3大流程）
- 12.劳动合同（4大流程）
- 13.财务税收（3大流程）
- 14.知识产权（4大流程）
- 15.商业伙伴（3大流程）
- 16.信息安全（3大流程）
- 17.礼品与接待（2大流程）
- 18.捐赠与赞助（2大流程）
- 19.跨境贸易（2大流程）

图 1-3　企业合规管理重点流程设计体系

1.1.4　企业合规管理运行流程设计体系

企业要制定一系列制度、机制、预案，堵塞住合规管理的漏洞，强化对合规管理过程的管控，促进合规管理工作持续改进。据此设计的企业合规管理运行流程设计体系如图 1-4 所示。

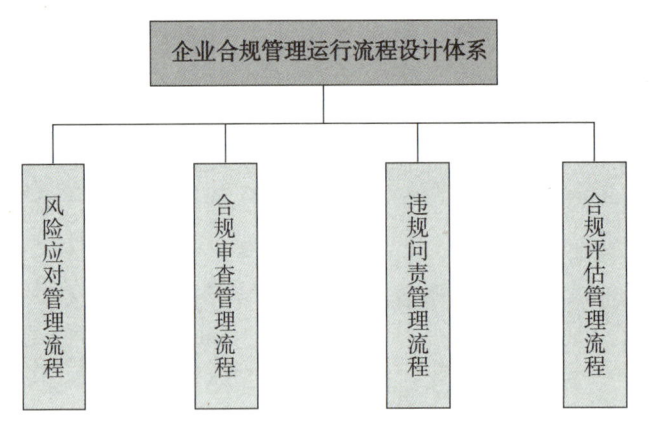

图 1-4 企业合规管理运行流程设计体系

1. 风险应对管理

为了有效应对合规风险，企业应针对被识别出来的风险制定预案，并采取必要措施及时应对和处理。对于涉及重大合规风险的事件，应由合规委员会统筹领导，企业主要负责人牵头，各相关部门协同配合，最大限度地降低风险可能造成的损失。

2. 合规审查管理

企业要确保合规审查机制的建立和完善，要将合规审查作为规章制度制定、重大事项决策、重要合同签订及重大项目运营等经营管理行为的必备程序。针对以上经营管理行为中不合规的内容，要及时提出修改建议，在经过合规审查之后方可实施。

3. 违规问责管理

企业要加大违规问责工作的力度，完善违规行为的处罚机制，明确违规责任的范围，细化惩处的标准，并建立容错免责制度，将是否依法合规作为免责认定的重要依据。另外，还要畅通举报渠道，针对反映的问题和线索及时展开调查，严肃追究违规人员的责任。

4. 合规评估管理

企业要开展合规管理评估，定期分析合规管理体系的有效性，对重大或反复出现的合规风险和违规问题进行深入调查，查找其根源，完善相关制度，填补管理漏洞，加强过程管控，并持续进行改进和提升。

1.1.5　企业合规管理保障流程设计体系

企业要加强对合规管理工作的考核，完善激励及约束机制，加强合规培训，建设合规文化，保障合规管理工作的顺利推进。据此设计的企业合规管理保障流程设计体系如图 1-5 所示。

```
                    企业合规管理保障流程设计体系
        ┌──────────┬──────────┬──────────┬──────────┐
     合规考核      合规报告      合规奖励      合规培训      合规文化建设
     管理流程      管理流程      管理流程      管理流程      管理流程
```

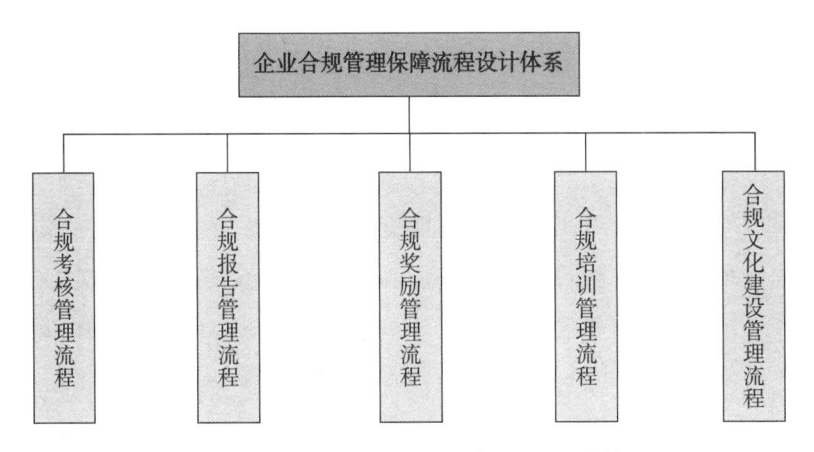

图 1-5 企业合规管理保障流程设计体系

1. 合规考核管理

企业要加强合规考核管理，将合规经营管理情况纳入对各部门和企业负责人的年度综合考核。对企业负责人和员工履行合规职责的情况进行评价，并将评价结果作为员工考核、干部任用及选拔优秀人才等工作的重要依据。

2. 合规报告管理

企业要建立健全合规报告制度，若发生较大的合规风险事件，合规管理牵头部门和相关部门应当及时向合规管理负责人、分管领导报告。若发生重大的合规风险事件，除向合规管理负责人和分管领导报告外，还应向相应级别的有关部门报告。

3. 合规奖励管理

企业要完善激励及约束机制，对在合规管理体系建设中取得重要成绩、作出突出贡献的集体和个人予以表彰和奖励；对在落实合规管理工作方面存在不力或给企业带来重大损失的集体和个人，按照相关规定对其进行严肃问责。

4. 合规培训管理

企业要高度重视合规培训，将其与法治宣传教育结合，建立制度化、常态化的培训机制，以确保员工对企业的合规目标和要求有清晰的理解，并积极遵守。

5. 合规文化建设管理

企业要积极培育合规文化，通过制定和发放合规手册、签署合规承诺书等方式，加强全员对安全、质量、诚信和廉洁等方面的意识，培养依法合规、守法诚信的价值观，从而巩固合规经营的思想基础。

1.2 合规管理流程设计

1.2.1 流程的定义

关于流程，不同的人有不同的看法。有人认为，流程就是程序，其实，"流程"和"程序"是两个互相关联但绝不等同的概念。"程序"可以体现出一件工作中若干个作业项目哪个在前和哪个在后，即先做什么和后做什么。而在"流程"中除可以体现出先做什么和后做什么外，还可以明确每一项具体任务由谁来做，即甲项工作由谁负责，乙项工作又由谁来负责，从而反映出彼此之间是什么样的工作关系。

只有通过流程，才能把一件工作的若干个作业项目或若干个工作环节及它们的责任人之间的相互工作关系一目了然地表示出来，而程序则无法做到这一点。

一般情况下，企业流程有以下 5 大特征。

（1）流程是为达成某一结果所必需实施的一系列活动。

（2）流程活动过程是可以被准确重复的。

（3）流程活动集合了所需的人员、设备、物料等。

（4）流程活动的投入、产出、品质、成本是可以被衡量的。

（5）流程活动的目标是为客户创造更多的价值。

综上，不妨给流程下这样一个定义：流程就是为特定的客户或特定的市场提供特定的产品或特定的服务所精心设计的一系列活动。

流程包括六大要素，即输入、活动、活动之间的相互作用、输出、客户、价值。流程的基本模式如图 1-6 所示。

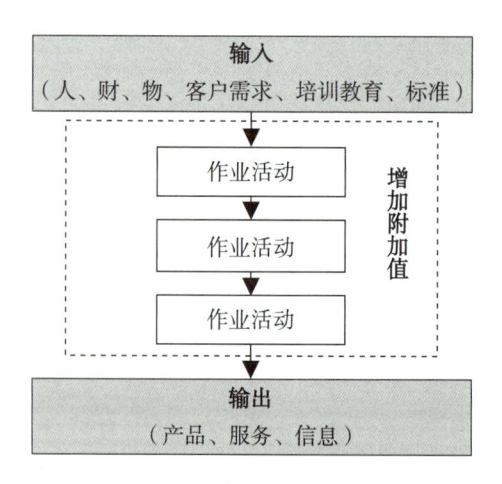

图 1-6 流程的基本模式

1.2.2 流程的分类

企业流程可分为决策流程、管理流程和业务流程三大类,具体如表1-1所示。

表1-1 企业流程分类说明

序号	流程分类	流程定义	流程特点/构成
1	决策流程	(1)能确保企业达成战略目标的流程 (2)确定企业的发展方向和战略目标,资源整合、发展和分配企业资源的过程	(1)股东、董事会、监事会等组建流程 (2)战略、重大问题及投资流程 (3)决策流程构成如图1-7所示
2	管理流程	(1)企业开展各种管理活动的相关流程 (2)通过管理活动对企业业务的开展进行监督、控制、协调、服务,间接地为企业创造价值	(1)上级组织对下级组织的管控流程 (2)资源配置流程(人、财、物、信息) (3)管理流程构成如图1-8所示
3	业务流程	(1)直接参与企业经营运作的相关流程 (2)对完成某项工作的先后顺序进行安排,对每一项工作的工作标准、作业方式等内容作出明确规定,主要为解决"如何完成工作"这一问题的过程	(1)涉及企业"产、供、销"环节 (2)包括核心流程、支持流程 (3)业务流程构成如图1-9所示

注:从企业经营活动角色来说,企业流程又可分为战略流程、经营流程和支持流程

图1-7、图1-8、图1-9分别为企业决策流程、企业管理流程、企业业务流程三大类流程的构成体系。

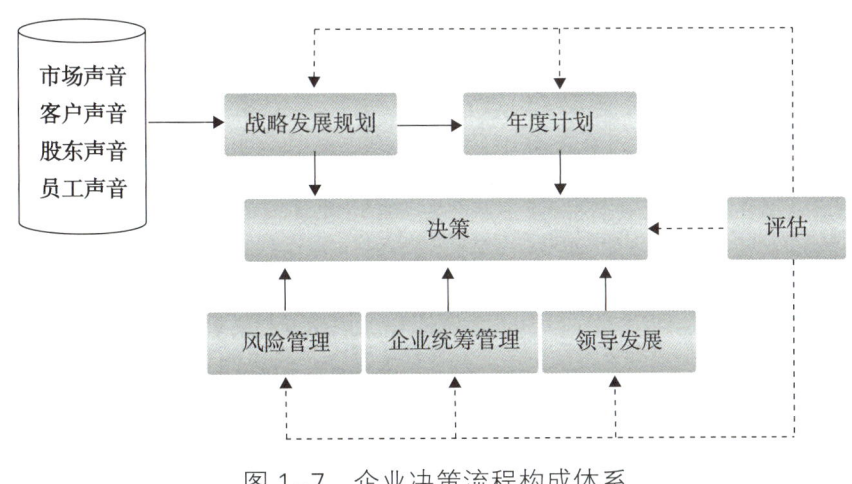

图1-7 企业决策流程构成体系

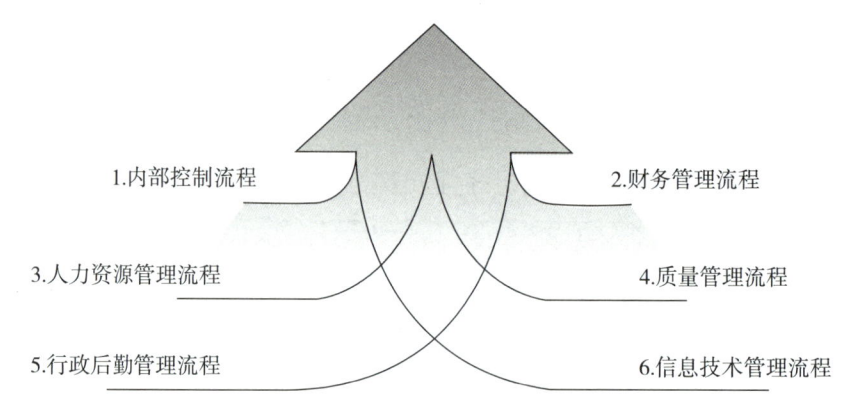

图 1-8　企业管理流程构成体系

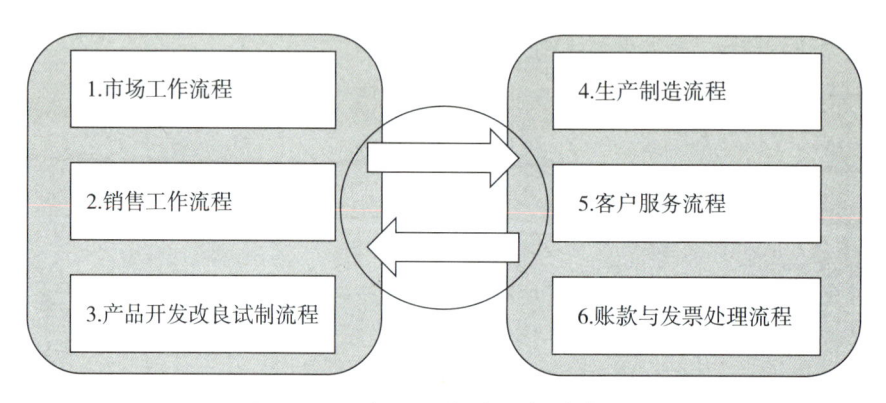

1. 内部控制流程
2. 财务管理流程
3. 人力资源管理流程
4. 质量管理流程
5. 行政后勤管理流程
6. 信息技术管理流程

图 1-9　企业业务流程构成体系

1. 市场工作流程
2. 销售工作流程
3. 产品开发改良试制流程
4. 生产制造流程
5. 客户服务流程
6. 账款与发票处理流程

1.2.3　流程的层级

为便于对各类流程进行管理，通常可以将企业内部的流程分为 3 级，分别是企业级流程、部门级流程和部门内工作流程，其主要特征如图 1-10 所示。

一级流程　企业级流程　如企业主导的业务流程、企业决策流程等

二级流程　部门级流程　如技术研发管理流程、人力资源管理流程、市场营销管理流程等

三级流程　部门内工作流程　如招聘工作流程、销售工作流程、统计工作流程等

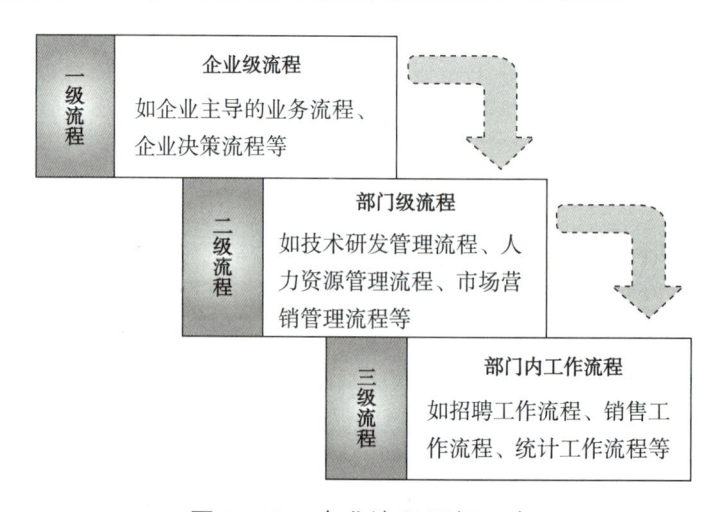

图 1-10　企业流程层级示意

各级流程之间的关系是环环相扣的，上一级别流程中的一个节点，到下一个级别可能就会演变成另一个流程。

例如：在二级流程中的人力资源管理流程中，招聘工作可能只是一个节点，但它会演变成三级流程中的招聘工作流程。

1.2.4 流程图的绘制方法

1. 流程图的分级

流程图分为一级、二级、三级。一级流程图即企业级的流程图，如企业主导的业务流程图、企业决策流程图等。二级流程图即部门级的流程图，如技术研发管理流程图、人力资源管理流程图、市场营销管理流程图等。三级流程图即部门内具体工作的流程图，如招聘工作流程图、销售工作流程图、统计工作流程图等。通常我们做到三级流程图，不必再细化到四极、五级流程图。

2. 流程图的纵、横向坐标

流程图有很多类型，我们向大家推荐的是"矩阵式流程图"，这也是国际上通用的一种流程图形式。矩阵式流程图分成纵向、横向两个方向，纵向表示工作的先后顺序，横向表示承担该项工作的部门或职位。通过纵向、横向两个方向的坐标，既解决了先做什么、后做什么的问题，又解决了张三做什么、李四做什么的问题。矩阵式流程图的示例如图1-11所示。

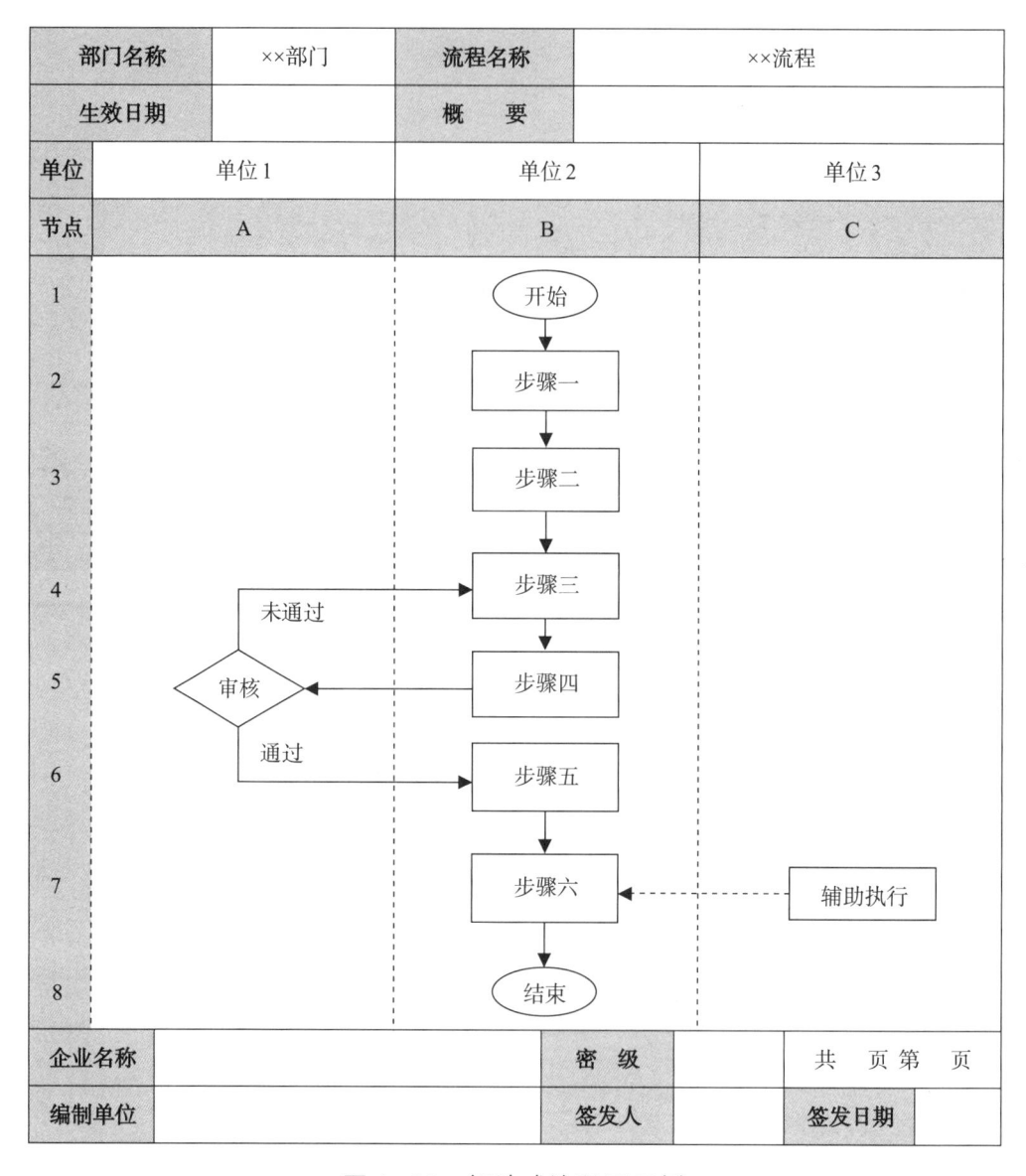

部门名称	××部门	流程名称	××流程
生效日期		概　要	

单位	单位1	单位2	单位3
节点	A	B	C
1		开始	
2		步骤一	
3		步骤二	
4		步骤三	
5	审核（未通过/通过）	步骤四	
6		步骤五	
7		步骤六	辅助执行
8		结束	

企业名称		密　级	共　页　第　页
编制单位		签发人	签发日期

图 1-11　矩阵式流程图示例

3. 流程图的绘制符号

美国国家标准学会（ANSI）规定的管理流程设计标准符号如下。

（1）流程的开始或结束，用椭圆来表示。

（2）具体任务或工作，用矩形来表示。

（3）需要决策的事项，用菱形来表示。

（4）流程线，用带箭头的直线来表示。

（5）信息来源，用倒梯形来表示。

（6）信息储存与输出，用平行四边形来表示。

椭圆：流程的开始或结束	矩形：任务或工作	菱形：要决策的事项
流程线	倒梯形：信息来源	平行四边形：信息储存与输出

管理流程设计的标准符号还有很多，但考虑到流程图越简洁明了、操作起来越方便，符号越多、操作起来越复杂，所以一般情况下建议只使用1~4项规定的符号就足够了。

4. 流程图的绘制

通常，流程图的绘制最好通过企业中高层领导讨论的方式来进行，这样可以集思广益，有助于流程的优化。在讨论时，可以在预先准备的白板上，以报事贴代表任务，来绘制流程草图，报事贴可以随时粘贴、随时取下，便于修改。在讨论确定之后，再由一位员工执笔，将最终确定的流程图绘制出来。

流程图实际上是企业的内部规章制度之一，有了它企业才能建立起正常的工作规则和工作秩序，因此，一个企业的所有流程图绘制完毕，应该装订成册，并且发给企业的各个部门遵照执行。绘制流程图的具体步骤如图1-12所示。

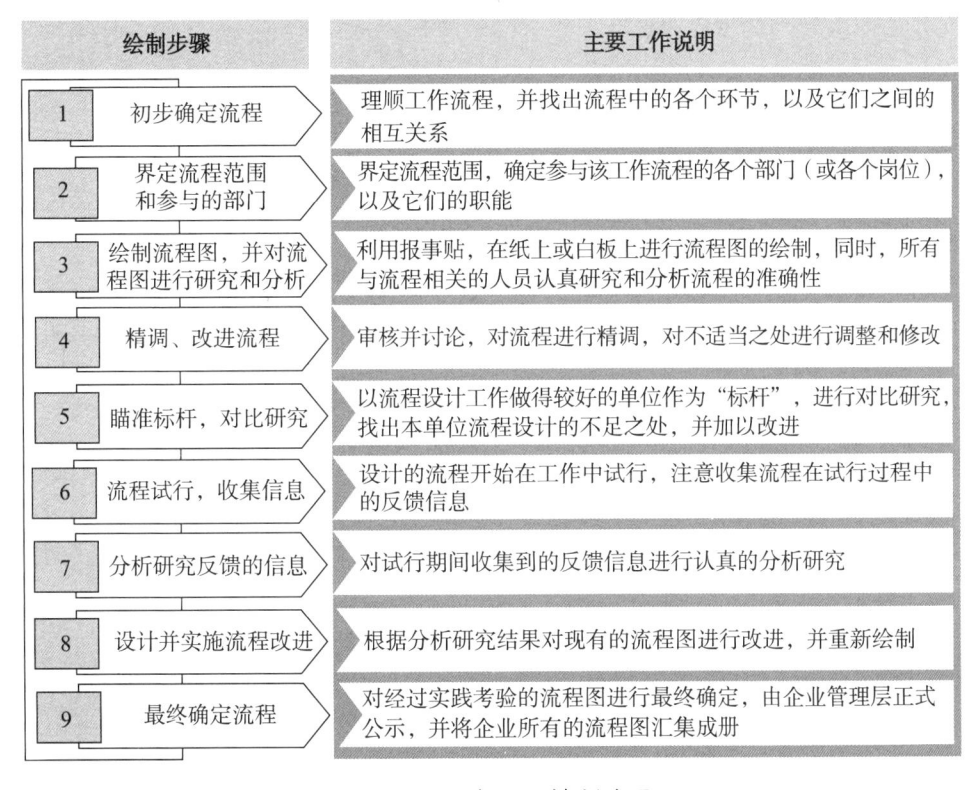

绘制步骤	主要工作说明
1 初步确定流程	理顺工作流程，并找出流程中的各个环节，以及它们之间的相互关系
2 界定流程范围和参与的部门	界定流程范围，确定参与该工作流程的各个部门（或各个岗位），以及它们的职能
3 绘制流程图，并对流程图进行研究和分析	利用报事贴，在纸上或白板上进行流程图的绘制，同时，所有与流程相关的人员认真研究和分析流程的准确性
4 精调、改进流程	审核并讨论，对流程进行精调，对不适当之处进行调整和修改
5 瞄准标杆，对比研究	以流程设计工作做得较好的单位作为"标杆"，进行对比研究，找出本单位流程设计的不足之处，并加以改进
6 流程试行，收集信息	设计的流程开始在工作中试行，注意收集流程在试行过程中的反馈信息
7 分析研究反馈的信息	对试行期间收集到的反馈信息进行认真的分析研究
8 设计并实施流程改进	根据分析研究结果对现有的流程图进行改进，并重新绘制
9 最终确定流程	对经过实践考验的流程图进行最终确定，由企业管理层正式公示，并将企业所有的流程图汇集成册

图1-12 流程图绘制步骤

1.2.5 流程图的管理与实施

在管理和实施流程图的过程中,应该注意以下要点。

1. 建立合适的企业文化

企业流程图设计或再造一般均以流程为中心,以追求客户满意度的最大化为目标,这就要求企业从传统的职能管理向过程管理转变。

企业在实施流程管理时,需要改变过去的传统观念和习惯做法,建立一种能够适应这种转变的以"积极向上、追求变革、崇尚效率"为特征的企业文化,使每个流程中的各项活动都能实现最大化增值的目标,为企业经济效益的提高作贡献。

2. 提高领导者对流程管理的认识

提高企业领导者,特别是企业高层领导者对流程管理的认识是企业发展中的重要问题,一定要使其认识到实施流程管理是企业提高运营效率和经济效益的重要措施,是企业战胜竞争对手的主要手段,是企业实施发展战略的重要步骤。

只有企业的高层领导者提高了对流程管理的认识,企业的流程再造才能够推进,流程实施才能见到效果。

3. 加强培训,使企业上下共同提高对流程的认识

在实施流程管理的过程中,企业中、高层管理人员是推动流程管理的骨干,广大员工则是推动流程管理的重要力量。

通过培训,能够提高企业的管理团队与员工对流程设计及再造的认识,共同认识到流程设计的意义,认识到流程再造对企业生存和发展的作用,这样,推动与实施流程管理才会收到良好的效果。

此外,通过培训,能提高员工的自觉性,使员工能够自觉地遵守新流程所建立起来的管理秩序和规则。

第 2 章
企业合规——企业治理

2.1 三重一大决策流程设计与风险点、合规程序、合规依据

2.1.1 三重一大决策流程设计

部门名称	总经办		流程名称		三重一大决策流程	
生效日期			概　要			
单位	党委	董事会	总经办	监事会	合规委员会	
节点	A	B	C	D	E	

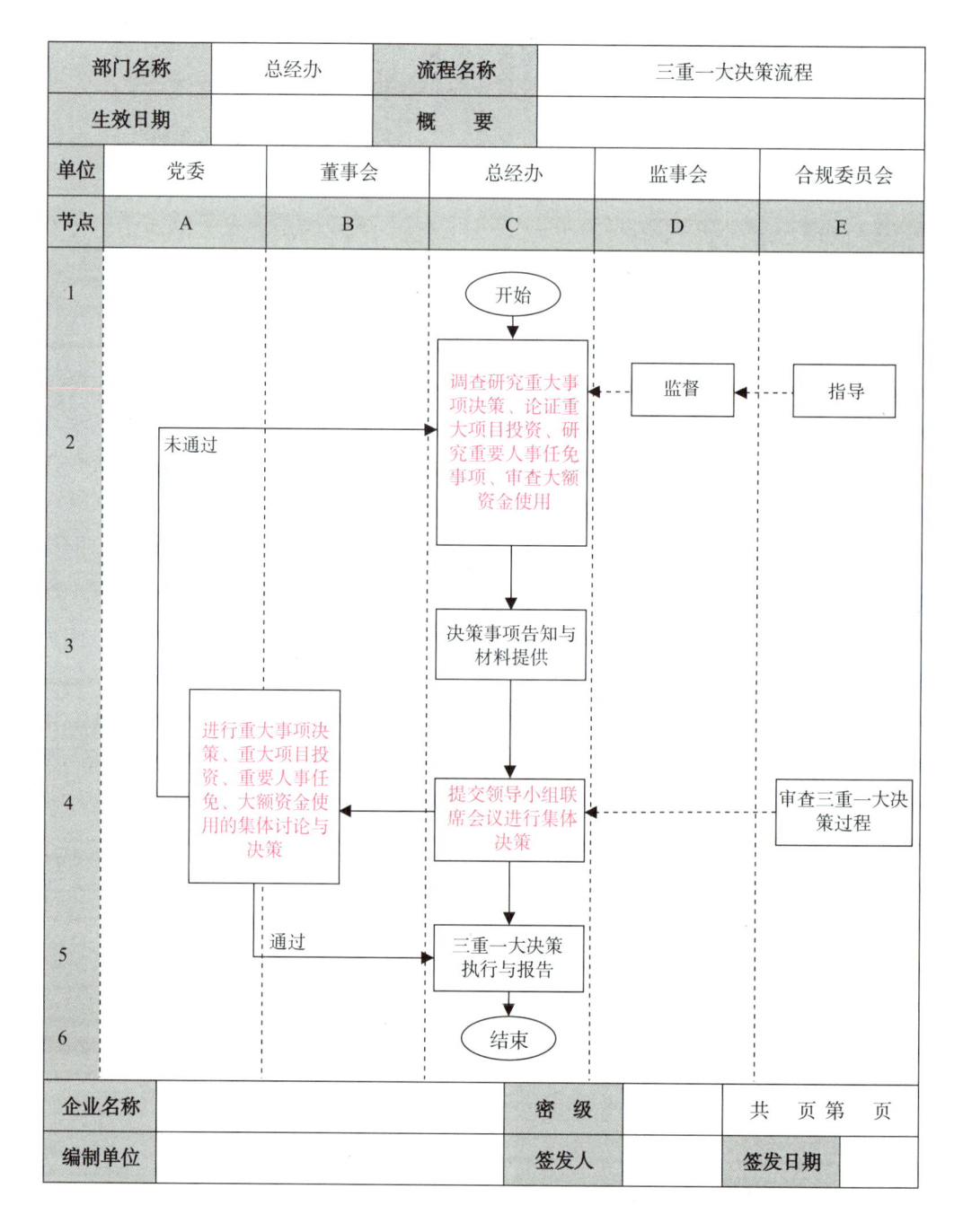

节点	流程
1	开始
2	调查研究重大事项决策、论证重大项目投资、研究重要人事任免事项、审查大额资金使用 ← 监督 ← 指导（未通过）
3	决策事项告知与材料提供
4	进行重大事项决策、重大项目投资、重要人事任免、大额资金使用的集体讨论与决策 ← 提交领导小组联席会议进行集体决策 — 审查三重一大决策过程
5	通过 → 三重一大决策执行与报告
6	结束

企业名称		密级		共　页第　页
编制单位		签发人		签发日期

2.1.2　三重一大决策流程风险点、合规程序、合规依据

合规事项	风险点、合规程序、合规依据
调查研究重大事项决策、论证重大项目投资、研究重要人事任免事项、审查大额资金使用（C2）	**风险点** （1）企业的重大事项决策、重大项目投资事项、重要人事任免事项、大额资金使用缺乏前期研究论证，不符合企业"三重一大决策制度"的规定 （2）三重一大事项研究论证期间未实行回避制度，调查、研究、论证人员与三重一大事项当事人存在利害关系，不符合企业"三重一大决策制度"的规定 **合规程序** （1）调查研究重大事项决策，听取专家意见，提出设想 　☆ 总经办调查研究重大决策事项，经过必要的研究论证程序，听取企业各方面意见和外部专家意见，提出初步设想 　☆ 监事会监督专家论证、评估过程和专家意见形成过程 　☆ 合规委员会指导针对重大决策事项的调查论证工作 （2）调查论证重大项目投资，提出方案或报告 　☆ 总经办指挥承办部门在调查论证的基础上提出关于重大项目安排事项的方案或报告 　☆ 监事会监督专家论证、评估过程和专家意见形成过程 　☆ 合规委员会指导针对重大项目安排事项的调查论证工作 （3）研究重要人事任免事项，包括对相关人员的推荐、考察事项，并征求相关单位和人员的意见 　☆ 总经办在充分征求相关单位和人员意见的前提下，组织对重要人事任免的相关人员进行考察 　☆ 监事会考察重要人事任免的相关人员 　☆ 合规委员会指导重要人事任免事项的推荐、考察工作 （4）审查大额资金使用计划和报告 　☆ 总经办审查大额资金使用部门提交的大额资金使用计划和报告 　☆ 监事会监督大额资金使用决策过程 　☆ 合规委员会指导大额资金使用的审查工作 **合规依据** （1）国家法律法规：《中华人民共和国公司法》《中华人民共和国企业国有资产法》《关于进一步推进国有企业贯彻落实"三重一大"决策制度的意见》 （2）企业规章制度："三重一大决策制度"

续表

合规事项	风险点、合规程序、合规依据
三重一大事项集体决策（C4、A4、B4）	**风险点** （1）三重一大决策程序不规范，未提交领导小组联席会议进行集体决策，不符合企业"三重一大决策制度"的规定，违反国家有关法律法规的规定 （2）三重一大决策事项相关内容上报不实，或漏报、瞒报，影响领导小组联席会议集体决策结果，违反企业"三重一大决策制度"的规定 （3）应当上报国有资产监督管理机构或其他行政主管部门进行备案的三重一大决策事项未按规定上报备案 **合规程序** （1）提交领导小组联席会议进行集体决策 ☆ 总经办将三重一大决策事项提交领导小组联席会议进行集体决策 （2）进行重大事项决策、重大项目投资、重要人事任免、大额资金使用的集体讨论与决策的集体讨论与决策 ☆ 党委、董事、高级管理人员等所有参与集体决策的人员以联席会议的形式，对三重一大事项进行集体讨论与决策 **合规依据** （1）国家法律法规：《中华人民共和国公司法》《中华人民共和国企业国有资产法》《关于进一步推进国有企业贯彻落实"三重一大"决策制度的意见》 （2）企业规章制度："三重一大决策制度"

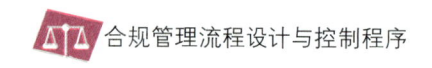

2.2 制度文件审查流程设计与风险点、合规程序、合规依据

2.2.1 制度文件审查流程设计

部门名称	合规管理部	流程名称	制度文件审查流程
生效日期		概　要	

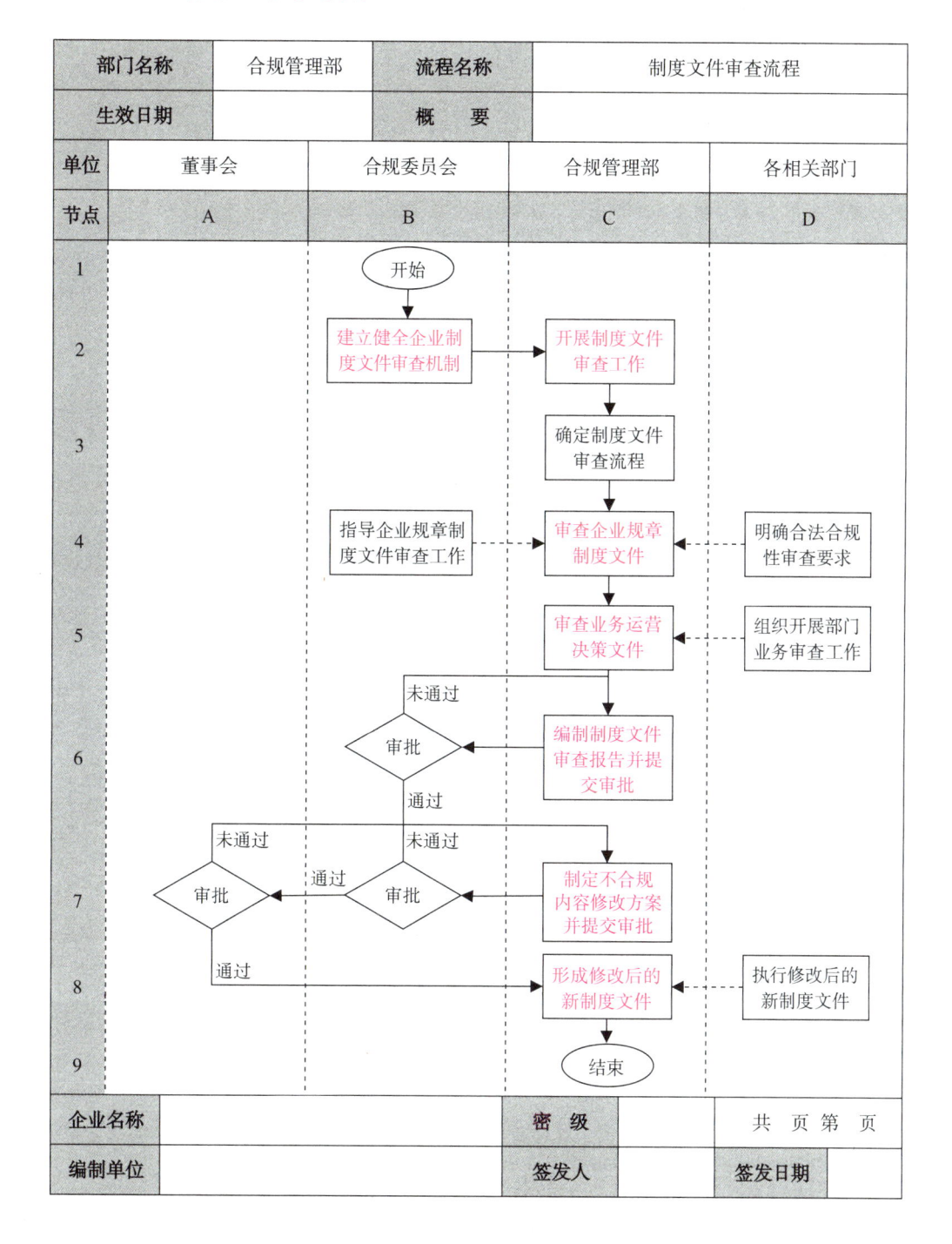

单位	董事会	合规委员会	合规管理部	各相关部门
节点	A	B	C	D
1			开始	
2		建立健全企业制度文件审查机制	开展制度文件审查工作	
3			确定制度文件审查流程	
4		指导企业规章制度文件审查工作	审查企业规章制度文件	明确合法合规性审查要求
5			审查业务运营决策文件	组织开展部门业务审查工作
6		审批（未通过/通过）	编制制度文件审查报告并提交审批	
7	审批（未通过/通过）	审批（未通过/通过）	制定不合规内容修改方案并提交审批	
8			形成修改后的新制度文件	执行修改后的新制度文件
9			结束	

企业名称		密级		共　页　第　页
编制单位		签发人		签发日期

17

2.2.2 制度文件审查流程风险点、合规程序、合规依据

合规事项	风险点、合规程序、合规依据
建立健全企业制度文件审查机制（B2、C2）	**风险点** （1）缺乏制度文件审查机制，不符合企业相关规章制度的规定 （2）未对企业制度文件的内容和程序进行合规审查，使企业的经营发展存在违法违规的风险 **合规程序** （1）建立健全企业制度文件审查机制 ☆ 合规委员会建立健全企业制度文件审查机制，将企业制度文件合规审查作为规章制度制定、重大事项决策、重要合同签订、重大项目运营等活动产生的制度文件产生效力前的必经程序 （2）开展制度文件审查工作 ☆ 合规管理部根据制度文件审查机制开展制度文件审查工作 **合规依据** （1）国家法律法规：《中华人民共和国公司法》《中华人民共和国民法典》《中央企业合规管理办法》 （2）地方法规：《××省省属企业投资监督管理办法》（参照各省国务院国有资产监督管理委员会（以下简称"国资委"）印发的通知） （3）企业规章制度："制度文件合规审查制度"
确定制度文件审查的内容和程序（C4、C5、C6）	**风险点** （1）对企业制度文件的审查不准确，未能识别出不合规的内容和程序，导致企业的经营发展存在违法违规的风险 （2）对企业制度文件的审查要求不符合行业准则以及国家有关法律法规的规定 （3）未经合规审查就实施新的制度文件，不符合企业相关规章制度的规定，存在违反行业准则、国家法律法规的风险 **合规程序** （1）审查企业规章制度文件 ☆ 合规管理部对企业各类规章制度文件进行审查，对其内容和出台程序进行合法合规性核查 （2）审查业务运营决策文件 ☆ 合规管理部对企业各项业务运营决策文件进行审查，对其内容和决策程序进行合法合规性核查 （3）编制制度文件审查报告并提交审批 ☆ 合规管理部根据审查情况编制制度文件审查报告，并提交合规委员会审批

续表

合规事项	风险点、合规程序、合规依据
确定制度文件审查的内容和程序（C4、C5、C6）	**合规依据** （1）国家法律法规：《中华人民共和国公司法》《中华人民共和国民法典》《中央企业合规管理办法》 （2）地方法规：《××省省属企业投资监督管理办法》（参照各省国资委印发的通知） （3）企业规章制度："制度文件合规审查制度"
处理不合规的制度文件（C7、C8）	**风险点** （1）对企业制度文件不合规内容的修改不符合行业准则或国家有关法律法规的规定，导致企业经营发展存在违法违规的风险 （2）未经审批通过就形成修改后的新制度文件，不符合企业相关规章制度的规定，不能作为新的制度文件执行 **合规程序** （1）制定不合规内容修改方案并提交审批 ☆ 合规管理部对不合规的制度文件制定修改方案，提交合规委员会审批通过后，上报董事会审批 （2）形成修改后的新制度文件 ☆ 合规管理部根据合规委员会、董事会的批示意见形成修改后的新制度文件 **合规依据** （1）国家法律法规：《中华人民共和国公司法》《中华人民共和国民法典》《中央企业合规管理办法》 （2）地方法规：《××省省属企业投资监督管理办法》（参照各省国资委印发的通知） （3）企业规章制度："制度文件合规审查制度"

第3章
企业合规——市场交易

3.1 资产交易流程设计与风险点、合规程序、合规依据

3.1.1 资产交易流程设计

部门名称	资产管理部		流程名称		资产交易流程
生效日期			概　　要		
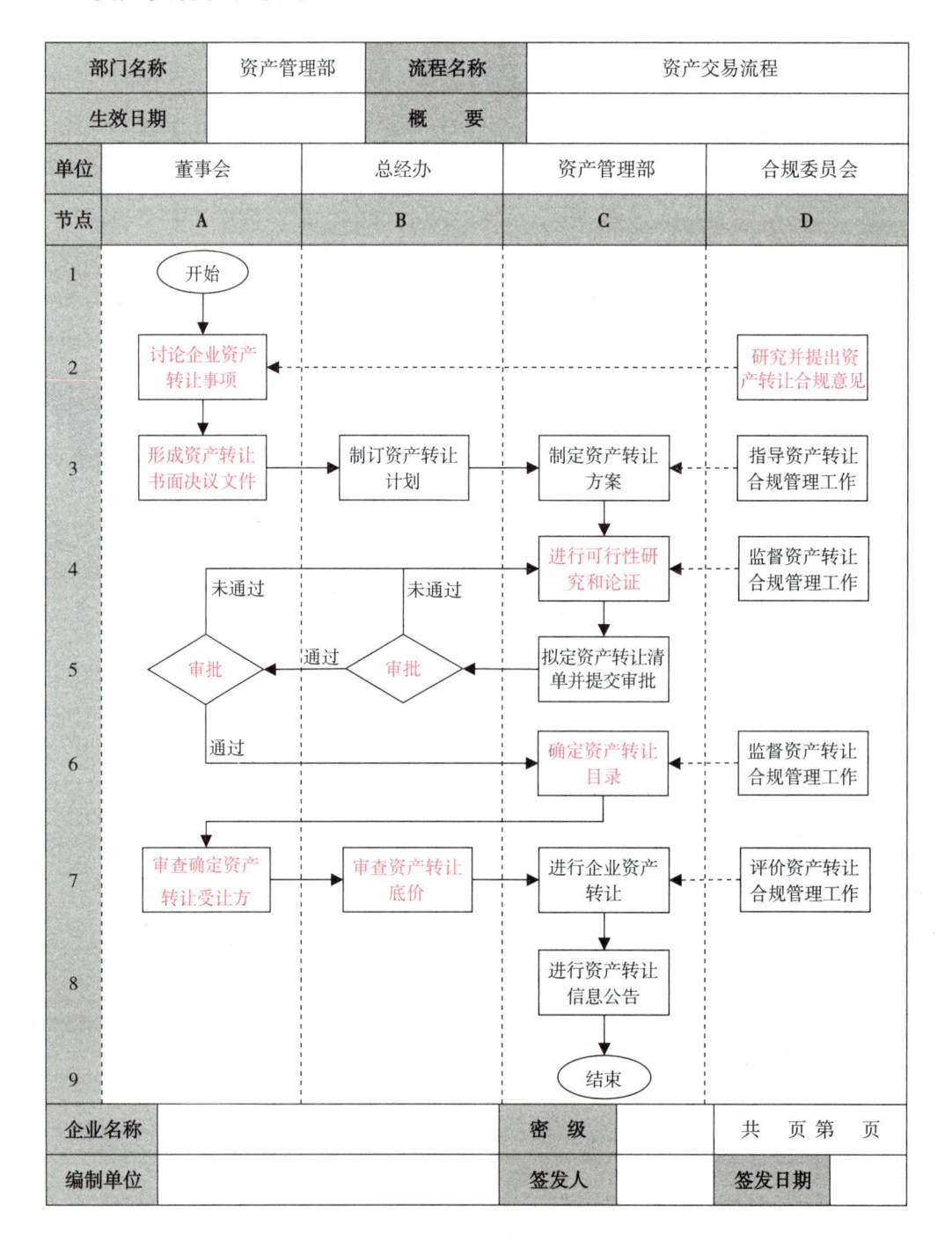 单位	董事会	总经办	资产管理部		合规委员会
节点	A	B	C		D
1	开始				
2	讨论企业资产转让事项				研究并提出资产转让合规意见
3	形成资产转让书面决议文件	制订资产转让计划	制定资产转让方案		指导资产转让合规管理工作
4			进行可行性研究和论证		监督资产转让合规管理工作
5	审批（未通过/通过）	审批（未通过/通过）	拟定资产转让清单并提交审批		
6	通过		确定资产转让目录		监督资产转让合规管理工作
7	审查确定资产转让受让方	审查资产转让底价	进行企业资产转让		评价资产转让合规管理工作
8			进行资产转让信息公告		
9			结束		
企业名称			密　级		共　页　第　页
编制单位			签发人		签发日期

3.1.2 资产交易流程风险点、合规程序、合规依据

合规事项	风险点、合规程序、合规依据
形成企业资产转让书面决议文件（A2、D2、A3）	**风险点** 未按照企业规章制度或资产转让程序的要求进行董事会集体会议决策，导致资产转让程序不规范、不合理，企业可能遭受财产损失 **合规程序** （1）讨论企业资产转让事项 　　☆ 企业应严格按照企业章程规定的管理职责召开董事会会议，就重大资产转让事项进行讨论 （2）研究并提出资产转让合规意见 　　☆ 合规委员会应对资产转让进行研究，确定其中合规管理的重大事项，并提出意见建议 （3）形成资产转让书面决议文件 　　☆ 董事会会议关于企业资产转让的各项决策，要形成书面决议文件 **合规依据** （1）国家法律法规：《中华人民共和国公司法》《中华人民共和国企业国有资产法》《企业国有资产交易监督管理办法》《企业国有资产监督管理暂行条例》 （2）企业规章制度："合规管理职责制度""资产交易操作规范"
审批资产转让清单（C4、B5、A5、C6）	**风险点** （1）未进行资产转让可行性研究和方案论证，导致资产转让最终交易失败，可能对企业正常生产经营活动造成重大影响 （2）未进行审批或审批造假，导致资产转让程序违规，企业可能遭受财产损失 （3）资产转让审批程序有漏洞，资产转让目录内容不达标，容易出现欺诈和商业贿赂等问题 **合规程序** （1）进行可行性研究和论证 　　☆ 资产管理部按规定对资产转让进行可行性研究和方案论证，确定资产转让工作的实际可行性 （2）审批 　　☆ 董事会、总经办根据分级审批规定对资产转让清单进行审批 （3）确定资产转让目录 　　☆ 资产管理部按照审批通过的资产转让清单确定资产转让目录

续表

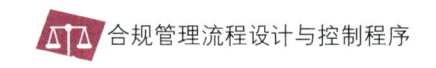

合规事项	风险点、合规程序、合规依据
审批资产转让清单（C4、A5、B5、C6）	**合规依据** （1）国家法律法规：《中华人民共和国公司法》《中华人民共和国企业国有资产法》《企业国有资产交易监督管理办法》《企业国有资产监督管理暂行条例》 （2）企业规章制度："资产交易操作规范"
审查资产转让受让方与转让底价（A7、B7）	**风险点** （1）未公开征集资产转让受让方，违规确定资产转让受让方，导致企业资产转让程序违反相关法律法规 （2）资产转让底价不合理，导致企业资产转让失败 （3）资产转让底价未严格保密，导致资产转让底价泄露，企业可能遭受重大财产损失 **合规程序** （1）审查确定资产转让受让方 ☆ 企业按照相关法律法规的要求，采取信息预披露和正式披露相结合的方式，公开征集资产转让受让方，并由董事会审查确定最终合作的资产转让受让方 （2）审查资产转让底价 ☆ 总经办审查资产转让底价，维护企业利益 **合规依据** （1）国家法律法规：《中华人民共和国公司法》《中华人民共和国企业国有资产法》《中华人民共和国反不正当竞争法》《国家工商行政管理局关于禁止商业贿赂行为的暂行规定》《企业国有资产交易监督管理办法》《企业国有资产监督管理暂行条例》 （2）企业规章制度："资产交易操作规范""四反管理规范"

3.2 招标管理流程设计与风险点、合规程序、合规依据

3.2.1 招标管理流程设计

部门名称	采购部	流程名称		招标管理流程	
生效日期		概　　要			
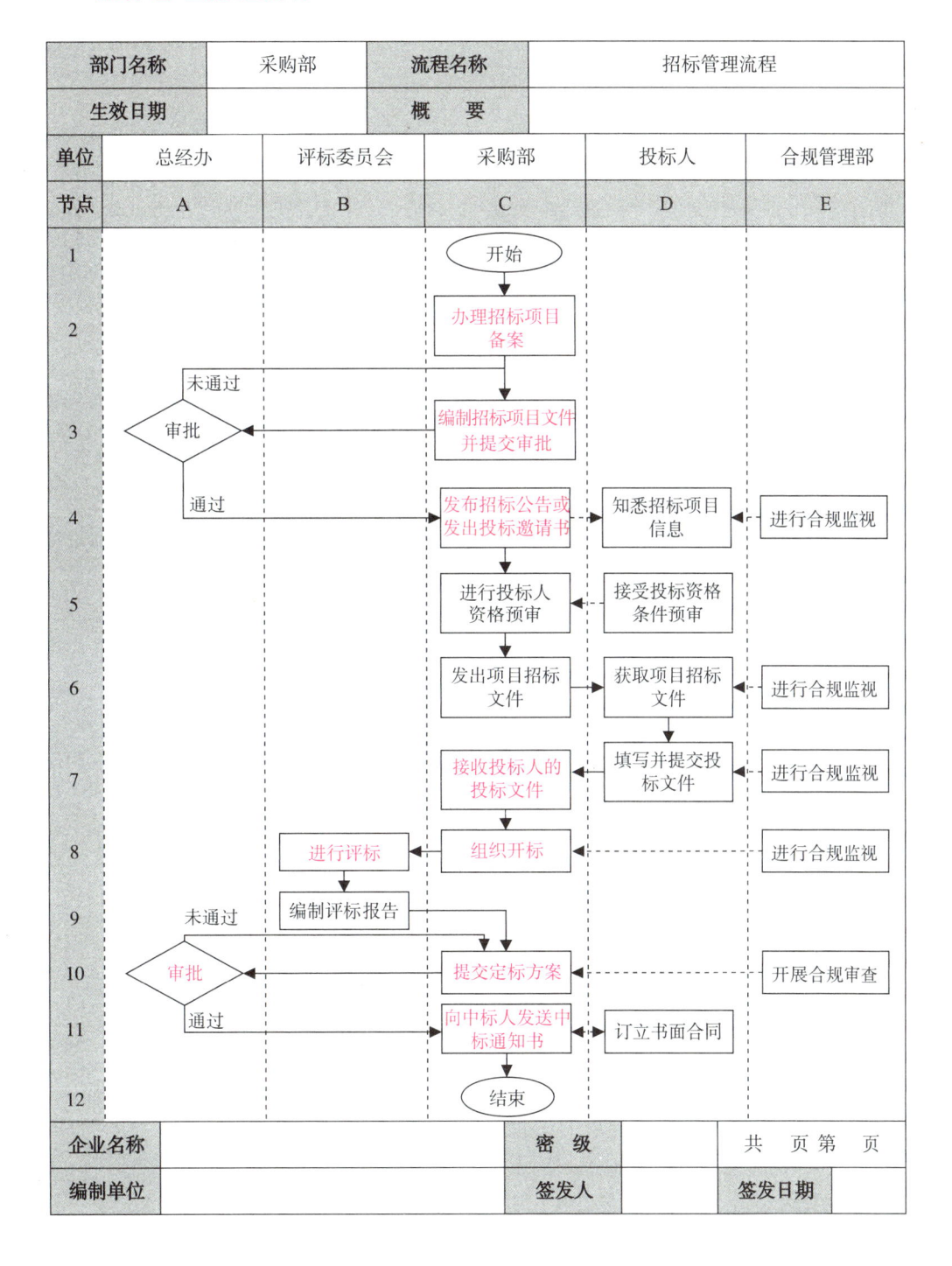 单位	总经办	评标委员会	采购部	投标人	合规管理部
节点	A	B	C	D	E

节点	流程
1	开始
2	办理招标项目备案
3	审批（未通过/通过）← 编制招标项目文件并提交审批
4	发布招标公告或发出投标邀请书 → 知悉招标项目信息 ／ 进行合规监视
5	进行投标人资格预审 ↔ 接受投标资格条件预审
6	发出项目招标文件 → 获取项目招标文件 ／ 进行合规监视
7	接收投标人的投标文件 ← 填写并提交投标文件 ／ 进行合规监视
8	进行评标 ← 组织开标 ／ 进行合规监视
9	编制评标报告（未通过）
10	审批 ← 提交定标方案 ／ 开展合规审查
11	（通过）向中标人发送中标通知书 → 订立书面合同
12	结束

企业名称		密　级		共　页　第　页
编制单位		签发人		签发日期

3.2.2 招标管理流程风险点、合规程序、合规依据

合规事项	风险点、合规程序、合规依据
办理招标项目备案并发布招标公告（C2、C3、C4）	**风险点** （1）依法必须进行招标的项目以及企业自行办理招标事宜的项目，应向但未向有关行政监督部门备案，导致企业招标项目面临违法违规风险 （2）采用公开招标方式的项目，未通过指定的报刊、信息网络或者其他媒介发布招标公告，导致招标信息公布程序违规 （3）采用邀请招标方式招标的项目，未向三个以上具备承担招标项目的能力、资信良好的特定的法人或者其他组织发出投标邀请书，导致招标邀请程序违规 **合规程序** （1）办理招标项目备案 ☆ 采购部根据实际情况依法办理招标项目备案 （2）编制招标项目文件并提交审批 ☆ 采购部根据招标项目的特点和需要编制招标项目文件并提交总经办审批 （3）发布招标公告或发出投标邀请书 ☆ 采购部根据总经办审批意见确定招标方式，发布招标公告或者发出投标邀请书 **合规依据** （1）国家法律法规：《中华人民共和国招标投标法》《中华人民共和国公司法》 （2）企业规章制度："招标投标管理规范""四反管理规范"
招标项目开标评标（C7、C8、B8）	**风险点** （1）未对潜在投标人一视同仁，以不合理的条件限制或者排斥潜在投标人，对潜在投标人实行歧视待遇，导致企业招标程序违法违规 （2）招标项目人员与投标人串通投标，或者接受投标人贿赂，损害国家利益、社会公共利益或者他人的合法权益，导致企业招标项目失败且违法违规 （3）开标过程未做到对投标人公开、透明，导致投标人对开标情况存疑，可能使企业声誉受损 （4）评标委员会成员与投标人存在利害关系，或评标委员会成员名单被泄露，导致评标程序违法违规 **合规程序** （1）接收投标人的投标文件 ☆ 采购部接收公开招标投标人的投标文件 ☆ 采购部接收邀请招标投标人的投标文件

续表

合规事项	风险点、合规程序、合规依据
招标项目开标评标（C7、C8、B8）	**合规程序** （2）组织开标 　☆ 采购部组织开标活动，当众拆封，宣读投标人名称、投标价格和投标文件的其他主要内容 （3）进行评标 　☆ 评标委员会按照招标文件确定的评标标准和方法进行评标 **合规依据** （1）国家法律法规：《中华人民共和国招标投标法》《中华人民共和国公司法》《评标委员会和评标方法暂行规定》 （2）企业规章制度："招标投标管理规范" "四反管理规范"
确定中标结果（C10、A10、C11）	**风险点** （1）定标方案与评标委员会评标结果不相符，中标候选人不合格，导致企业利益受损 （2）在所有投标人均被否决的情况下，未重新招标，而自行选定中标候选人，导致企业招标程序违法违规 （3）未按规定向中标人发送中标通知书，或在中标通知书发出后改变中标结果，导致企业招标程序违法违规 **合规程序** （1）提交定标方案 　☆ 采购部根据评标委员会的评标报告和推荐结果向总经办提交定标方案 （2）审批 　☆ 总经办审批中标候选人的资格条件 （3）向中标人发送中标通知书 　☆ 采购部向中标人发出中标通知书，并同时将中标结果通知所有未中标的投标人 **合规依据** （1）国家法律法规：《中华人民共和国招标投标法》《中华人民共和国公司法》 （2）企业规章制度："招标投标管理规范" "四反管理规范"

3.3 交易决策流程设计与风险点、合规程序、合规依据

3.3.1 交易决策流程设计

部门名称	资产管理部	流程名称	交易决策流程
生效日期		概 要	

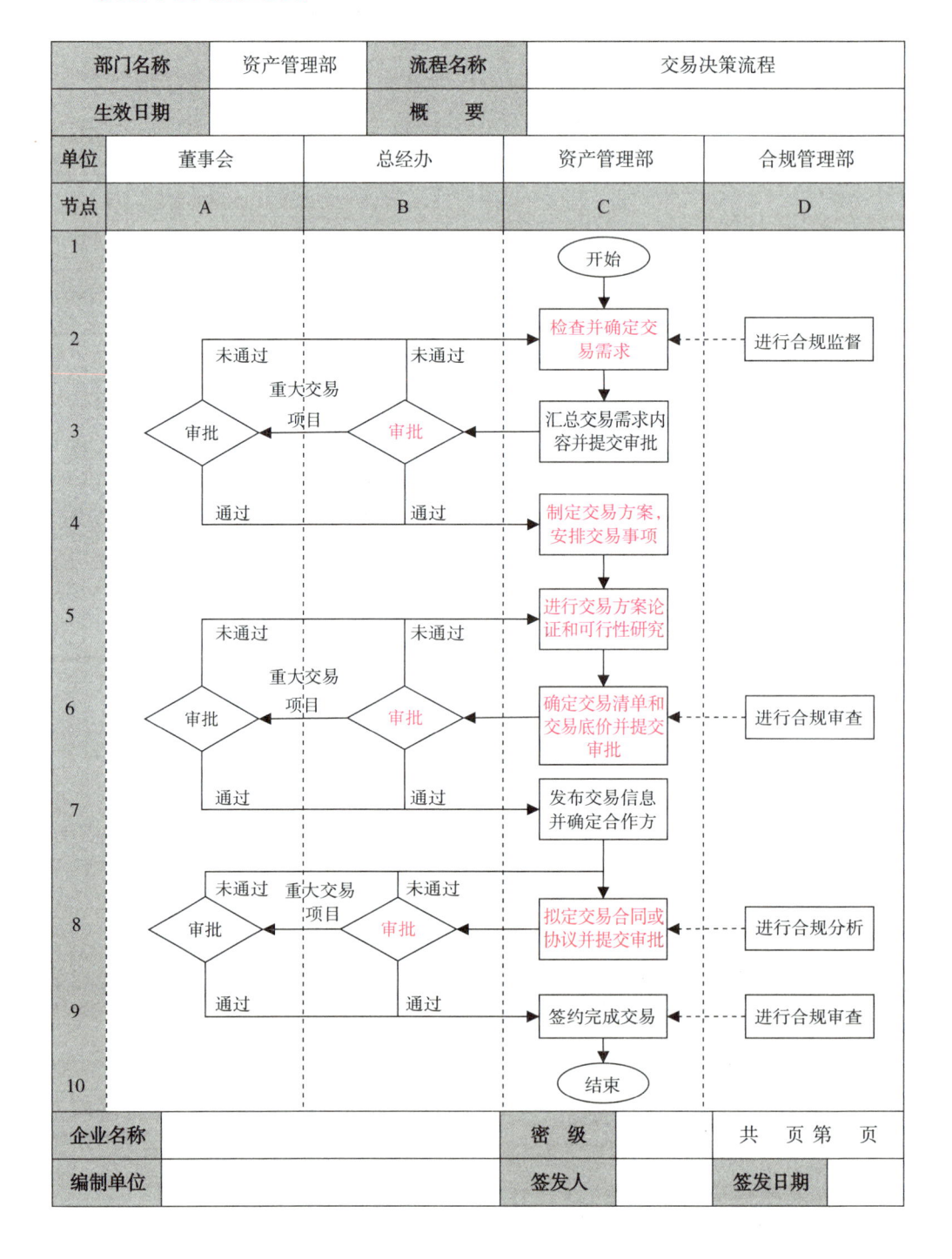

单位	董事会	总经办	资产管理部	合规管理部
节点	A	B	C	D

节点	流程
1	开始
2	检查并确定交易需求 → 进行合规监督
3	重大交易项目：审批（未通过/通过） → 审批（未通过/通过） → 汇总交易需求内容并提交审批
4	制定交易方案，安排交易事项
5	进行交易方案论证和可行性研究
6	重大交易项目：审批（未通过/通过） → 审批（未通过/通过） → 确定交易清单和交易底价并提交审批 → 进行合规审查
7	发布交易信息并确定合作方
8	重大交易项目：审批（未通过/通过） → 审批（未通过/通过） → 拟定交易合同或协议并提交审批 → 进行合规分析
9	签约完成交易 → 进行合规审查
10	结束

企业名称		密级		共 页 第 页
编制单位		签发人		签发日期

3.3.2 交易决策流程风险点、合规程序、合规依据

合规事项	风险点、合规程序、合规依据
确定交易需求，制定交易方案（C2、A3、B3、C4）	**风险点** （1）交易需求与企业实际经营发展规划不符，或在违反企业规章制度的情况下确定交易需求，企业可能遭受财产损失 （2）交易需求与国家相关法律法规相冲突，交易决策可能出现违规风险 （3）交易需求未经管理层审批通过，缺乏相关决策流程，企业可能遭受声誉损失及财产损失 **合规程序** （1）检查并确定交易需求 　☆ 资产管理部根据企业经营发展需要检查并确定具体的交易需求，将汇总的交易需求上报总经办进行审批 （2）审批 　☆ 总经办审批常规交易项目，重大交易项目须再提交董事会进行审批 （3）制定交易方案，安排交易事项 　☆ 资产管理部根据审批通过的交易需求来制定交易方案，并组织安排交易事项 **合规依据** （1）国家法律法规：《中华人民共和国公司法》《中华人民共和国企业国有资产法》《企业国有资产交易监督管理办法》《企业国有资产监督管理暂行条例》 （2）企业规章制度："交易决策审批制度"
确定交易清单与交易底价（C5、C6、B6、A6）	**风险点** （1）缺乏对交易方案的论证和可行性研究，或对交易方案的论证与可行性研究不专业，企业可能遭受财产损失 （2）交易清单和交易底价的确定过程或结果不符合国家相关法律法规的规定，交易决策可能出现违规风险 （3）交易清单和交易底价未提交管理层进行审批，缺乏相关决策流程，企业可能遭受声誉损失及财产损失 **合规程序** （1）进行交易方案论证和可行性研究 　☆ 资产管理部按规定对交易方案进行论证，并做可行性研究，确定交易的实际可行性 （2）确定交易清单和交易底价并提交审批 　☆ 资产管理部根据交易方案的论证和可行性研究结果确定交易清单，并提交管理层进行审批

续表

合规事项	风险点、合规程序、合规依据
确定交易清单与交易底价（C5、C6、B6、A6）	**合规程序** ☆ 资产管理部基于相关评估结果或交易数据确定交易底价，并提交管理层进行审批 （3）审批 ☆ 总经办审批常规交易项目的交易清单和底价，重大交易项目的交易清单和底价须再提交董事会进行审批 **合规依据** （1）国家法律法规：《中华人民共和国公司法》《中华人民共和国企业国有资产法》《企业国有资产交易监督管理办法》《企业国有资产监督管理暂行条例》 （2）企业规章制度："交易决策审批制度"
完成交易（C8、B8、A8、C9）	**风险点** （1）交易合同或协议不符合国家相关法律法规的规定，企业可能面临监管处罚或行政处罚 （2）交易合同或协议未提交管理层进行审批，缺乏相关决策流程，企业可能遭受声誉损失及财产损失 **合规程序** （1）拟定交易合同或协议并提交审批 ☆ 资产管理部根据交易沟通或谈判的实际情况，拟定交易合同或协议，提交管理层审批 （2）审批 ☆ 总经办审批常规交易项目的合同或协议，重大交易项目的合同或协议须再提交董事会进行审批 （3）签约 **合规依据** （1）国家法律法规：《中华人民共和国公司法》《中华人民共和国企业国有资产法》《企业国有资产交易监督管理办法》《企业国有资产监督管理暂行条例》 （2）企业规章制度："交易决策审批制度"

第4章
企业合规——产权管理

4.1 资产评估流程设计与风险点、合规程序、合规依据

4.1.1 资产评估流程设计

部门名称	总经办	流程名称	资产评估流程
生效日期		概　要	

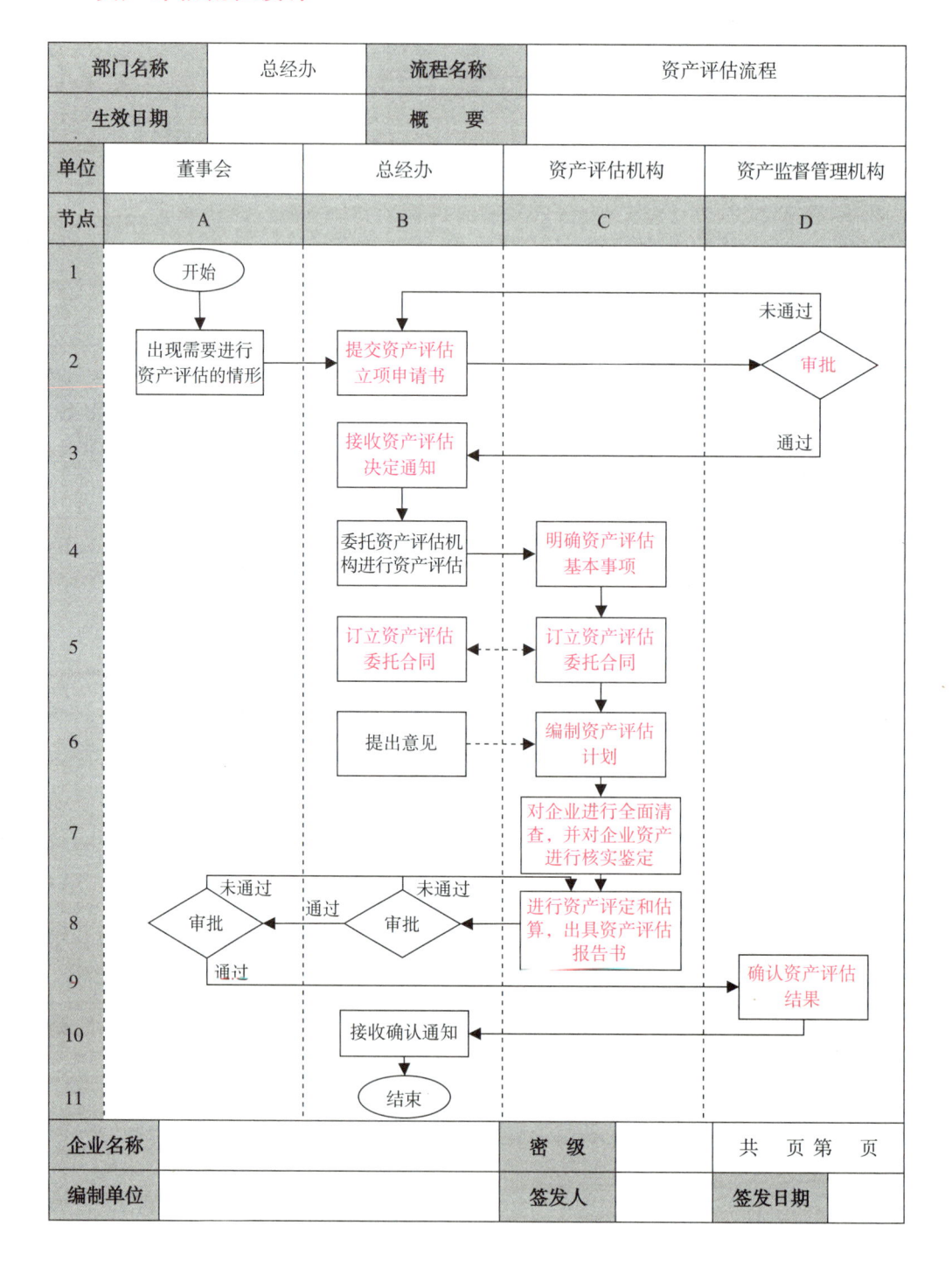

单位	董事会	总经办	资产评估机构	资产监督管理机构
节点	A	B	C	D
1		开始		
2	出现需要进行资产评估的情形	提交资产评估立项申请书		审批（未通过/通过）
3		接收资产评估决定通知		
4		委托资产评估机构进行资产评估	明确资产评估基本事项	
5		订立资产评估委托合同	订立资产评估委托合同	
6		提出意见	编制资产评估计划	
7			对企业进行全面清查，并对企业资产进行核实鉴定	
8	审批（未通过/通过）	审批（未通过/通过）	进行资产评定和估算，出具资产评估报告书	
9				确认资产评估结果
10		接收确认通知		
11		结束		

企业名称		密级		共　页　第　页
编制单位		签发人		签发日期

32

4.1.2 资产评估流程风险点、合规程序、合规依据

合规事项	风险点、合规程序、合规依据
资产评估立项申请（A2、B2、D2、B3）	**风险点** 当企业出现依照国家有关法律法规需要进行资产评估的情形时，未按规定进行资产评估，导致企业合法权益或公共利益受损 **合规程序** （1）提交资产评估立项申请书 　☆ 总经办根据企业实际情况填写资产评估立项申请书，提交资产监督管理机构（以下简称"资产监管机构"）审批 （2）审批 　☆ 资产监管机构对企业提交的资产评估立项申请书进行审批授权或委托 （3）接收资产评估决定通知 　☆ 企业接收资产监管机构发送的关于是否准予资产评估立项的决定 **合规依据** （1）国家法律法规：《中华人民共和国公司法》《中华人民共和国资产评估法》《国有资产评估管理办法》《资产评估基本准则》 （2）企业规章制度："资产评估制度"
订立资产评估委托合同（C4、B5、C5、C6）	**风险点** （1）资产评估机构未取得相关资产评估资格证书，不能接受资产评估委托但违规接受资产评估委托，不能从事资产评估工作但违规从事资产评估工作，可能给企业造成财产损失 （2）企业未获得资产监管机构资产评估立项审批授权，违规开展资产评估工作，可能受到监管处罚 **合规程序** （1）明确资产评估基本事项 　☆ 资产评估机构在正式受理资产评估业务委托前，应明确包括委托人、资产评估目的、资产评估对象、资产评估范围、价值类型、资产评估基准日、资产评估报告使用范围等业务基本事项 （2）订立资产评估委托合同 　☆ 企业与资产评估机构依法订立资产评估委托合同，约定资产评估机构和委托人的权利、义务、违约责任和争议解决方式等内容

续表

合规事项	风险点、合规程序、合规依据
	合规程序
订立资产评估委托合同（C4、B5、C5、C6）	（3）编制资产评估计划 　☆ 资产评估机构应根据资产评估业务具体情况编制资产评估计划，包括资产评估业务实施的主要过程及时间进度、人员安排等
	合规依据
	（1）国家法律法规：《中华人民共和国公司法》《中华人民共和国资产评估法》《国有资产评估管理办法》《资产评估基本准则》 （2）企业规章制度："资产评估制度"
	风险点
资产清查、评定估算与验证确认（C7、C8、A8、B8、D9）	（1）企业未如实向资产评估机构提供相关情况说明和信息资料，导致资产评估结果失实，企业可能遭受财产损失 （2）资产评估机构未尽到保密义务，可能导致企业内部信息或商业秘密被泄露，给企业带来各方面的风险 （3）企业在资产评估过程中过度干预，导致资产评估机构未独立进行分析和估算并形成专业意见
	合规程序
	（1）对企业进行全面清查，并对企业资产进行核实鉴定 　☆ 资产评估机构对企业的资产、债权、债务等进行全面清查 　☆ 资产评估机构核实企业资产是否账实相符、经营成果是否真实 （2）进行资产评定和估算，出具资产评估报告书 　☆ 资产评估机构对企业被评估资产的价值进行评定和估算，经内部审核通过后出具资产评估报告书 （3）确认资产评估结果 　☆ 企业审阅资产评估机构出具的资产评估报告书后，报资产监管机构确认资产评估结果
	合规依据
	（1）国家法律法规：《中华人民共和国公司法》《中华人民共和国资产评估法》《国有资产评估管理办法》《资产评估基本准则》 （2）企业规章制度："资产评估制度"

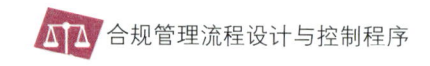

4.2 资产交易流程设计与风险点、合规程序、合规依据

4.2.1 资产交易流程设计

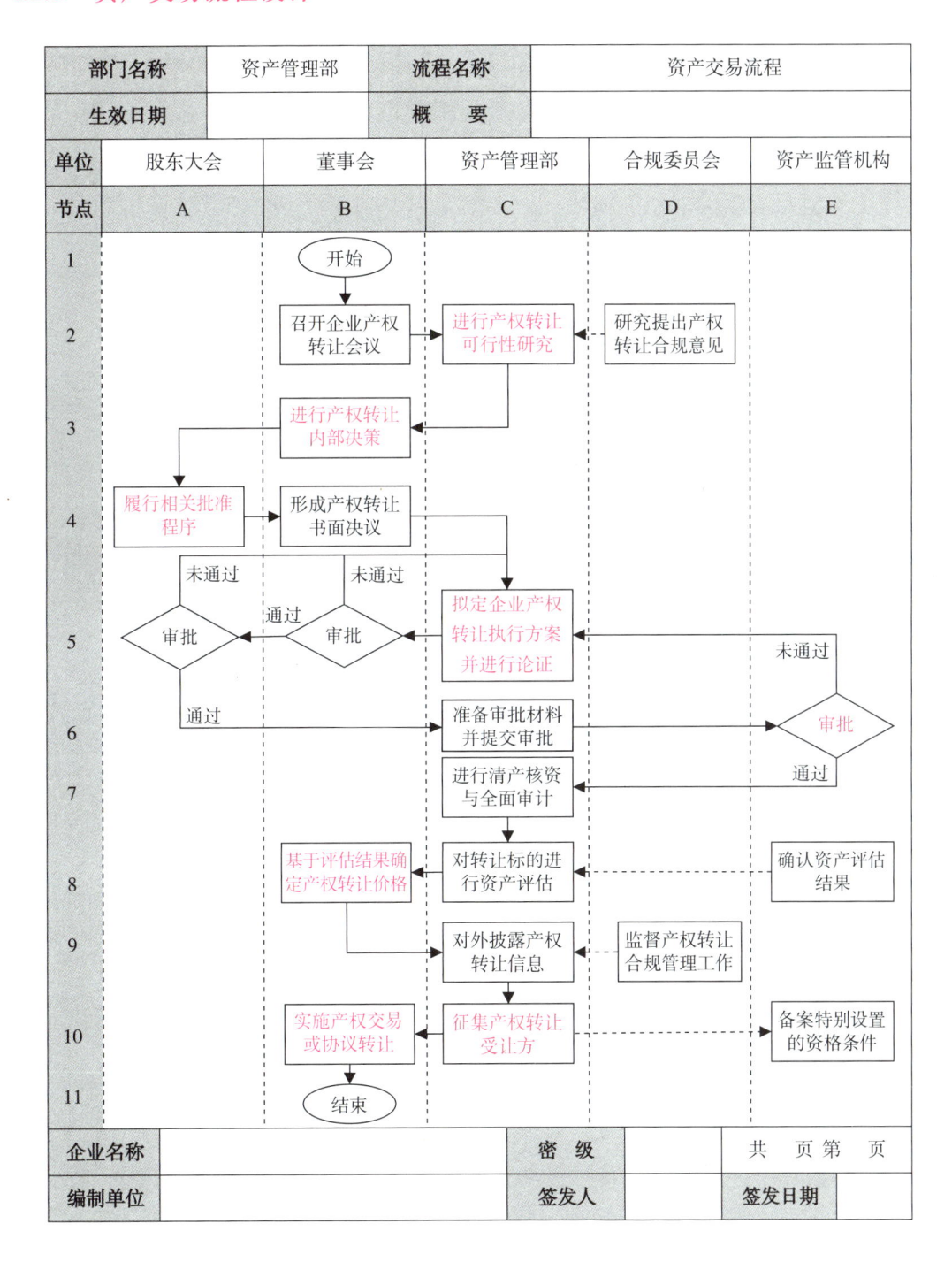

部门名称	资产管理部		流程名称		资产交易流程	
生效日期			概　要			
单位	股东大会	董事会	资产管理部	合规委员会	资产监管机构
节点	A	B	C	D	E

节点	流程
1	开始（B）
2	召开企业产权转让会议（B）→ 进行产权转让可行性研究（C）← 研究提出产权转让合规意见（D）
3	进行产权转让内部决策（C）
4	履行相关批准程序（A） / 形成产权转让书面决议（C）
5	审批（A、B）：未通过/通过 → 拟定企业产权转让执行方案并进行论证（C）
6	准备审批材料并提交审批（C）← 审批（E）：未通过/通过
7	进行清产核资与全面审计（C）
8	基于评估结果确定产权转让价格（C）← 对转让标的进行资产评估（C）←┄ 确认资产评估结果（E）
9	对外披露产权转让信息（C）←┄ 监督产权转让合规管理工作（D）
10	实施产权交易或协议转让（C）／征集产权转让受让方（C）←┄ 备案特别设置的资格条件（E）
11	结束

企业名称		密级		共　页第　页
编制单位		签发人		签发日期

4.2.2 资产交易流程风险点、合规程序、合规依据

合规事项	风险点、合规程序、合规依据
企业产权转让内部决策（C2、B3、A4、B4）	**风险点** （1）未进行企业产权转让可行性研究，导致产权转让失败，企业可能遭受财产损失 （2）产权转让可行性研究与企业发展战略不相符，导致产权转让影响企业生产经营活动的发展，企业可能遭受财产损失 （3）未进行产权转让企业内部决策，或内部决策程序不规范、不完善，导致企业产权转让违反有关监管规定，企业面临监管处罚 **合规程序** （1）进行产权转让可行性研究 　☆ 资产管理部要按照企业发展战略做好产权转让的可行性研究 （2）进行产权转让内部决策 　☆ 董事会应按照企业章程和企业内部管理制度对产权转让事项进行决策 （3）履行相关批准程序，形成产权转让书面协议 　☆ 股东大会负责履行相关批准程序，由股东们发表意见，行使表决权 **合规依据** （1）国家法律法规：《中华人民共和国公司法》《中华人民共和国企业国有资产法》《企业国有资产交易监督管理办法》 （2）企业规章制度："产权转让管理制度""资产交易规范"
拟定企业产权转让执行方案并提请审批（C5、B5、A5、E6）	**风险点** （1）拟定的企业产权转让执行方案不符合相关监管规定的要求，导致企业产权转让执行方案不能通过资产监管机构的审批 （2）未对企业产权转让执行方案进行论证，导致产权转让工作出现问题，企业可能遭受财产损失 （3）企业产权转让执行方案未获得资产监管机构的审批，违规转让，企业可能受到监管处罚 **合规程序** （1）拟定企业产权转让执行方案并进行论证 　☆ 资产管理部根据产权转让内部决议拟定企业产权转让执行方案 　☆ 资产管理部对拟定的企业产权转让执行方案进行论证后提交审批 （2）审批 　☆ 资产管理部根据相关规定的要求整理提请产权转让审批的文件材料，提交董事会、股东大全和资产监管机构审批

续表

合规事项	风险点、合规程序、合规依据
拟定企业产权转让执行方案并提请审批（C5、B5、A5、E6）	**合规依据** （1）国家法律法规：《中华人民共和国公司法》《企业国有资产交易监督管理办法》 （2）企业规章制度："产权转让管理制度""资产交易规范"
确定产权转让价格、公开征集受让方并实施交易（B8、C10、B10）	风险点 （1）未进行清产核资，或在清产核资过程中出现商业贿赂、徇私舞弊等问题，导致企业产权转让程序违规，企业可能面临相关监管处罚或行政处罚 （2）未进行全面审计，或接受委托的会计师事务所出具的审计报告存在问题，导致企业产权转让违规，企业可能面临相关监管处罚或行政处罚 （3）未按要求对外披露产权转让信息，导致产权转让程序违规，企业可能面临相关监管处罚 （4）未公开征集产权转让受让方，或针对受让方设置不必要的资格条件，导致企业产权转让出现徇私舞弊、利益输送等问题，企业可能面临相关监管处罚或行政处罚 合规程序 （1）基于评估结果确定产权转让价格 ☆ 董事会应确定最终产权转让价格，产权转让价格应以经核准或备案的资产评估结果为基础 （2）征集产权转让受让方 ☆ 资产管理部根据产权转让程序公开征集产权转让受让方，特别设置资格条件的，要报资产监管机构备案 （3）实施产权交易或协议转让 ☆ 企业与受让方签订产权交易合同，符合条件的产权交易可采取非公开协议转让方式 合规依据 （1）国家法律法规：《中华人民共和国公司法》《企业国有资产交易监督管理办法》《国家工商行政管理局关于禁止商业贿赂行为的暂行规定》 （2）企业规章制度："产权转让管理制度""资产交易规范"

4.3 产权变动监管流程设计与风险点、合规程序、合规依据

4.3.1 产权变动监管流程设计

部门名称	董事会		流程名称		产权变动监管流程
生效日期			概　要		
单位	股东大会	董事会	总经办	合规委员会	资产监管机构
节点	A	B	C	D	E

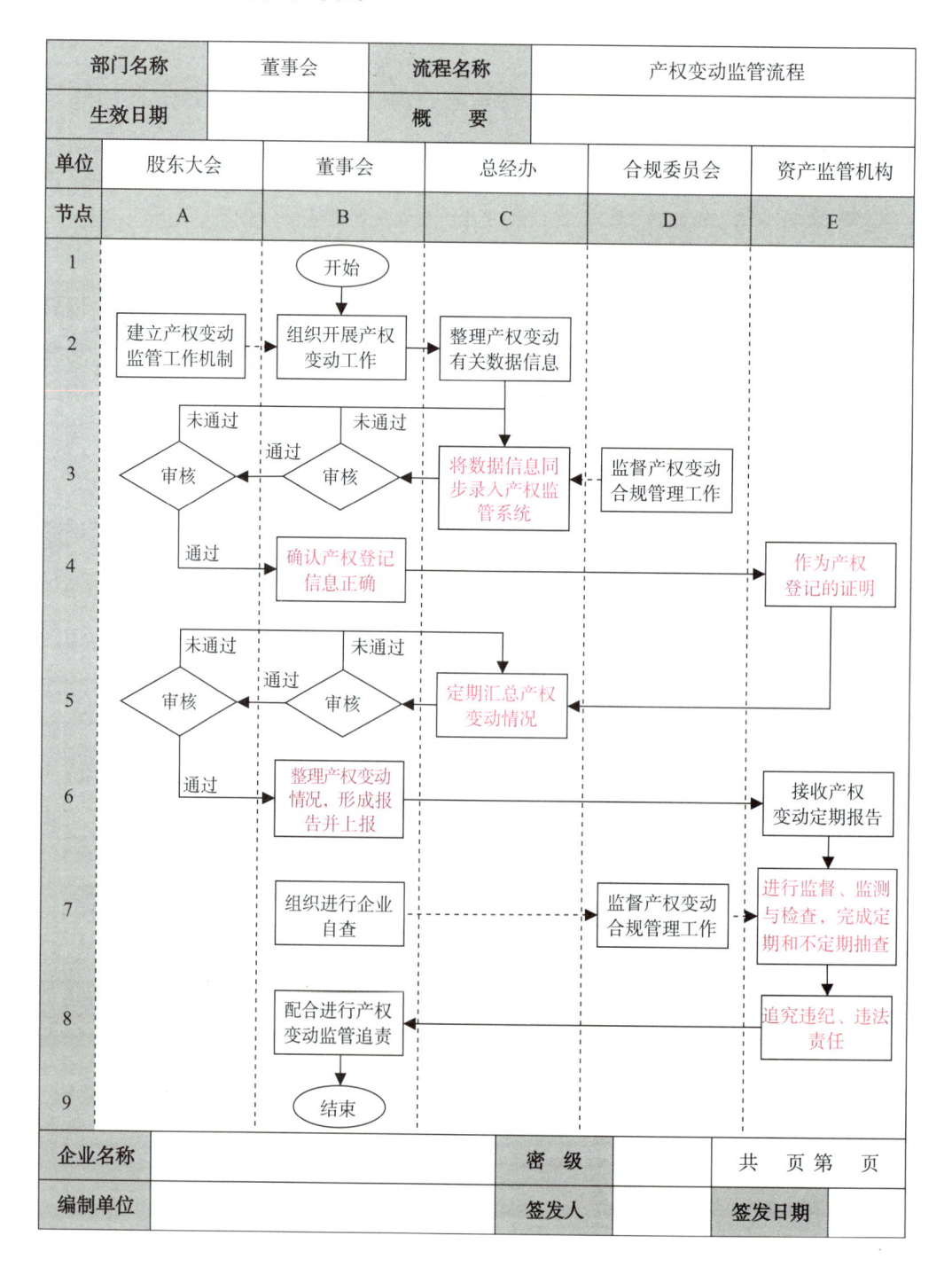

节点	流程
1	开始（B）
2	A：建立产权变动监管工作机制 → B：组织开展产权变动工作 → C：整理产权变动有关数据信息
3	A：审核（未通过/通过） ← B：审核（未通过/通过） ； C：将数据信息同步录入产权监管系统 ； D：监督产权变动合规管理工作
4	B：确认产权登记信息正确 ； E：作为产权登记的证明
5	A：审核（未通过/通过） ← B：审核（未通过/通过） ； C：定期汇总产权变动情况
6	B：整理产权变动情况，形成报告并上报 → E：接收产权变动定期报告
7	B：组织进行企业自查 ； D：监督产权变动合规管理工作 ； E：进行监督、监测与检查，完成定期和不定期抽查
8	B：配合进行产权变动监管追责 ； E：追究违纪、违法责任
9	结束

企业名称		密级		共　页第　页
编制单位		签发人		签发日期

38

4.3.2 产权变动监管流程风险点、合规程序、合规依据

合规事项	风险点、合规程序、合规依据
同步产权变动数据信息（C3、B4、E4）	**风险点** （1）企业在开展产权变动相关工作时，未将有关数据信息录入产权监管系统，可能违反监管规定，面临监管处罚 （2）企业录入产权变动数据信息不准确、不完整、不及时，可能违反监管规定，面临监管处罚 **合规程序** （1）将数据信息同步录入产权监管系统 ☆ 在产权变动过程中，总经办应及时将整理好的有关数据信息，同步录入产权监管系统 （2）确认产权登记信息正确 ☆ 董事会对产权变动数据信息的准确性、完整性进行审核，保证产权登记信息正确 （3）作为产权登记的证明 ☆ 董事会将产权登记信息的审核结果提交资产监管机构，作为产权登记的证明 **合规依据** （1）国家法律法规：《中华人民共和国企业国有资产法》《中华人民共和国公司法》《企业国有资产监督管理暂行条例》《企业国有资产交易监督管理办法》 （2）企业规章制度："产权交易管理办法""产权变动监管办法"
定期汇总上报产权变动情况（C5、B6）	**风险点** （1）企业未定期汇总产权变动情况，可能导致国有产权损失，面临监管处罚 （2）企业未定期通过产权监管系统上报汇总的产权变动情况，可能导致产权信息滞后，面临监管处罚 **合规程序** （1）定期汇总产权变动情况 ☆ 总经办定期对产权变动情况进行汇总，上报董事会、股东大会进行审核 （2）整理产权变动情况，形成报告并上报 ☆ 董事会定期整理产权变动情况，形成报告，通过产权监管系统上报给资产监管机构 **合规依据** （1）国家法律法规：《中华人民共和国企业国有资产法》《中华人民共和国公司法》《企业国有资产监督管理暂行条例》《企业国有资产交易监督管理办法》 （2）企业规章制度："产权交易管理办法""产权变动监管办法"

续表

合规事项	风险点、合规程序、合规依据

对产权变动工作违纪违法情况的责任追究（E7、E8、B8）	**风险点**
	（1）企业不配合资产监管机构的监督检查，不进行企业自查或不接受联合检查，违反与产权变动监管相关的法律法规，可能面临监管处罚或行政处罚
	（2）在产权变动过程中，企业拒不调整资产监管机构指出的违规行为，违反与产权变动监管相关的法律法规，可能面临监管处罚
	（3）当产权变动涉及员工安置时，企业处理不当，可能引发重大舆情危机，导致企业遭受声誉损失并面临监管处罚
	（4）企业隐匿应当纳入监管范围的产权资产，提供虚假信息，授意、指使、串通中介机构出具虚假报告、鉴定结果或法律意见书，违反产权变动监管相关的法律法规，可能面临监管处罚或行政处罚
	合规程序
	（1）进行监督、监测与检查，完成定期和不定期抽查
	  ☆ 资产监管机构对产权变动过程中的合法性、合规性进行督促指导和监督检查，完成定期和不定期抽查
	（2）追究违纪、违法责任
	  ☆ 资产监管机构对产权变动过程中的违纪违法行为进行追责，企业须配合追责工作
	合规依据
	（1）国家法律法规：《中华人民共和国企业国有资产法》《中华人民共和国公司法》《企业国有资产监督管理暂行条例》《企业国有资产交易监督管理办法》
	（2）企业规章制度："产权交易管理办法""产权变动监管办法"

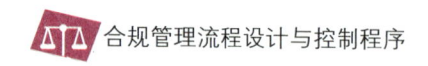

第 5 章
企业合规——资本运作

5.1 上市公司股权变动流程设计与风险点、合规程序、合规依据

5.1.1 上市公司股权变动流程设计

部门名称	董事会	流程名称	上市公司股权变动流程
生效日期		概　要	

单位	合规委员会	董事会	监事会	证监会	证券交易所
节点	A	B	C	D	E
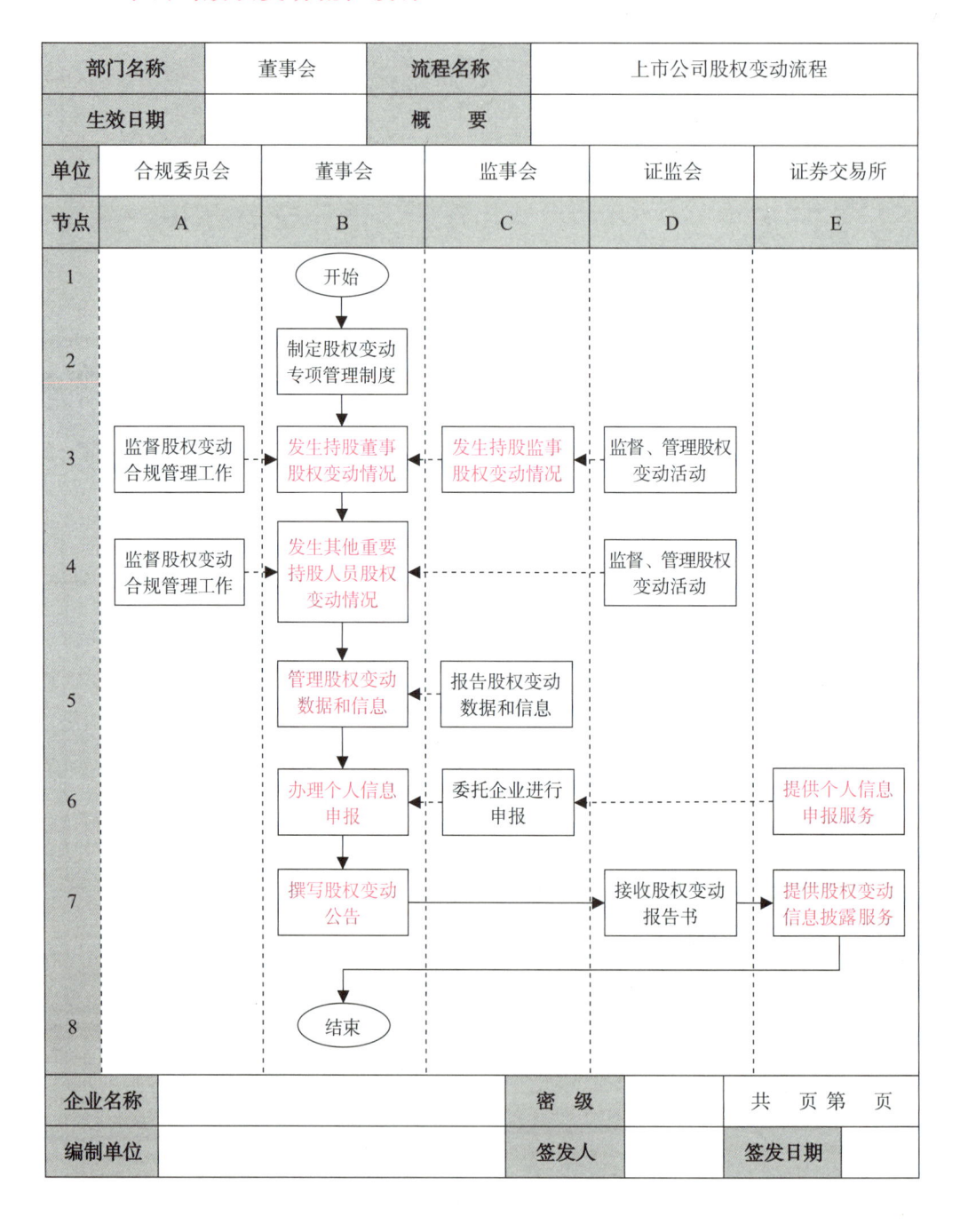 1		开始			
2		制定股权变动专项管理制度			
3	监督股权变动合规管理工作	发生持股董事股权变动情况	发生持股监事股权变动情况	监督、管理股权变动活动	
4	监督股权变动合规管理工作	发生其他重要持股人员股权变动情况		监督、管理股权变动活动	
5		管理股权变动数据和信息	报告股权变动数据和信息		
6		办理个人信息申报	委托企业进行申报		提供个人信息申报服务
7		撰写股权变动公告		接收股权变动报告书	提供股权变动信息披露服务
8		结束			

企业名称		密级		共　页第　页
编制单位		签发人		签发日期

5.1.2 上市公司股权变动流程风险点、合规程序、合规依据

合规事项	风险点、合规程序、合规依据
发生上市公司股权变动情况（B3、C3、B4）	**风险点** （1）持股董事、监事、高级管理人员等，违反法律法规，在限制交易期间进行股票转让，可能面临监管处罚或行政处罚 （2）持股董事、监事、高级管理人员等，违反法律法规，每年通过集中竞价、大宗交易、协议转让等方式转让的股份超过限制的，可能面临监管处罚或行政处罚 （3）持股董事、监事、高级管理人员等，违反上市公司关于股份转让规定的章程，在禁止转让期间进行转让，超过可转让比例进行股份转让，未满足附加条件进行转让的，可能面临监管处罚或行政处罚 **合规程序** （1）发生持股董事股权变动情况 ☆上市公司在职董事，或离职半年后的持股董事，进行持有股份的转让 （2）发生持股监事股权变动情况 ☆上市公司在职监事，或离职半年后的持股监事，进行持有股份的转让 （3）发生其他重要持股人员股权变动情况 ☆上市公司股东、实际控制人、高级管理人员，进行持有股份的转让 **合规依据** （1）国家法律法规：《中华人民共和国公司法》《中华人民共和国证券法》《上市公司国有股权监督管理办法》《上市公司董事、监事和高级管理人员所持本公司股份及其变动管理规则（2022年修订）》 （2）企业规章制度："上市公司股权变动管理办法""证券监管落实实施细则"
管理股权变动数据和信息（B5、B6、E6）	**风险点** （1）上市公司持股股东、实际控制人、董事、监事、高级管理人员，转让持有股份，但未向上市公司做出报告说明，且不接受监督的，可能面临监管处罚或行政处罚 （2）上市公司持股股东、实际控制人、董事、监事、高级管理人员，提供错误的或虚假的股权变动数据信息，可能面临监管处罚或行政处罚 **合规程序** （1）管理股权变动数据和信息 ☆上市公司董事会秘书负责管理公司董事、监事和高级管理人员的身份及所持本公司股份的数据和信息 （2）办理个人信息申报 ☆董事会秘书统一为董事、监事和高级管理人员办理个人信息的网上申报 （3）提供个人信息申报服务 ☆证券交易所为上市公司重要持股人员提供个人信息申报服务

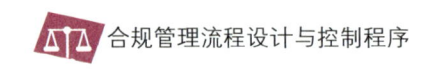

续表

合规事项	风险点、合规程序、合规依据
管理股权变动数据和信息（B5、B6、E6）	**合规依据** （1）国家法律法规：《中华人民共和国公司法》《中华人民共和国证券法》《上市公司国有股权监督管理办法》《上市公司董事、监事和高级管理人员所持本公司股份及其变动管理规则（2022年修订）》 （2）企业规章制度："上市公司股权变动管理办法""证券监管落实实施细则"
上市公司股权变动公告（B7、E7）	**风险点** （1）上市公司发生股权变动后，未按法律法规的规定发布股权变动公告，未及时向证监会、证券交易所发送股权变动报告，可能面临监管处罚或行政处罚 （2）上市公司发生股权变动后，披露信息不及时，披露内容不正确，未严格遵守证监会、证券交易所的管理规定，可能面临监管处罚或行政处罚 **合规程序** （1）撰写股权变动公告 　☆上市公司根据股权变动情况撰写股权变动公告，并通过证券交易所网站进行公告 （2）提供股权变动信息披露服务 　☆证券交易所为上市公司股权变动提供信息披露服务，并监督其履行信息披露义务 **合规依据** （1）国家法律法规：《中华人民共和国公司法》《中华人民共和国证券法》《上市公司国有股权监督管理办法》《上市公司董事、监事和高级管理人员所持本公司股份及其变动管理规则（2022年修订）》 （2）企业规章制度："上市公司股权变动管理办法""证券监管落实实施细则"

5.2 信息披露流程设计与风险点、合规程序、合规依据

5.2.1 信息披露流程设计

部门名称		董事会		流程名称		信息披露流程	
生效日期				概　　要			
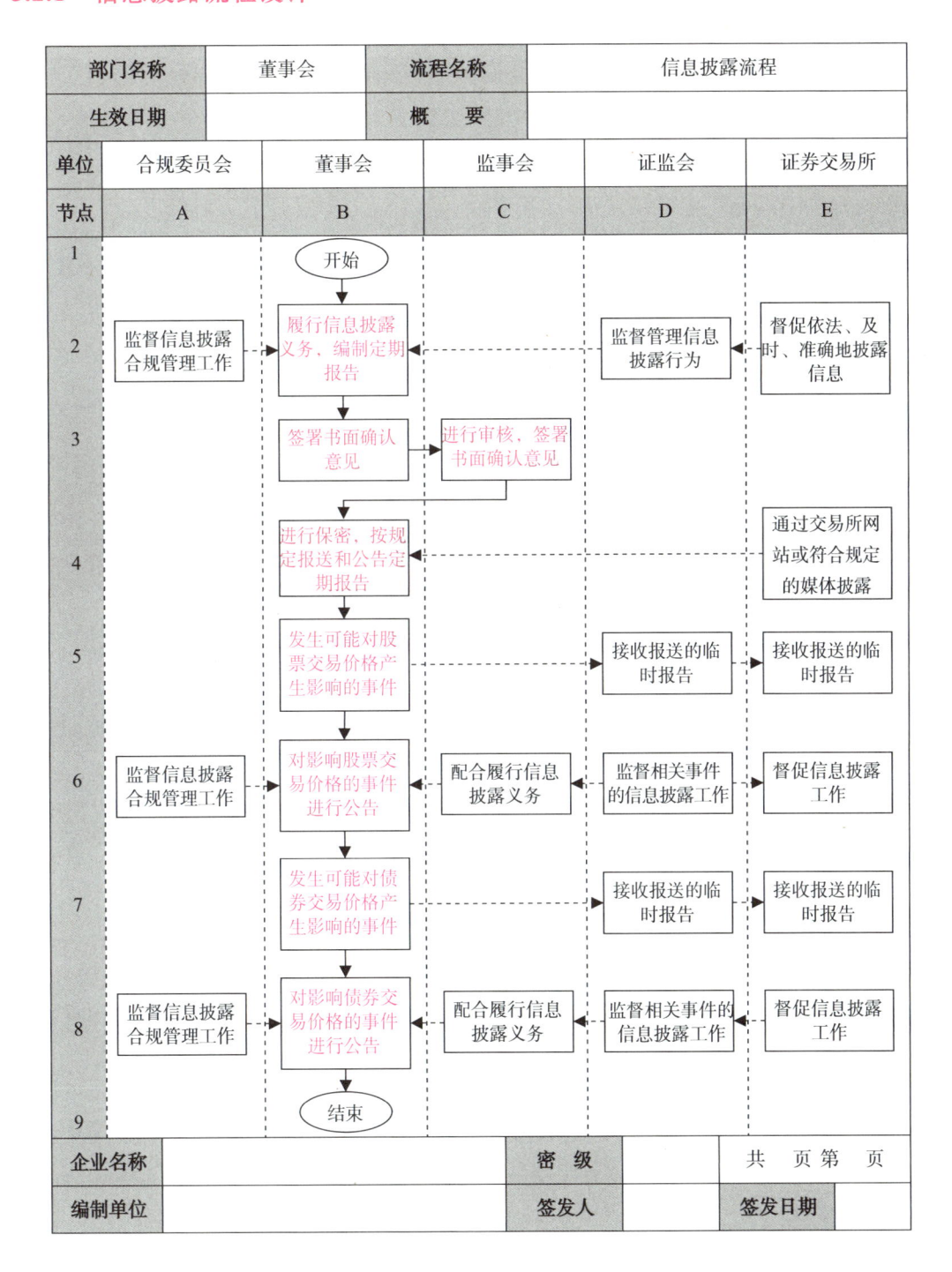 单位	合规委员会		董事会		监事会	证监会	证券交易所
节点	A		B		C	D	E
1			开始				
2	监督信息披露合规管理工作		履行信息披露义务、编制定期报告			监督管理信息披露行为	督促依法、及时、准确地披露信息
3			签署书面确认意见		进行审核，签署书面确认意见		
4			进行保密，按规定报送和公告定期报告				通过交易所网站或符合规定的媒体披露
5			发生可能对股票交易价格产生影响的事件			接收报送的临时报告	接收报送的临时报告
6	监督信息披露合规管理工作		对影响股票交易价格的事件进行公告		配合履行信息披露义务	监督相关事件的信息披露工作	督促信息披露工作
7			发生可能对债券交易价格产生影响的事件			接收报送的临时报告	接收报送的临时报告
8	监督信息披露合规管理工作		对影响债券交易价格的事件进行公告		配合履行信息披露义务	监督相关事件的信息披露工作	督促信息披露工作
9			结束				
企业名称				密级		共　页　第　页	
编制单位				签发人		签发日期	

5.2.2 信息披露流程风险点、合规程序、合规依据

合规事项	风险点、合规程序、合规依据
履行信息披露义务，按规定报送和公告定期报告（B2、B3、C3、B4）	**风险点** （1）上市公司未按照中国证监会和证券交易所的规定报送并公告年度报告，可能面临监管处罚 （2）上市公司未按照中国证监会和证券交易所的规定报送并公告中期报告，可能面临监管处罚 **合规程序** （1）履行信息披露义务，编制定期报告 　☆上市公司作为信息披露义务人，应依法履行信息披露义务 　☆董事会按照法律法规规定的内容和格式编制定期报告 （2）签署书面确认意见 　☆董事应当对定期报告签署书面确认意见 （3）进行审核，签署书面确认意见 　☆监事会应当对董事会编制的定期报告进行审核并提出书面审核意见，监事应当签署书面确认意见 （4）进行保密，按规定报送和公告定期报告 　☆上市公司对即将披露的信息进行保密，不得提前向任何单位或个人泄露 　☆董事会按照法律法规的规定报送并公告定期报告 **合规依据** （1）国家法律法规：《中华人民共和国公司法》《中华人民共和国证券法》《上市公司收购管理办法》《上市公司国有股权监督管理办法》《公开发行证券的公司信息披露内容与格式准则第15号——权益变动报告书（2014年修订）》 （2）企业规章制度："中小企业股份转让信息披露制度""发债企业信息披露制度""上市公司信息披露制度"
披露影响上市公司股票交易价格的重大事件（B5、B6）	**风险点** （1）上市公司未及时将可能影响股票交易价格的重大事件的情况向证监会和证券交易所进行临时报告，可能面临监管处罚 （2）上市公司未及时将可能影响股票交易价格的重大事件的情况向投资者进行公告，可能面临监管处罚

续表

合规事项	风险点、合规程序、合规依据
披露影响上市公司股票交易价格的重大事件（B5、B6）	**合规程序** （1）发生可能对股票交易价格产生影响的事件 　　☆ 发生企业重大投资行为、重大债务、重大亏损、重大人事变动等可能影响股票交易价格的事件 （2）对影响股票交易价格的事件进行公告 　　☆ 企业完成临时报告的报送后，应发布公告，说明事件的起因、目前的状态和可能产生的法律后果 **合规依据** （1）国家法律法规：《中华人民共和国公司法》《中华人民共和国证券法》《上市公司收购管理办法》《上市公司国有股权监督管理办法》《公开发行证券的公司信息披露内容与格式准则第15号——权益变动报告书（2014年修订）》 （2）企业规章制度："中小企业股份转让信息披露制度""发债企业信息披露制度""上市公司信息披露制度"
披露影响上市公司债券交易价格的重大事件（B7、B8）	**风险点** （1）上市公司未及时将可能影响债券交易价格的重大事件的情况向证监会和证券交易所进行临时报告，可能面临监管处罚 （2）上市公司未及时将可能影响债券交易价格的重大事件的情况向投资者进行公告，可能面临监管处罚 **合规程序** （1）发生可能对债券交易价格产生影响的事件 　　☆ 发生企业债券信用评级变化、股权结构或生产经营状况变化、重大资产抵押、到期债务违约等可能影响债券交易价格的事件 （2）对影响债券交易价格的事件进行公告 　　☆ 企业完成临时报告后，应发布公告，说明事件的起因、目前的状态和可能产生的法律后果 **合规依据** （1）国家法律法规：《中华人民共和国公司法》《中华人民共和国证券法》《上市公司收购管理办法》《上市公司国有股权监督管理办法》《公开发行证券的公司信息披露内容与格式准则第15号——权益变动报告书（2014年修订）》 （2）企业规章制度："中小企业股份转让信息披露制度""发债企业信息披露制度""上市公司信息披露制度"

第6章
企业合规——投资与担保

6.1 投资管理流程设计与风险点、合规程序、合规依据

6.1.1 投资管理流程设计

部门名称	投融资管理部	流程名称		投资管理流程	
生效日期		概　要			
单位	股东大会	董事会	投融资管理部	合规等相关部门	国资监管机构
节点	A	B	C	D	E

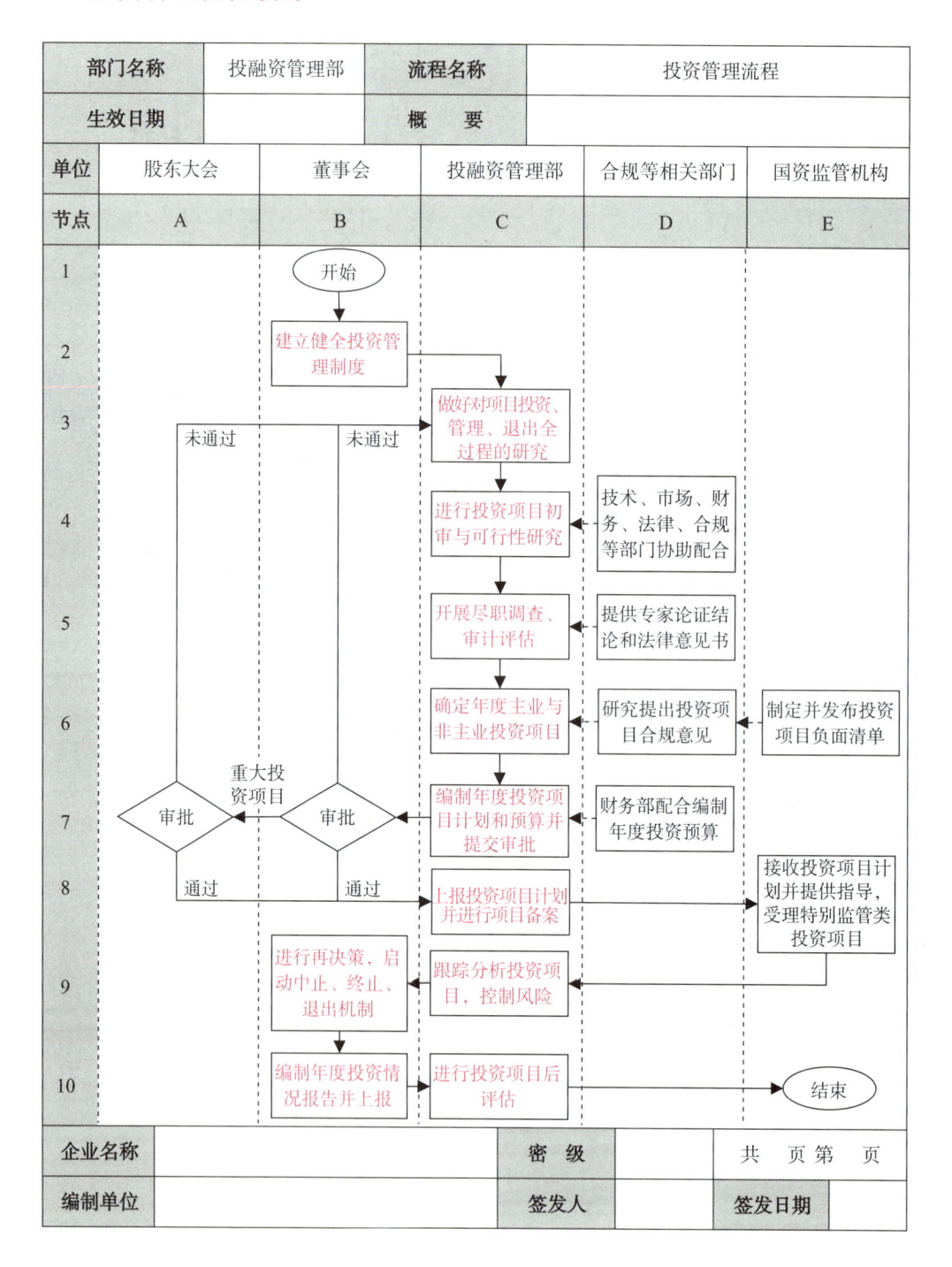

节点	流程
1	开始（B）
2	建立健全投资管理制度（B）
3	做好对项目投资、管理、退出全过程的研究（C）
4	进行投资项目初审与可行性研究（C）← 技术、市场、财务、法律、合规等部门协助配合（D）
5	开展尽职调查、审计评估（C）← 提供专家论证结论和法律意见书（D）
6	确定年度主业与非主业投资项目（C）；研究提出投资项目合规意见（D）；制定并发布投资项目负面清单（E）
7	重大投资项目审批（A 未通过）← 审批（B 未通过）← 编制年度投资项目计划和预算并提交审批（C）；财务部配合编制年度投资预算（D）
8	通过 → 上报投资项目计划并进行项目备案（C）→ 接收投资项目计划并提供指导，受理特别监管类投资项目（E）
9	进行再决策、启动中止、终止、退出机制（B）← 跟踪分析投资项目，控制风险（C）
10	编制年度投资情况报告并上报（B）；进行投资项目后评估（C）→ 结束（E）

企业名称		密　级		共　页　第　页
编制单位		签发人		签发日期

6.1.2 投资管理流程风险点、合规程序、合规依据

合规事项	风险点、合规程序、合规依据
投资事前管理（B2、C3、C4、C5、C6、C7、C8）	**风险点** （1）企业未按照规定建立健全投资管理制度，或投资管理制度未报送国资监管机构 （2）须事前报告、事前备案的投资项目未按规定进行报告和备案，企业投资项目可能被叫停，企业可能会受到监管处罚 （3）未履行或未正确履行境内重大投资项目、境外投资项目和非主业投资项目报备管理规定，企业可能收到整改通知，或受到监管处罚 **合规程序** （1）建立健全投资管理制度 　☆ 董事会建立健全企业投资管理制度并报送国资监管机构 （2）做好对项目投资、管理、退出全过程的研究论证 　☆ 投资管理部进行项目投资、管理、退出全过程的研究论证 （3）进行投资项目初审与可行性研究 　☆ 投资管理部进行投资项目的考察和初审，联合技术、市场、财务、法律、合规等部门进行投资项目的可行性研究和论证 （4）开展尽职调查、审计评估 　☆ 投资管理部对股权投资项目、并购重组项目开展必要的尽职调查，并按规定执行资产评估、审计等程序 （5）确定年度主业与非主业投资项目 　☆ 投资管理部根据企业的实际情况，参照国资监管机构发布的投资项目负面清单，确定企业年度主业投资项目与非主业投资项目 （6）编制年度投资项目计划和预算并提交审批 　☆ 投资管理部编制年度投资项目计划，并与年度投资预算管理相衔接，提交董事会审批，必要的重大投资项目须再报股东大会审批 （7）上报投资项目计划并进行项目备案 　☆ 年度投资项目计划审批通过后，投资管理部向国资监管机构报送年度投资项目计划 　☆ 投资管理部根据投资项目的具体情况，向国资监管机构进行备案和报告 **合规依据** （1）国家法律法规：《中华人民共和国公司法》《中华人民共和国企业国有资产法》《企业国有资产监督管理暂行条例》《中央企业投资监督管理办法》 （2）地方法规：《××省省属企业投资监督管理办法》（参照各省国资委印发的通知）《××市国资委监管企业投资监督管理办法》（参照各地管理办法） （3）企业规章制度："投资监管制度""投后管理工作制度"

续表

合规事项	风险点、合规程序、合规依据
投资事中管理（C9、B9）	**风险点** （1）企业进行年度投资计划调整，未按规定向国资监管机构进行说明，未提交书面报告 （2）未对实施中的投资项目进行跟踪，无法快速应对投资项目内外部发生的变化，不能及时启动中止、终止或退出机制，企业可能遭受投资损失 （3）针对投资项目实施过程中发生的重大问题，企业未按规定向国资监管机构提交书面报告，可能收到整改意见书，或受到监管处罚 （4）未建立健全投资基础信息台账，未按时向国资监管机构报送季度投资完成情况，可能收到整改意见书 **合规程序** （1）跟踪分析投资项目，控制风险 ☆ 投资管理部对实施、运营中的投资项目进行跟踪分析，及时将信息和数据上报给董事会 （2）进行再决策，启动中止、终止、退出机制 ☆ 董事会根据投资项目的内外部变化情况，进行再决策，如有必要须及时启动中止、终止或退出机制 **合规依据** （1）国家法律法规：《中华人民共和国公司法》《中华人民共和国企业国有资产法》《企业国有资产监督管理暂行条例》《中央企业投资监督管理办法》 （2）地方法规：《××省省属企业投资监督管理办法》（参照各省国资委印发的通知）《××市国资委监管企业投资监督管理办法》（参照各地管理办法） （3）企业规章制度："投资监管制度""投后管理工作制度"
投资事后管理（B10、C10）	**风险点** （1）未按规定向国资监管机构报送年度投资情况报告 （2）未建立投资项目后评价制度，未向国资监管机构报送投资项目后评价专项报告 （3）未按规定对导致投资损失或造成不良后果的人员追究责任，或者对相关人员做出不实和虚假评价 **合规程序** （1）编制年度投资情况报告并上报 ☆ 董事会对企业年度投资情况报告进行审议、审批，通过后报送国资监管机构 （2）进行投资项目后评估 ☆ 投资管理部根据企业投资项目后评价制度对完成的投资项目进行评估评价，编制投资项目后评价专项报告，经董事会审议、审核通过后报送国资监管机构 **合规依据** （1）国家法律法规：《中华人民共和国公司法》《中华人民共和国企业国有资产法》《企业国有资产监督管理暂行条例》《中央企业投资监督管理办法》 （2）地方法规：《××省省属企业投资监督管理办法》（参照各省国资委印发的通知）《××市国资委监管企业投资监督管理办法》（参照各地管理办法） （3）企业规章制度："投资监管制度""投后管理工作制度"

6.2 违规投资责任追究流程设计与风险点、合规程序、合规依据

6.2.1 违规投资责任追究流程设计

部门名称	总经办	流程名称	违规投资责任追究流程
生效日期		概 要	

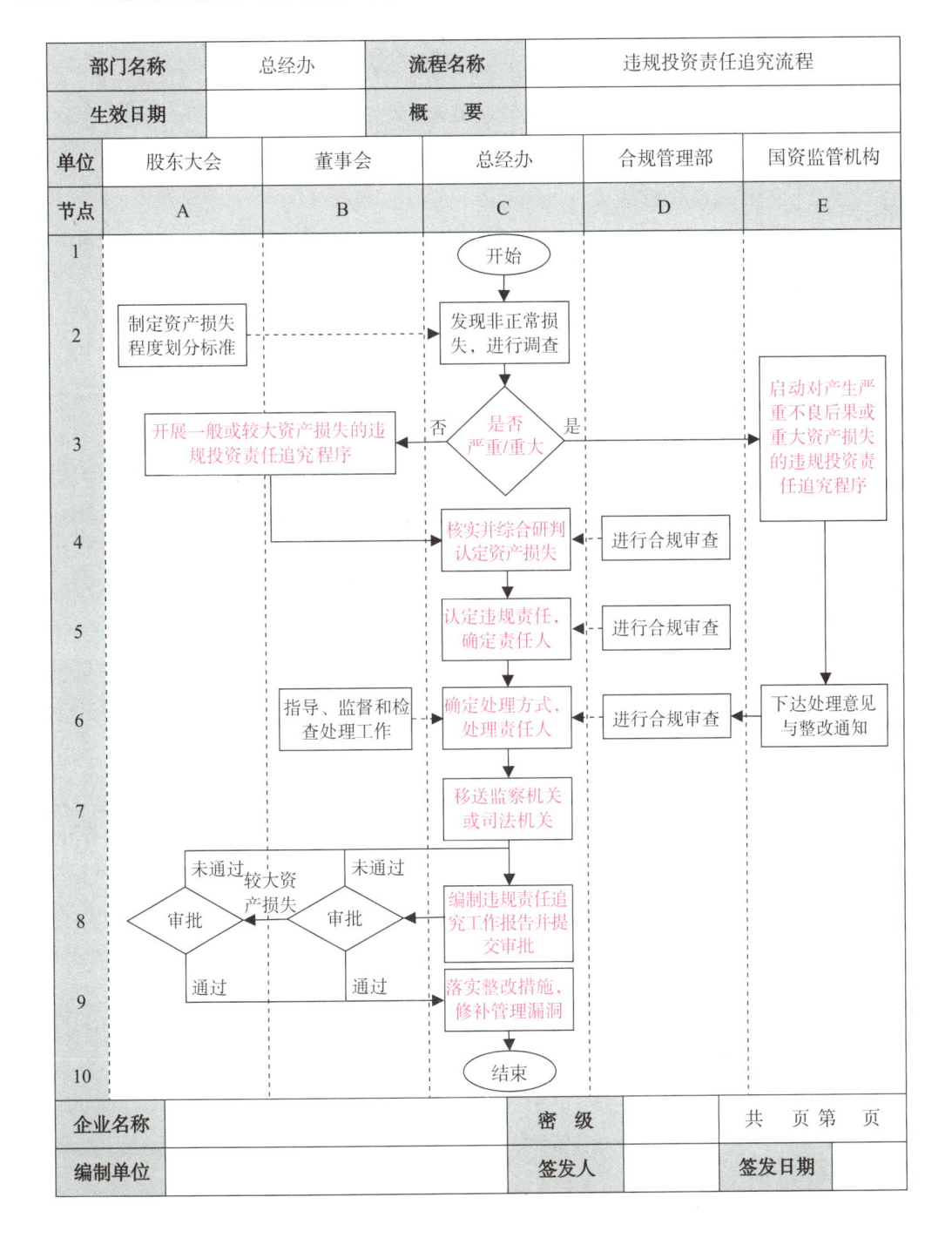

单位	股东大会	董事会	总经办	合规管理部	国资监管机构
节点	A	B	C	D	E
1			开始		
2		制定资产损失程度划分标准	发现非正常损失,进行调查		
3		开展一般或较大资产损失的违规投资责任追究程序	是否严重/重大		启动对产生严重不良后果或重大资产损失的违规投资责任追究程序
4			核实并综合研判认定资产损失	进行合规审查	
5			认定违规责任,确定责任人	进行合规审查	
6		指导、监督和检查处理工作	确定处理方式,处理责任人	进行合规审查	下达处理意见与整改通知
7			移送监察机关或司法机关		
8	未通过/通过 审批	未通过/通过 审批（较大资产损失）	编制违规责任追究工作报告并提交审批		
9			落实整改措施,修补管理漏洞		
10			结束		

| 企业名称 | | 密级 | | 共 页 第 页 |
| 编制单位 | | 签发人 | | 签发日期 |

6.2.2 违规投资责任追究流程风险点、合规程序、合规依据

合规事项	风险点、合规程序、合规依据
确定违规投资责任追究主体（C3、A3、B3、E3）	**风险点**
	（1）未如实向国资监管机构进行报告，如违反规定瞒报、漏报或谎报重大资产损失，企业可能面临监管处罚或行政处罚
	（2）未按照规定和有关工作职责要求开展责任追究工作，未向国资监管机构书面报告较大和重大违规投资的问题和线索，企业可能收到整改通知书，或受到监管处罚
	合规程序
	（1）是否严重/重大 ☆ 总经办根据资产损失程度划分标准判断投资的非正常损失是否属于产生严重不良后果的较大资产损失，是否达到重大资产损失的水平
	（2）开展一般或较大资产损失的违规投资责任追究程序 ☆ 董事会组织开展对一般资产损失的违规投资责任追究工作；对于较大资产损失的违规投资责任追究工作，由股东大会直接组织开展
	（3）启动对产生严重不良后果或重大资产损失的违规投资责任追究程序 ☆ 国资监管机构对重大资产损失或产生严重不良后果的较大资产损失启动违规投资责任追究工作
	合规依据
	（1）国家法律法规：《中华人民共和国企业国有资产法》《国务院办公厅关于建立国有企业违规经营投资责任追究制度的意见》
	（2）地方法规：《××市市属国有企业违规经营投资责任追究实施办法》（参照各地管理办法）
	（3）企业规章制度："违规投资、融资责任追究制度"
核定资产损失并处理违规责任人（C4、C5、C6、C7）	**风险点**
	（1）资产损失的调查核实缺乏相关证明材料，资产损失金额的核定缺乏计量评估报告
	（2）未按照规定和有关工作要求开展责任追究工作，查处不力，违规从轻、减轻处罚，对不符合要求的责任人进行免责处理
	合规程序
	（1）核实并综合研判认定资产损失 ☆ 总经办在调查核实的基础上，根据司法行政文件、审计报告、评估报告等材料认定资产损失
	（2）认定违规责任，确定责任人 ☆ 总经办根据违规事实确定直接责任人、主管责任人和领导责任人
	（3）确定处理方式，处理责任人 ☆ 总经办在董事会的指导下对责任人做出组织处理、扣减薪酬、禁入限制、纪律处分等处罚

续表

合规事项	风险点、合规程序、合规依据
核定资产损失并处理违规责任人（C4、C5、C6、C7）	合规程序
	（4）移送监察机关或司法机关 ☆ 总经办将产生严重情节的责任人移交监察机关或司法机关做进一步处理
	合规依据
	（1）国家法律法规：《中华人民共和国企业国有资产法》《国务院办公厅关于建立国有企业违规经营投资责任追究制度的意见》 （2）地方法规：《××市市属国有企业违规经营投资责任追究实施办法》（参照各地管理办法） （3）企业规章制度："违规投资、融资责任追究制度"
优化业务流程，修补管理漏洞（C8、C9）	风险点
	未按规定建立违规责任追究工作报告制度，未及时落实整改措施，对须整改的问题敷衍了事
	合规程序
	（1）编制违规责任追究工作报告并提交审批 ☆ 总经办根据违规投资责任追究工作实际情况编制违规责任追究工作报告，并提交审批 （2）落实整改措施，修补管理漏洞 ☆ 总经办按照整改意见落实整改措施，优化业务流程，修补管理漏洞
	合规依据
	（1）国家法律法规：《中华人民共和国企业国有资产法》《国务院办公厅关于建立国有企业违规经营投资责任追究制度的意见》 （2）地方法规：《××市市属国有企业违规经营投资责任追究实施办法》（参照各地管理办法） （3）企业规章制度："违规投资、融资责任追究制度"

6.3 违规担保责任追究流程设计与风险点、合规程序、合规依据

6.3.1 违规担保责任追究流程设计

部门名称	总经办		流程名称	违规担保责任追究流程	
生效日期			概　要		
单位	股东大会	董事会	总经办	证监会	国资监管机构
节点	A	B	C	D	E
1			开始		
2			进行对外担保情况自查	监管上市公司相关违规担保事项	监管国有控股公司相关违规担保事项
3	未通过 重大违规担保问题 审批	未通过 审批	发现违规担保问题并上报		
4	通过	通过	上报违规担保调查情况	对违规担保事项进行调查取证	
5			确定补救和整改方案	判定违规担保行为性质、情节轻重	
6			处理违规担保责任人或移交公安机关	给予相应处理、行政处罚或采取行政监管措施	
7	未通过 重大违规担保问题 审批	未通过 审批	编制违规担保责任追究工作报告		
8	通过	通过	完善内控程序，严控担保风险		
9			结束		
企业名称			密级	共　页 第　页	
编制单位			签发人	签发日期	

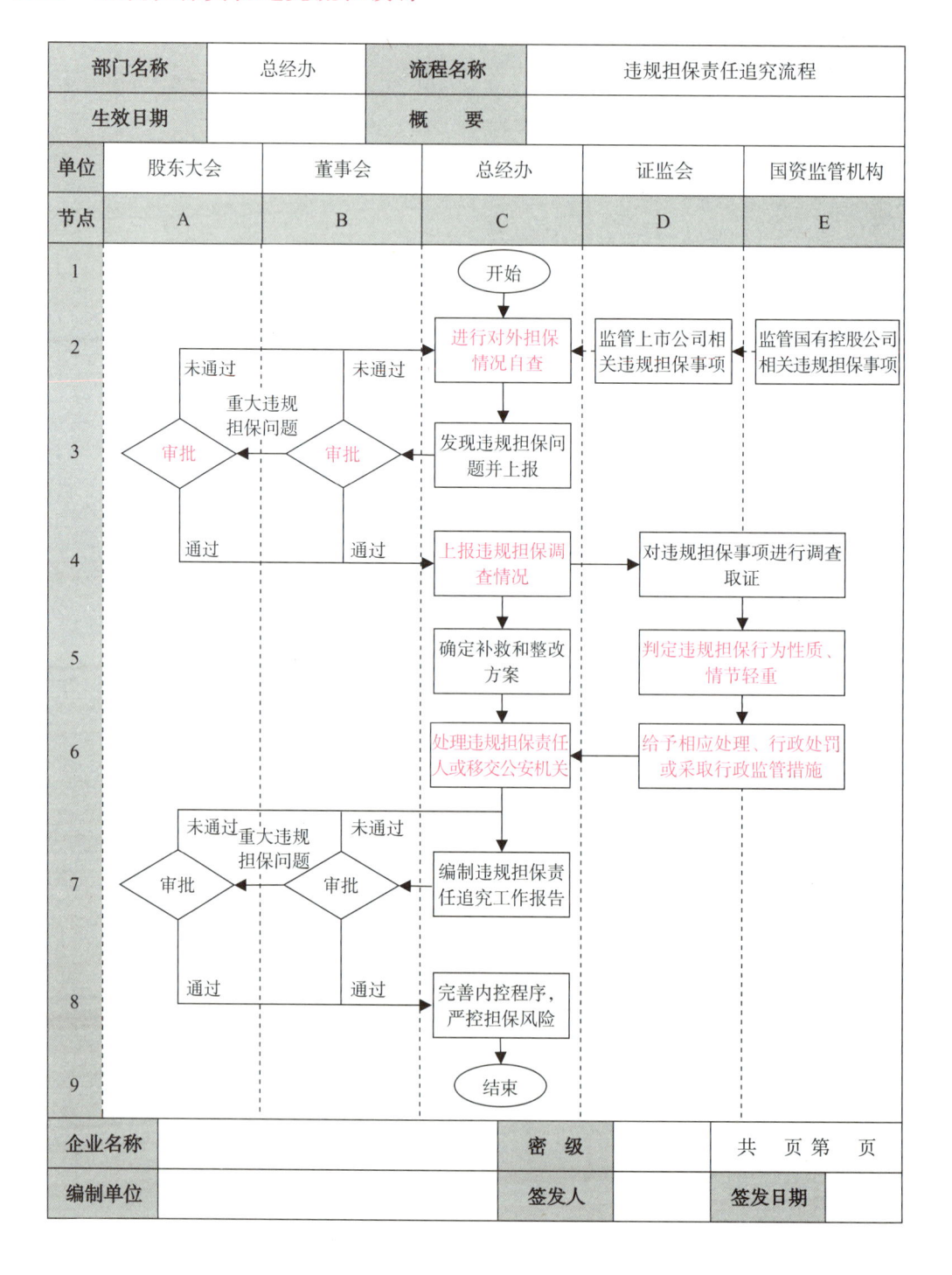

6.3.2 违规担保责任追究流程风险点、合规程序、合规依据

合规事项	风险点、合规程序、合规依据
确定违规担保问题（C2、A3、B3、C4）	**风险点** 未查明董事、监事、高级管理人员的违规担保行为，未查明企业与其控股股东、实际控制人及其他关联方发生的违规担保问题，企业在遭受财产损失的同时还可能面临监管处罚 **合规程序** （1）进行对外担保情况自查 　　☆ 总经办根据企业的规章制度定期对企业对外担保情况进行自查 　　☆ 总经办若发现违规担保问题，应上报董事会；若发现重大违规担保问题，还应上报股东大会 （2）审批 　　☆ 董事会对一般或影响较小的违规担保问题进行审批，并批复处理意见 　　☆ 召开股东大会讨论对重大违规担保问题的处置和处理 （3）上报违规担保调查情况 　　☆ 总经办根据违规担保问题的实际情况，将情况说明上报给相应的监管机构 **合规依据** （1）国家法律法规：《中华人民共和国民法典》《中华人民共和国公司法》《中华人民共和国证券法》《上市公司监管指引第 8 号——上市公司资金往来、对外担保的监管要求》《最高人民法院关于适用〈中华人民共和国民法典〉有关担保制度的解释》《企业国有资产交易监督管理办法》 （2）企业规章制度："企业担保管理制度" "违规担保责任追究制度"
处理违规担保责任人（D5、E5、D6、E6、C6）	**风险点** （1）未按照规定配合中国证监会、国资监管机构、公安机关的调查处理，企业可能面临监管处罚 （2）未及时采取合理的应对措施降低并尽可能地挽回损失，导致违规担保问题进一步加大，企业的资产损失可能扩大 **合规程序** （1）判定违规担保行为性质、情节轻重 　　☆ 证监会对上市公司相关违规担保问题进行调查判定 　　☆ 国资监管机构对国有控股公司相关违规担保问题进行调查判定 （2）给予相应处理、行政处罚或采取行政监管措施 　　☆ 证监会给予企业或相关违规担保责任人行政处罚或采取行政监管措施，涉嫌犯罪的移交公安机关查处

续表

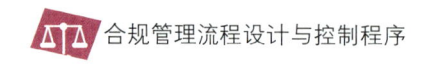

合规事项	风险点、合规程序、合规依据
处理违规担保责任人（D5、E5、D6、E6、C6）	**合规程序** ☆ 国资监管机构按照管理规定给予企业或相关违规担保责任人相应处理，造成国有资产损失或其他严重不良影响的，依法依规进一步追究相应责任 （3）处理违规担保责任人或移交公安机关 ☆ 总经办根据企业担保管理制度的相关规定对责任人做出内部处理后，按规定向公安机关移交涉嫌违法犯罪的人员 **合规依据** （1）国家法律法规：《中华人民共和国民法典》《中华人民共和国公司法》《中华人民共和国证券法》《上市公司监管指引第8号——上市公司资金往来、对外担保的监管要求》《最高人民法院关于适用〈中华人民共和国民法典〉有关担保制度的解释》《企业国有资产交易监督管理办法》 （2）企业规章制度："企业担保管理制度""违规担保责任追究制度"

6.4 跨境投资管理流程设计与风险点、合规程序、合规依据

6.4.1 跨境投资管理流程设计

部门名称	投资管理部		流程名称		跨境投资管理流程	
生效日期			概　要			

单位	股东大会	董事会	投资管理部	合规管理部	外部监管机构
节点	A	B	C	D	E
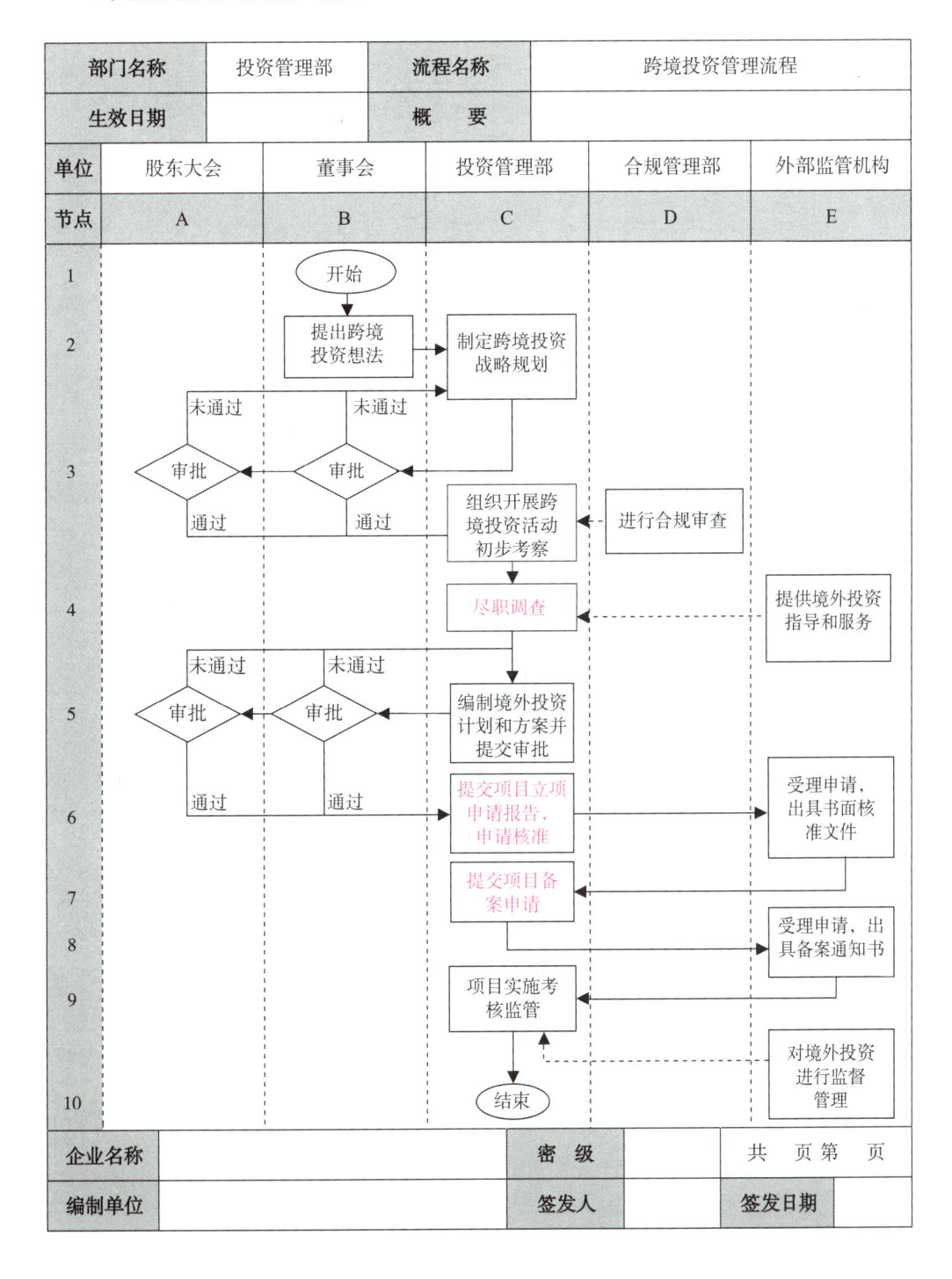 1			开始		
2		提出跨境投资想法	制定跨境投资战略规划		
3	未通过←审批→通过	未通过←审批→通过	组织开展跨境投资活动初步考察	进行合规审查	
4			尽职调查		提供境外投资指导和服务
5	未通过←审批→通过	未通过←审批→通过	编制境外投资计划和方案并提交审批		
6			提交项目立项申请报告，申请核准		受理申请，出具书面核准文件
7			提交项目备案申请		
8					受理申请，出具备案通知书
9			项目实施考核监管		
10			结束		对境外投资进行监督管理

企业名称		密　级		共　页 第　页
编制单位		签发人		签发日期

6.4.2 跨境投资管理流程风险点、合规程序、合规依据

合规事项	风险点、合规程序、合规依据
开展境外投资活动（C4、C6、C7）	**风险点** （1）未准确了解国家关于境外投资的敏感国家、地区和敏感行业目录限制，可能导致企业境外投资项目无法通过核准 （2）未取得核准文件而擅自开展涉及敏感国家、地区和敏感行业的境外投资项目，可能导致企业境外投资项目被责令中止或终止，并使企业受到警告和处罚 （3）对于不涉及敏感国家、地区和敏感行业的非敏感类境外投资项目，未按照规定向国家发改委、商务部、国资委、证监会、国家金融监督管理总局等各类各级监管机构进行备案，未取得备案通知书而擅自实施境外投资工作，可能导致企业境外投资项目被责令中止或终止，并使企业受到警告和处罚 （4）取得核准文件或备案通知书的方式违规，如隐瞒、欺骗、贿赂等，会导致企业境外投资项目的核准文件或备案通知书被撤销，并使企业受到警告和处罚 **合规程序** （1）尽职调查 ☆ 聘请目标国的专业机构或律师进行尽职调查，内容涵盖法律、财务、税务、知识产权、劳务、合规及投资目标优势领域等，根据尽职调查结果，评估投资风险，并准备后续事宜 ☆ 投资管理部根据企业境外投资需求和规划向国家发改委咨询政策和信息，反映存在的问题 ☆ 投资管理部向核准、备案机关咨询拟开展的项目是否属于核准、备案范围 （2）提交项目立项申请报告，申请核准 ☆ 对于涉及敏感国家、地区和敏感行业的境外投资项目，投资管理部通过境外投资管理和服务网络系统向核准机关提交项目申请报告并附具相关文件，等待核准机关受理后领取核准文件 （3）提交项目备案申请 ☆ 对于不涉及敏感国家、地区和敏感行业的非敏感类境外投资项目，投资管理部通过境外投资管理和服务网络系统向备案机关提交项目备案表并附具有关文件，领取备案通知书 **合规依据** （1）国家法律法规：《中华人民共和国公司法》《中华人民共和国行政许可法》《企业境外投资管理办法》《对外投资备案（核准）报告暂行办法》《境内机构境外直接投资外汇管理规定》《中央企业境外投资监督管理办法》《境外投资敏感行业目录（2018年版）》 （2）企业规章制度："跨境投资管理制度"

第 7 章
企业合规——租赁性资产

7.1 资产租赁管理流程设计与风险点、合规程序、合规依据

7.1.1 资产租赁管理流程设计

部门名称	资产管理部	流程名称	资产租赁管理流程
生效日期		概 要	

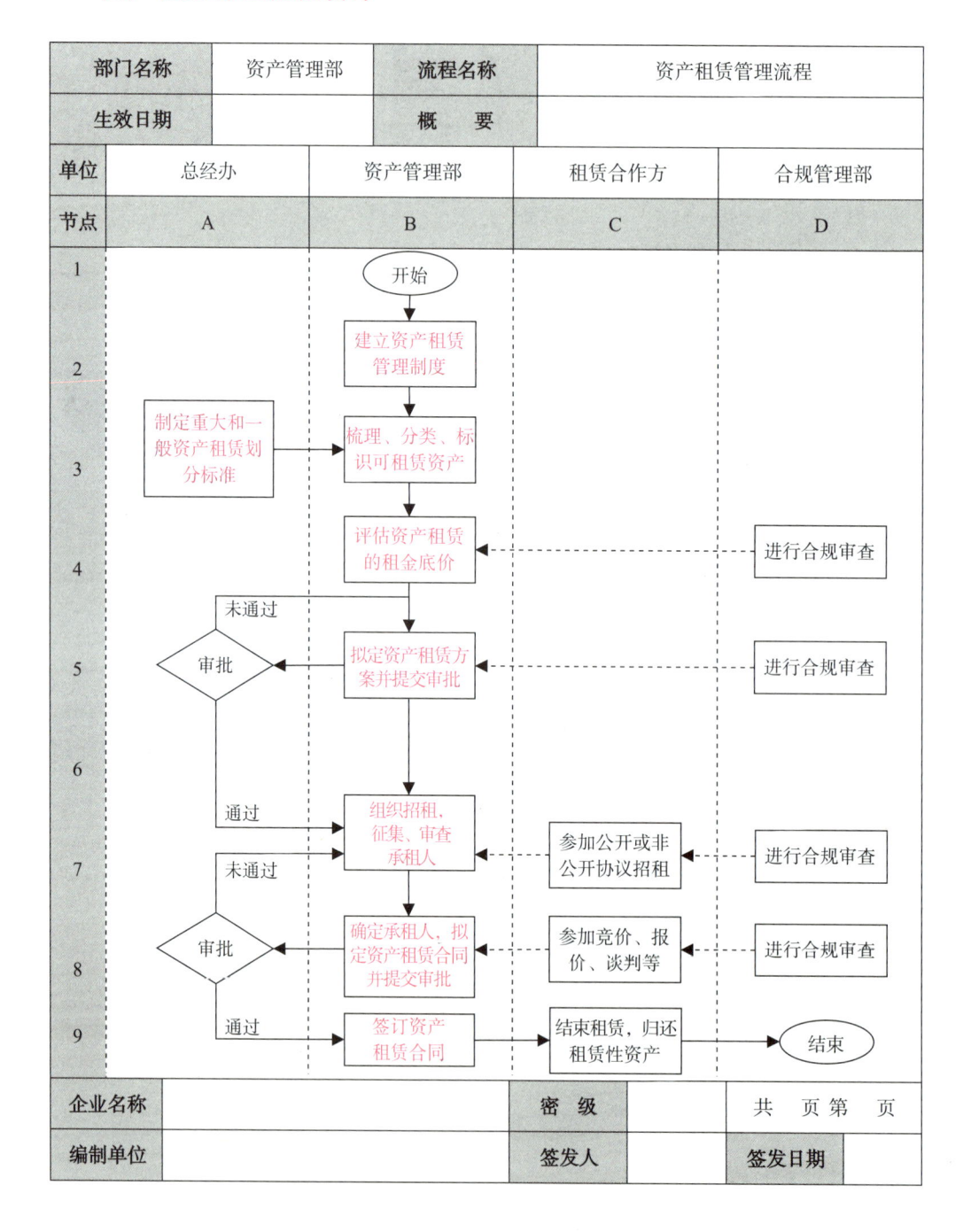

单位	总经办	资产管理部	租赁合作方	合规管理部
节点	A	B	C	D

节点	流程
1	开始（B）
2	建立资产租赁管理制度（B）
3	制定重大和一般资产租赁划分标准（A）→ 梳理、分类、标识可租赁资产（B）
4	评估资产租赁的租金底价（B）← 进行合规审查（D）
5	审批（A，未通过）← 拟定资产租赁方案并提交审批（B）← 进行合规审查（D）
6	
7	通过 → 组织招租、征集、审查承租人（B） ← 参加公开或非公开协议招租（C）← 进行合规审查（D）
8	审批（A，未通过）← 确定承租人，拟定资产租赁合同并提交审批（B）← 参加竞价、报价、谈判等（C）← 进行合规审查（D）
9	通过 → 签订资产租赁合同（B）→ 结束租赁，归还租赁性资产（C）→ 结束

企业名称		密级	共 页 第 页
编制单位		签发人	签发日期

7.1.2 资产租赁管理流程风险点、合规程序、合规依据

合规事项	风险点、合规程序、合规依据
建立健全资产租赁管理制度（B2、B3、A3）	**风险点** （1）缺乏资产租赁管理制度，或资产租赁管理制度不健全，无法做到事前、事中、事后全面监管，不符合企业规章制度和相关监管规定的要求 （2）对可供租赁的资产管理混乱，管理效力低下，导致资产流失的风险增加，不符合企业规章制度和相关监管规定的要求 **合规程序** （1）建立资产租赁管理制度 　　☆ 资产管理部根据企业规章制度和相关监管规定的要求建立资产租赁管理制度 （2）梳理、分类、标识可租赁资产 　　☆ 资产管理部梳理并完善资产产权登记信息，对可供租赁资产进行分类标识并建立动态跟踪管理机制 （3）制定重大和一般资产租赁划分标准 　　☆ 总经办依据资产租赁价格、租赁面积、租赁期限等要素，制定重大和一般资产租赁事项划分标准，重大资产租赁事项应提交上级监管机构进行决策 **合规依据** （1）国家法律法规：《中华人民共和国民法典》《中华人民共和国企业国有资产法》《企业国有资产监督管理暂行条例》《企业国有资产交易监督管理办法》 （2）地方法规：《××省省属企业资产租赁管理办法》（参照各省国资委印发的通知） （3）企业规章制度："租赁性资产管理制度"
制定资产租赁方案（B4、B5、A5）	**风险点** （1）资产租赁的租金底价设置不合理，评估程序不符合企业规章制度和相关监管规定的要求 （2）资产租赁方案的内容与相关监管规定相冲突 **合规程序** （1）评估资产租赁的租金底价 　　☆ 资产管理部在市场估价、询价或委托专业机构评估的基础上评估企业资产租赁的租金底价 （2）拟定资产租赁方案 　　☆ 资产管理部根据可供租赁资产的基本情况、租赁原因、用途、期限、条件等拟定资产租赁方案 （3）审批 　　☆ 总经办审批确定资产租赁方案并签署批示意见

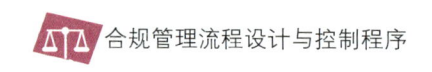

续表

合规事项	风险点、合规程序、合规依据
制定资产租赁方案（B4、B5、B6）	**合规依据** （1）国家法律法规：《中华人民共和国民法典》《中华人民共和国企业国有资产法》《企业国有资产监督管理暂行条例》《企业国有资产交易监督管理办法》 （2）地方法规：《××省省属企业资产租赁管理办法》（参照各省国资委印发的通知） （3）企业规章制度："租赁性资产管理制度"
组织招租，签订资产租赁合同（B6、B7、B8）	**风险点** （1）资产租赁招租方式不合理，不符合企业规章制度和相关监管规定的要求 （2）确定承租人的程序不合理，存在违规、违纪、违法行为 （3）资产租赁合同条款不完善，定价不合理，存在违规、违纪、违法行为 **合规程序** （1）组织招租，征集、审查承租人 　☆ 资产管理部组织公开或非公开协议招租，征集意向承租人，并对候选承租人进行审查 　☆ 合规管理部对招租过程进行合规审查 （2）确定承租人，拟定资产租赁合同并提交审批 　☆ 资产管理部确定承租人，拟定规范的资产租赁合同并提交审批 　☆ 合规管理部对资产租赁合同进行合规审查 （3）签订资产租赁合同 　☆ 资产管理部根据总经办的批示意见，与承租人签订资产租赁合同，确定租赁合作方 **合规依据** （1）国家法律法规：《中华人民共和国民法典》《中华人民共和国企业国有资产法》《企业国有资产监督管理暂行条例》《企业国有资产交易监督管理办法》 （2）地方法规：《××省省属企业资产租赁管理办法》（参照各省国资委印发的通知） （3）企业规章制度："租赁性资产管理制度"

7.2 租赁性资产审计与监督流程设计与风险点、合规程序、合规依据

7.2.1 租赁性资产审计与监督流程设计

部门名称	审计部	流程名称	租赁性资产审计与监督流程
生效日期		概　要	

单位	总经办	审计部	资产管理部	财务部
节点	A	B	C	D
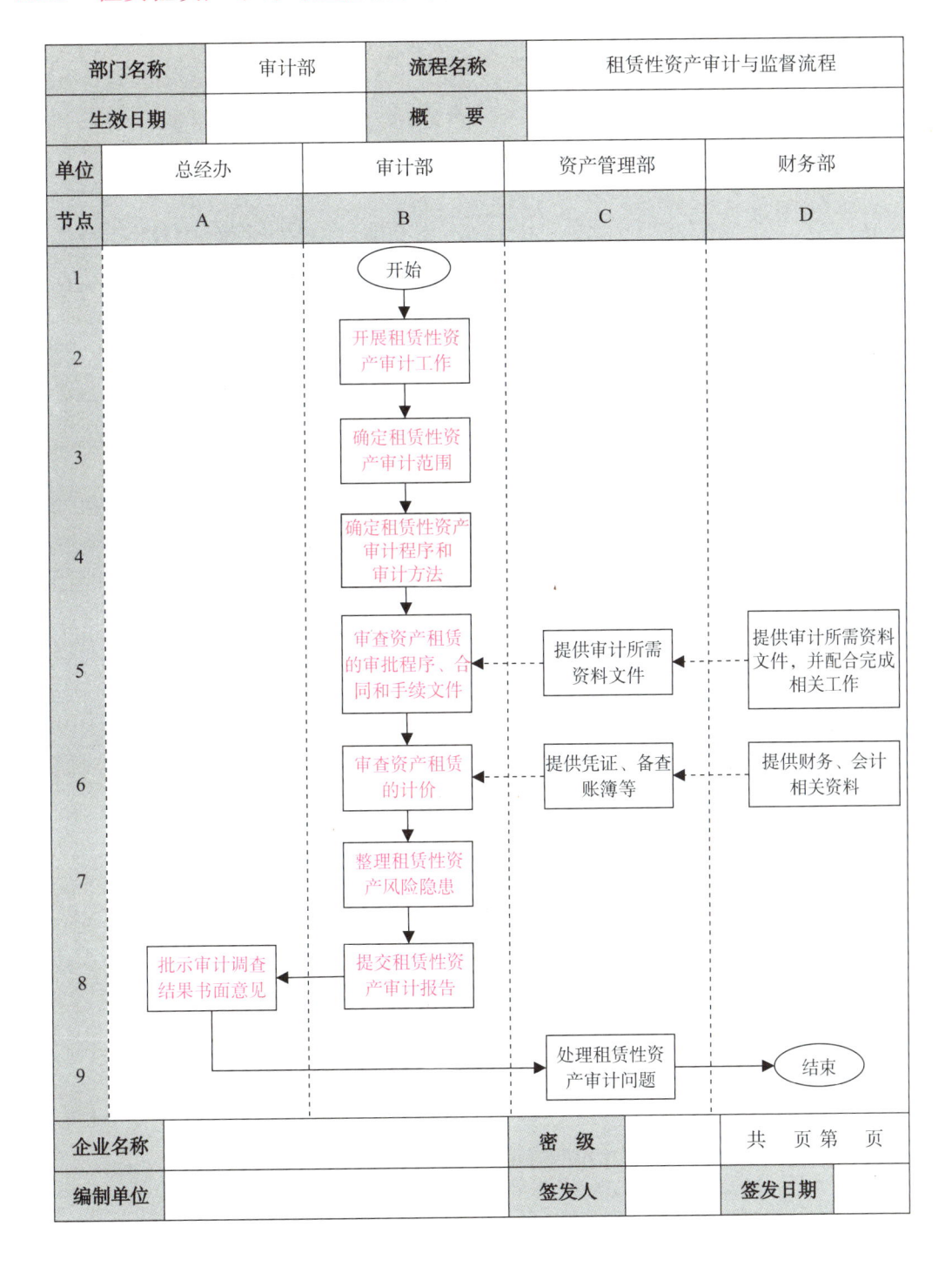 1		开始		
2		开展租赁性资产审计工作		
3		确定租赁性资产审计范围		
4		确定租赁性资产审计程序和审计方法		
5		审查资产租赁的审批程序、合同和手续文件	提供审计所需资料文件	提供审计所需资料文件，并配合完成相关工作
6		审查资产租赁的计价	提供凭证、备查账簿等	提供财务、会计相关资料
7		整理租赁性资产风险隐患		
8	批示审计调查结果书面意见	提交租赁性资产审计报告		
9			处理租赁性资产审计问题	结束

企业名称		密级		共　页第　页	
编制单位		签发人		签发日期	

7.2.2 租赁性资产审计与监督流程风险点、合规程序、合规依据

合规事项	风险点、合规程序、合规依据
确定租赁性资产审计的范围、程序和方法（B3、B4）	**风险点**
	租赁性资产审计的范围、程序和方法不符合企业规章制度、国家有关法律法规的规定
	合规程序
	（1）确定租赁性资产审计范围 ☆ 审计部根据企业"租赁性资产运行审计与监督制度"和国家有关法律法规确定租赁性资产审计范围 （2）确定审计程序和审计方法 ☆ 审计部根据企业"租赁性资产运行审计与监督制度"和租赁性资产的实际情况确定审计程序和审计方法
	合规依据
	（1）国家法律法规：《中华人民共和国审计法》《中华人民共和国会计法》《中华人民共和国民法典》 （2）企业规章制度："租赁性资产运行审计与监督制度"
审计租赁性资产（B5、B6）	**风险点**
	（1）拒绝、拖延提供与审计事项有关的资料，或提供的资料不真实、不完整，审计机关将责令整改，通报批评，给予警告，拒不改正的，将被依法追究法律责任 （2）拒绝、阻碍检查、调查、核实等审计工作，审计机关将责令整改，通报批评，给予警告，拒不改正的，将被依法追究法律责任 （3）转移、隐匿、篡改、毁弃财务、会计资料以及与财政收支、财务收支有关的业务、管理等资料，审计机关将移交监察机关和有关主管机关做进一步处理，构成犯罪的，将被依法追究刑事责任
	合规程序
	（1）审查资产租赁的审批程序、合同和手续文件 ☆ 审计部审查企业资产租赁的审批程序是否完整，租赁合同或协议是否签订，租赁合同或协议内容是否合理，履约情况、进出交接类手续文件是否齐备等 ☆ 资产管理部、财务部配合审计工作，向审计部提供所需的资料文件 （2）审查资产租赁的计价 ☆ 审计部审查企业资产租赁的计价情况 ☆ 资产管理部根据审计部需求提供凭证、备查账簿等 ☆ 财务部根据审计部需求提供租赁性资产明细账等财务、会计相关资料
	合规依据
	（1）国家法律法规：《中华人民共和国审计法》《中华人民共和国会计法》《中华人民共和国民法典》 （2）企业规章制度："租赁性资产运行审计与监督制度"

续表

合规事项	风险点、合规程序、合规依据
编制租赁性资产审计报告（B7、B8、A8）	**风险点** 审计人员徇私舞弊、玩忽职守，未如实反应审计调查结果或提供虚假的审计调查结果，违反企业相关规章制度或国家有关法律法规的规定 **合规程序** （1）整理租赁性资产风险隐患 　☆ 审计部汇总、整理在审计过程中发现的各类问题和风险隐患情况 （2）提交租赁性资产审计报告 　☆ 审计部在将审计报告报送审计机关前，应提交总经办征求意见 （3）批示审计调查结果书面意见 　☆ 总经办审阅租赁性资产审计调查结果后，批示书面意见 **合规依据** （1）国家法律法规：《中华人民共和国审计法》《中华人民共和国会计法》《中华人民共和国民法典》 （2）企业规章制度："租赁性资产运行审计与监督制度"

7.3 租赁性资产处理流程设计与风险点、合规程序、合规依据

7.3.1 租赁性资产处理流程设计

部门名称	资产管理部	流程名称	租赁性资产处理流程	
生效日期		概　要		
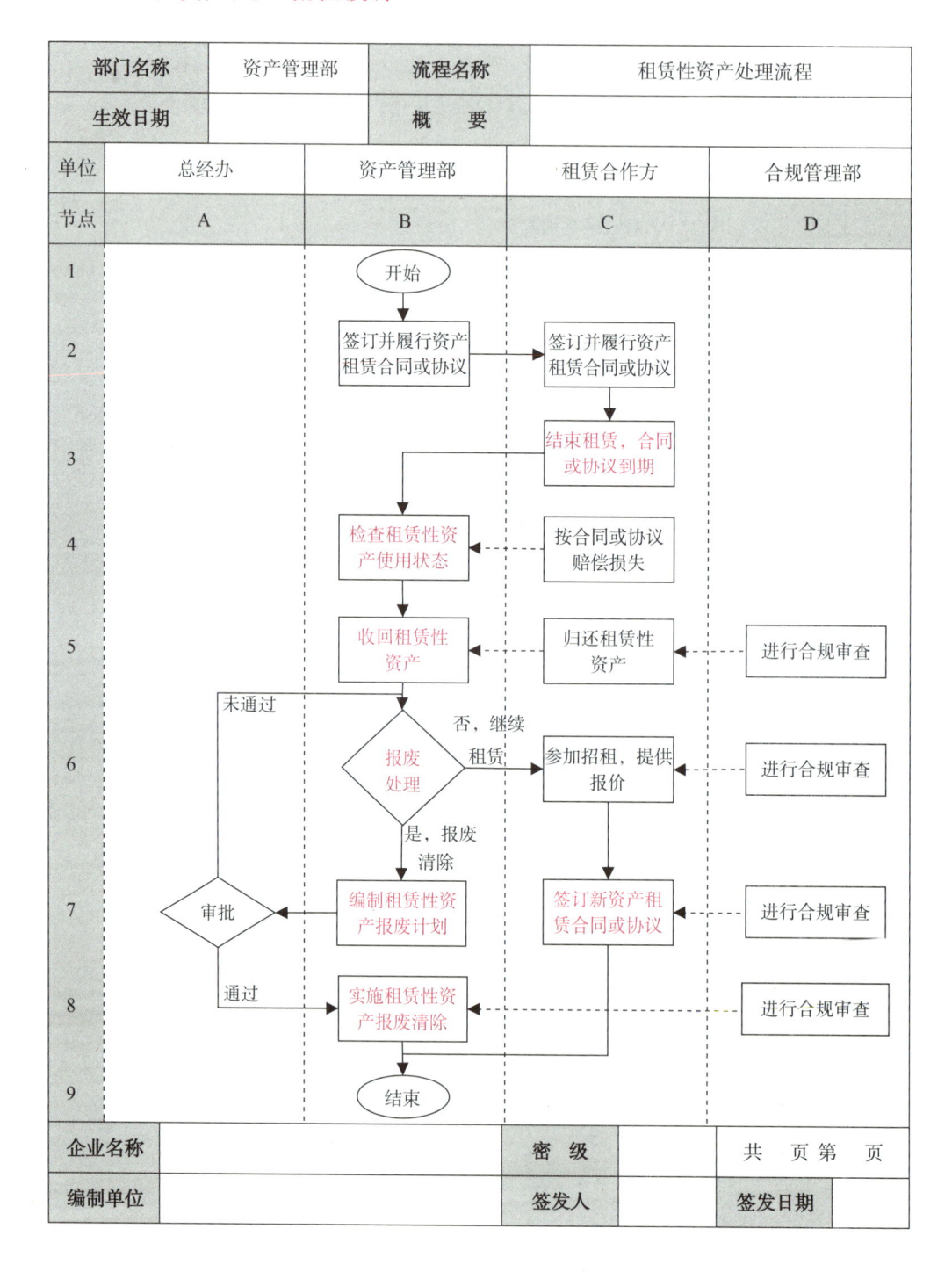 单位	总经办	资产管理部	租赁合作方	合规管理部
节点	A	B	C	D
1		开始		
2		签订并履行资产租赁合同或协议	签订并履行资产租赁合同或协议	
3			结束租赁、合同或协议到期	
4		检查租赁性资产使用状态	按合同或协议赔偿损失	
5		收回租赁性资产	归还租赁性资产	进行合规审查
6	未通过	报废处理（否，继续租赁；是，报废清除）	参加招租，提供报价	进行合规审查
7	审批	编制租赁性资产报废计划	签订新资产租赁合同或协议	进行合规审查
8	通过	实施租赁性资产报废清除		进行合规审查
9		结束		

企业名称		密级		共　页　第　页
编制单位		签发人		签发日期

7.3.2 租赁性资产处理流程风险点、合规程序、合规依据

合规事项	风险点、合规程序、合规依据
收回租赁性资产（C3、B4、B5）	**风险点** （1）未查明租赁性资产的使用状态，未发现潜在的问题和风险，缺乏检查、验收程序，不符合企业有关规章制度和相关监管规定的要求 （2）未有效追讨被拖欠的租金，未及时依法解除资产租赁合同或协议，不符合企业有关规章制度和相关监管规定的要求 （3）应要求而未要求承租人赔偿因使用或保管不善造成的资产损失，不符合企业有关规章制度和相关监管规定的要求 **合规程序** （1）结束租赁，合同或协议到期 　☆ 租赁期限届满，资产租赁合同或协议到期，企业与租赁合作方结束资产租赁关系，资产管理部开展租赁性资产收回工作 （2）检查租赁性资产使用状态 　☆ 资产管理部根据资产租赁合同或协议中关于租赁资产的性质的规定检查租赁合作方使用后的状态，若租赁资产性质不符合资产租赁合同或协议的规定则需要求租赁合作方赔偿因过错或违约行为造成的资产损失 　☆ 租赁合作方根据资产租赁合同或协议依法承担赔偿义务 （3）收回租赁性资产 　☆ 经检查验收后，资产管理部收回企业租赁性资产 　☆ 合规管理部对租赁性资产的收回过程进行合规审查 **合规依据** （1）国家法律法规：《中华人民共和国民法典》《中华人民共和国企业国有资产法》《企业国有资产监督管理暂行条例》《企业国有资产交易监督管理办法》 （2）地方法规：《××省省属企业资产租赁管理办法》（参照各省国资委印发的通知） （3）企业规章制度："租赁性资产处理实施细则""防止国有资产流失管理办法"
处理租赁性资产（B6、C7、B7、B8）	**风险点** （1）对租赁性资产的处理不符合企业有关规章制度和相关监管规定的要求 （2）在租赁期限届满，须重新拟定出租方案进行招租的情况下，直接续签租约，不符合企业有关规章制度和相关监管规定的要求 （3）对未达到报废处理标准的租赁性资产违规进行报废处理，不符合企业有关规章制度和相关监管规定的要求，构成犯罪的，将被依法追究刑事责任 **合规程序** （1）判断是否需要进行报废处理 　☆ 资产管理部根据租赁性资产的使用状况和租赁计划安排判断对租赁性资产进行报废处理，或继续进行租赁

续表

合规事项	风险点、合规程序、合规依据
处理租赁性资产（B6、C7、B7、B8）	**合规程序** ☆ 合规管理部对租赁性资产的判断过程进行合规审查 （2）签订新资产租赁合同或协议 　　☆ 租赁合作方与企业签订新的资产租赁合同或协议 　　☆ 合规管理部对资产租赁续约、新签合同或协议进行合规审查 （3）编制租赁性资产报废计划 　　☆ 资产管理部整理需要进行报废处理的租赁性资产明细，编制租赁性资产报废计划，提交总经办审批 （4）实施租赁性资产报废清除 　　☆ 资产管理部根据总经办批示意见实施租赁性资产报废清除 　　☆ 合规管理部对租赁性资产报废清除工作进行合规审查 **合规依据** （1）国家法律法规：《中华人民共和国民法典》《中华人民共和国企业国有资产法》《企业国有资产监督管理暂行条例》《企业国有资产交易监督管理办法》 （2）地方法规：《××省省属企业资产租赁管理办法》（参照各省国资委印发的通知） （3）企业规章制度："租赁性资产处理实施细则""防止国有资产流失管理办法"

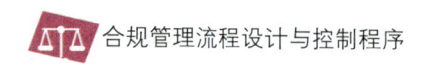

第8章
企业合规——债务管理

8.1 债务监督检查流程设计与风险点、合规程序、合规依据

8.1.1 债务监督检查流程设计

部门名称	财务部	流程名称	债务监督检查流程
生效日期		概　要	

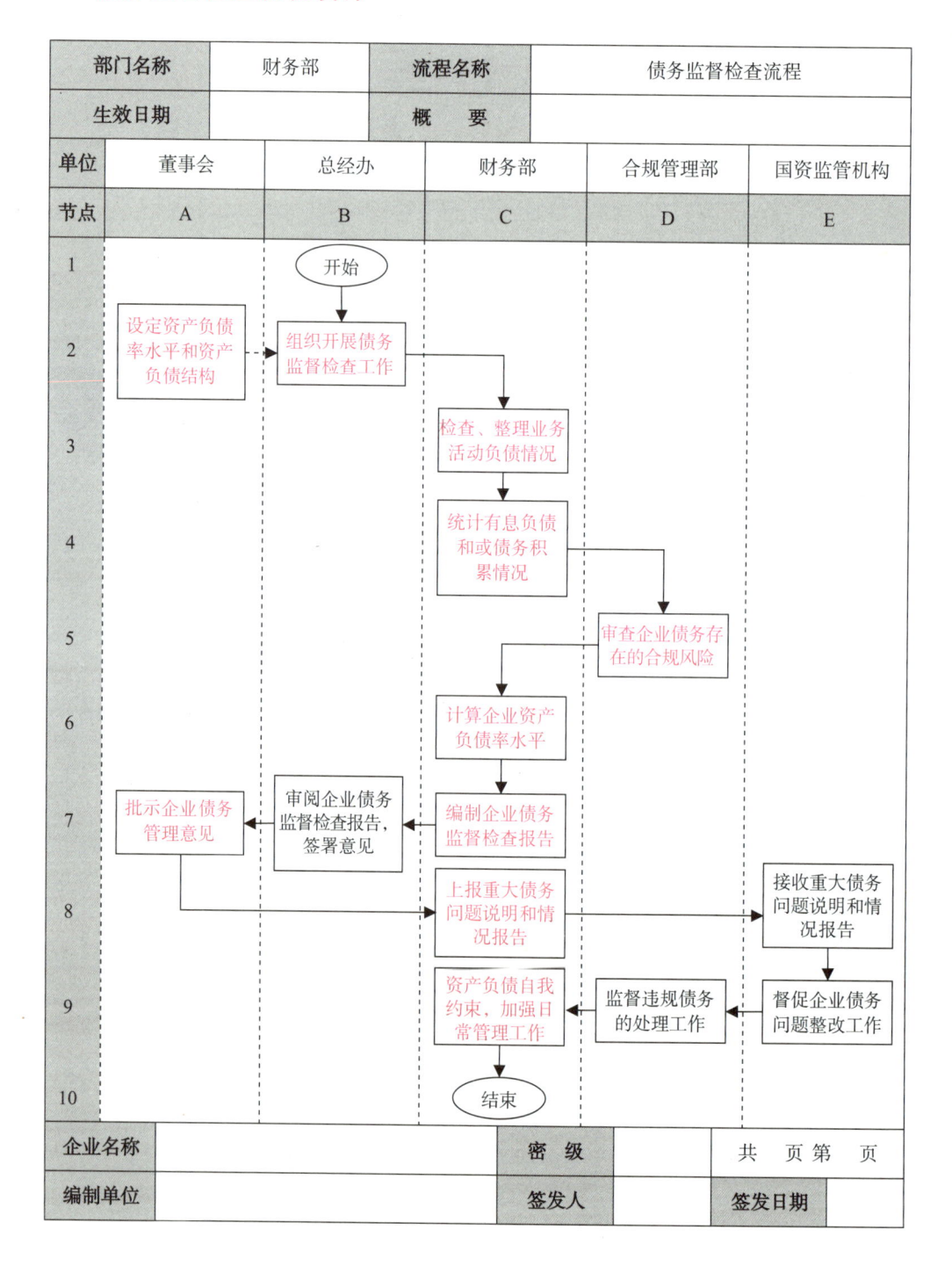

单位	董事会	总经办	财务部	合规管理部	国资监管机构
节点	A	B	C	D	E
1		开始			
2	设定资产负债率水平和资产负债结构	组织开展债务监督检查工作			
3			检查、整理业务活动负债情况		
4			统计有息负债和或债务积累情况		
5				审查企业债务存在的合规风险	
6			计算企业资产负债率水平		
7	批示企业债务管理意见	审阅企业债务监督检查报告，签署意见	编制企业债务监督检查报告		
8			上报重大债务问题说明和情况报告		接收重大债务问题说明和情况报告
9			资产负债自我约束，加强日常管理工作	监督违规债务的处理工作	督促企业债务问题整改工作
10			结束		

企业名称		密　级		共　页第　页
编制单位		签发人		签发日期

8.1.2 债务监督检查流程风险点、合规程序、合规依据

合规事项	风险点、合规程序、合规依据
建立企业资产负债自我约束机制（A2、B2）	**风险点** （1）企业缺乏资产负债自我约束机制，未设置资产负债率预警线和重点监管线，不符合企业有关规章制度和相关监管规定的要求 （2）企业未定期或不定期开展债务监督检查工作，对负债情况缺乏准确把握，导致出现债务危机的风险不可控，企业可能面临声誉损失和法律纠纷 **合规程序** （1）设定资产负债率水平和资产负债结构 ☆ 董事会应合理设定资产负债率水平和资产负债结构，加强资本结构规划和管理 （2）组织开展债务监督检查工作 ☆ 总经办应根据企业"债务监督检查管理制度"的规定，定期或不定期组织开展债务监督检查工作 **合规依据** （1）国家法律法规：《中华人民共和国公司法》《中华人民共和国企业国有资产法》《关于加强国有企业资产负债约束的指导意见》《关于加强地方国有企业债务风险管控工作的指导意见》《国务院办公厅关于建立国有企业违规经营投资责任追究制度的意见》 （2）企业规章制度："债务监督检查管理制度"
监督检查企业债务情况（C3、C4、D5、C6）	**风险点** （1）对企业债务情况的监督检查程序不符合企业相关规章制度的规定 （2）未准确反映企业的真实债务水平，财务数据失真，不符合企业相关规章制度和国家有关法律法规的规定 **合规程序** （1）检查、整理业务活动负债情况 ☆ 财务部开展对各部门业务运营情况的调查，检查、整理财务资料和数据，了解企业业务活动负债情况 （2）统计有息负债和或债务积累情况 ☆ 财务部统计企业有息负债和或有债务的实际积累情况 （3）审查企业债务存在的合规风险 ☆ 合规管理部对企业各项债务的内容和形成程序进行合规审查 （4）计算企业资产负债率水平 ☆ 财务部根据掌握的数据计算企业现有资产负债率水平

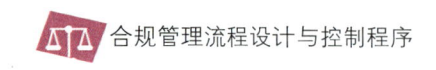

续表

合规事项	风险点、合规程序、合规依据
监督检查企业债务情况（C3、C4、D5、C6）	**合规依据** （1）国家法律法规：《中华人民共和国公司法》《中华人民共和国企业国有资产法》《关于加强国有企业资产负债约束的指导意见》《关于加强地方国有企业债务风险管控工作的指导意见》《国务院办公厅关于建立国有企业违规经营投资责任追究制度的意见》 （2）企业规章制度："债务监督检查管理制度"
编制企业债务监督检查报告（C7、A7、C8、C9）	**风险点** （1）未及时向国资监管机构上报重大债务问题说明和情况报告，导致国有资产流失，违反国家有关法律法规的规定 （2）企业资产负债率超过预警线和监管线，但未采取有效措施，导致企业债务风险过高，不符合企业有关规章制度和相关监管规定的要求 **合规程序** （1）编制企业债务监督检查报告 　☆ 财务部将对债务情况的监督检查结果编制成企业债务监督检查报告，提交总经办审阅 （2）批示企业债务管理意见 　☆ 董事会讨论经总经办审阅并签署意见的企业债务监督检查报告，批示企业债务的管理意见 （3）上报重大债务问题说明和情况报告 　☆ 财务部将企业重大债务问题说明和情况报告上报国资监管机构，说明具体情况和处理方案 （4）加强资产负债约束日常管理工作 　☆ 财务部加强对企业资产负债约束的日常管理工作，合理控制企业债务结构和资产负债率水平，保持企业财务稳健 **合规依据** （1）国家法律法规：《中华人民共和国公司法》《中华人民共和国企业国有资产法》《关于加强国有企业资产负债约束的指导意见》《关于加强地方国有企业债务风险管控工作的指导意见》《国务院办公厅关于建立国有企业违规经营投资责任追究制度的意见》 （2）企业规章制度："债务监督检查管理制度"

8.2 债务问题问责流程设计与风险点、合规程序、合规依据

8.2.1 债务问题问责流程设计

部门名称	总经办	流程名称	债务问题问责流程
生效日期		概　要	

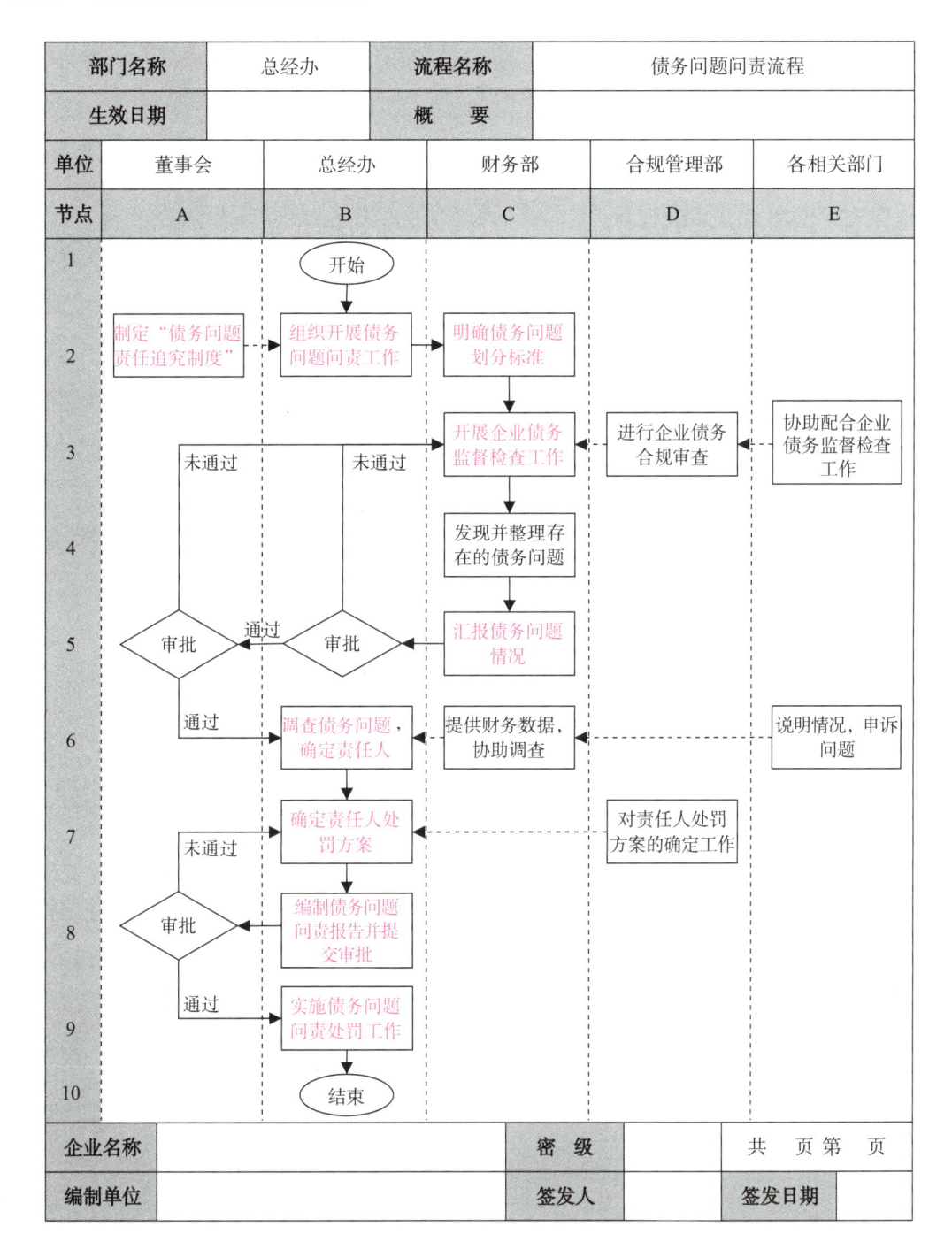

单位	董事会	总经办	财务部	合规管理部	各相关部门
节点	A	B	C	D	E

节点	流程
1	开始（总经办）
2	A：制定"债务问题责任追究制度"；B：组织开展债务问题问责工作；C：明确债务问题划分标准
3	C：开展企业债务监督检查工作；D：进行企业债务合规审查；E：协助配合企业债务监督检查工作
4	C：发现并整理存在的债务问题
5	C：汇报债务问题情况；B：审批（未通过返回）；A：审批（未通过返回）
6	B：调查债务问题，确定责任人；C：提供财务数据，协助调查；E：说明情况，申诉问题
7	B：确定责任人处罚方案；D：对责任人处罚方案的确定工作
8	B：编制债务问题问责报告并提交审批；审批（未通过返回）
9	B：实施债务问题问责处罚工作
10	结束

企业名称		密级		共　页第　页
编制单位		签发人		签发日期

75

8.2.2 债务问题问责流程风险点、合规程序、合规依据

合规事项	风险点、合规程序、合规依据
建立债务问题问责机制（A2、B2、C2）	**风险点** （1）缺乏债务问题问责机制，不符合企业有关规章制度和相关监管规定的要求 （2）企业"债务问题责任追究制度"与国家有关法律法规的规定不相符 **合规程序** （1）制定"债务问题责任追究制度" 　☆ 董事会根据企业经营发展需要和国家有关法律法规的规定制定"债务问题责任追究制度" （2）组织开展债务问题问责工作 　☆ 总经办根据"债务问题责任追究制度"组织开展企业债务问题问责工作 （3）明确债务问题划分标准 　☆ 财务部明确债务问题的划分标准，确定债务问题的判断和归类依据 **合规依据** （1）国家法律法规：《中华人民共和国公司法》《中华人民共和国企业国有资产法》《关于加强国有企业资产负债约束的指导意见》《关于加强地方国有企业债务风险管控工作的指导意见》《国务院办公厅关于建立国有企业违规经营投资责任追究制度的意见》 （2）企业规章制度："债务问题责任追究制度"
发现债务问题并确定责任人（C3、C5、B6）	**风险点** （1）未发现存在的债务问题或隐瞒、谎报债务情况，导致企业债务风险进一步扩大，违反企业相关规章制度和国家有关法律法规的规定 （2）监督检查工作人员包庇债务问题相关责任人，导致债务问责工作进展缓慢，违反企业相关规章制度和国家有关法律法规的规定 **合规程序** （1）开展企业债务监督检查工作 　☆ 财务部整理企业债务数据，对企业债务情况进行统计，判断企业资产负债情况 （2）汇报债务问题情况 　☆ 财务部将发现的债务问题的情况向总经办进行汇报，经总经办审批通过后再上报董事会审批 （3）调查债务问题，确定责任人 　☆ 总经办对财务部汇报的债务问题展开调查，核定责任，确定责任人

续表

合规事项	风险点、合规程序、合规依据
发现债务问题并确定责任人（C3、C5、B6）	**合规依据** （1）国家法律法规：《中华人民共和国公司法》《中华人民共和国企业国有资产法》《关于加强国有企业资产负债约束的指导意见》《关于加强地方国有企业债务风险管控工作的指导意见》《国务院办公厅关于建立国有企业违规经营投资责任追究制度的意见》 （2）企业规章制度："债务问题责任追究制度"
处理债务问题责任人（B7、B8、B9）	**风险点** 对债务问题责任人的处理不恰当，从轻或从重处罚，违反企业相关规章制度和国家有关法律法规的规定 **合规程序** （1）确定责任人处罚方案 ☆ 总经办根据债务问题的实际影响确定对相关责任人的处罚方案 （2）编制债务问题问责报告并提交审批 ☆ 总经办整理债务问题问责的工作结果，编制工作报告，连同责任人处罚方案一并提交董事会审批 （3）实施债务问题问责处罚工作 ☆ 总经办根据董事会批示的处罚方案实施债务问题问责处罚措施 **合规依据** （1）国家法律法规：《中华人民共和国公司法》《中华人民共和国企业国有资产法》《关于加强国有企业资产负债约束的指导意见》《关于加强地方国有企业债务风险管控工作的指导意见》《国务院办公厅关于建立国有企业违规经营投资责任追究制度的意见》 （2）企业规章制度："债务问题责任追究制度"

第 9 章
企业合规——产品质量

9.1 产品管理质量体系建设流程设计与风险点、合规程序、合规依据

9.1.1 产品管理质量体系建设流程设计

部门名称	质量管理部	流程名称	产品管理质量体系建设流程
生效日期		概　要	

单位	董事会	总经办	质量管理部	合规等相关部门
节点	A	B	C	D
1		开始		
2	制定产品管理质量体系战略规划	组织开展产品管理质量体系建设	成立产品管理质量体系建设小组	生产、采购、研发等相关部门参加
3			进行产品质量管理相关教育培训	统一、提高对于产品质量的认识
4		审批（未通过/通过）	拟定产品管理质量体系建设总体规划、质量方针和目标、工作计划	明确各部门相关质量职能
5			进行现状调查和分析	提交软、硬件和人员配备相关需求
6		未通过	编制质量体系文件	进行合规审查
7			进行产品管理质量体系的试运行	进行合规审查
8	审批（未通过/通过）	审批	提交产品管理质量体系审核和评审结果	
9			结束	

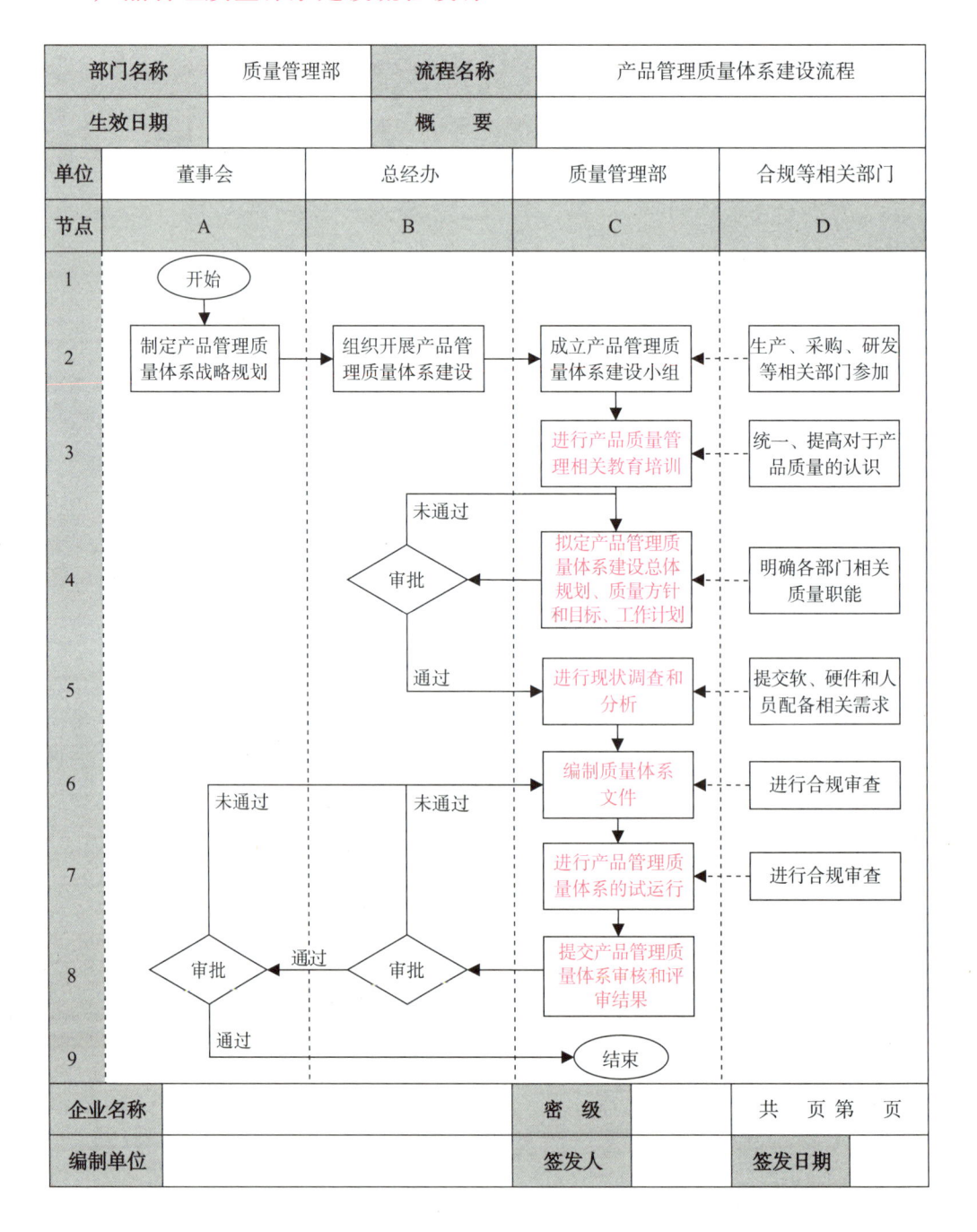

企业名称		密级		共　页第　页
编制单位		签发人		签发日期

80

9.1.2 产品管理质量体系建设流程风险点、合规程序、合规依据

合规事项	风险点、合规程序、合规依据
产品管理质量体系的策划与设计（C3、C4、C5）	**风险点** （1）缺乏产品管理相关教育培训，或教育培训不科学、不合理，对于产品质量管理相关内容的认识不到位，没有形成统一的认识，与企业产品管理质量体系建设的规划和要求相差较远 （2）对产品管理质量体系建设的重视不足，对产品管理质量体系的策划与设计工作敷衍了事，导致企业产品质量没有得到实质性改善，给企业带来潜在的经济风险和法律风险 **合规程序** （1）进行产品质量管理相关教育培训 ☆ 质量管理部给产品质量相关各部门的管理人员做产品质量管理相关教育培训，介绍ISO9000族标准，讲解质量体系要素等 ☆ 质量管理部帮助产品质量相关各部门的管理人员、执行人员提高认识，建立统一的产品质量管理认识 （2）拟定产品管理质量体系建设总体规划、质量方针和目标、工作计划 ☆ 质量管理部拟定产品管理质量体系建设总体规划、质量方针和目标，按职能部门进行质量职能的分解，经建设小组审核通过后提交总经办审批 ☆ 质量管理部拟定产品管理质量体系各要素对应责任落实的工作计划，经建设小组审核通过后提交总经办审批 （3）进行现状调查和分析 ☆ 质量管理部进行现状调查和分析，包括产品管理质量体系情况分析、产品特点分析、组织结构分析、生产设备和检测设备配套分析、人员配备分析等 **合规依据** （1）国家法律法规：《中华人民共和国产品质量法》《中华人民共和国标准化法》《工业产品生产单位落实质量安全主体责任监督管理规定》 （2）企业规章制度："产品管理质量体系建设制度"
产品管理质量体系文件的编制（C6）	**风险点** （1）产品管理质量体系文件内容不协调、不统一，实际效用差、形式主义问题突出，不能作为企业产品质量管理工作的依据 （2）产品管理质量体系文件违反国家相关法律法规的规定 （3）产品管理质量体系文件达不到行业标准，与行业内有关规定相冲突

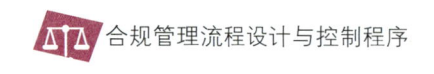

续表

合规事项	风险点、合规程序、合规依据
产品管理质量体系文件的编制（C6）	**合规程序** 编制质量体系文件 　☆ 质量管理部统筹安排质量体系文件的编写工作 　☆ 质量管理部统一编制质量手册，其他体系文件按照分工由归口职能部门分别编制 **合规依据** （1）国家法律法规：《中华人民共和国产品质量法》《中华人民共和国标准化法》《工业产品生产单位落实质量安全主体责任监督管理规定》 （2）企业规章制度："产品管理质量体系建设制度"
产品管理质量体系的试运行与审核评审（C7、C8）	**风险点** （1）缺乏产品管理质量体系试运行过程，或产品管理质量体系试运行过程流于形式，给企业产品质量管理工作带来潜在的经济风险和法律风险 （2）质量体系审核和评审结果不准确，或存在弄虚作假的问题，不符合企业"产品管理质量体系建设制度"的有关要求 **合规程序** （1）进行产品管理质量体系的试运行 　☆ 质量管理部执行产品管理质量体系的试运行工作，考验产品管理质量体系文件的有效性和协调性，改进、纠正存在的问题 （2）提交产品管理质量体系审核和评审结果 　☆ 产品管理质量体系建设小组进行产品管理质量体系审核和评审，判断产品管理质量体系的可行性、全面性、合理性等 　☆ 产品管理质量体系审核和评审结果经产品管理质量体系建设小组评审后，质量管理部将结果提交总经办审批 **合规依据** （1）国家法律法规：《中华人民共和国产品质量法》《中华人民共和国标准化法》《工业产品生产单位落实质量安全主体责任监督管理规定》 （2）企业规章制度："产品管理质量体系建设制度"

9.2 服务管理质量体系建设流程设计与风险点、合规程序、合规依据

9.2.1 服务管理质量体系建设流程设计

部门名称	客户服务部		流程名称	服务管理质量体系建设流程
生效日期			概　要	

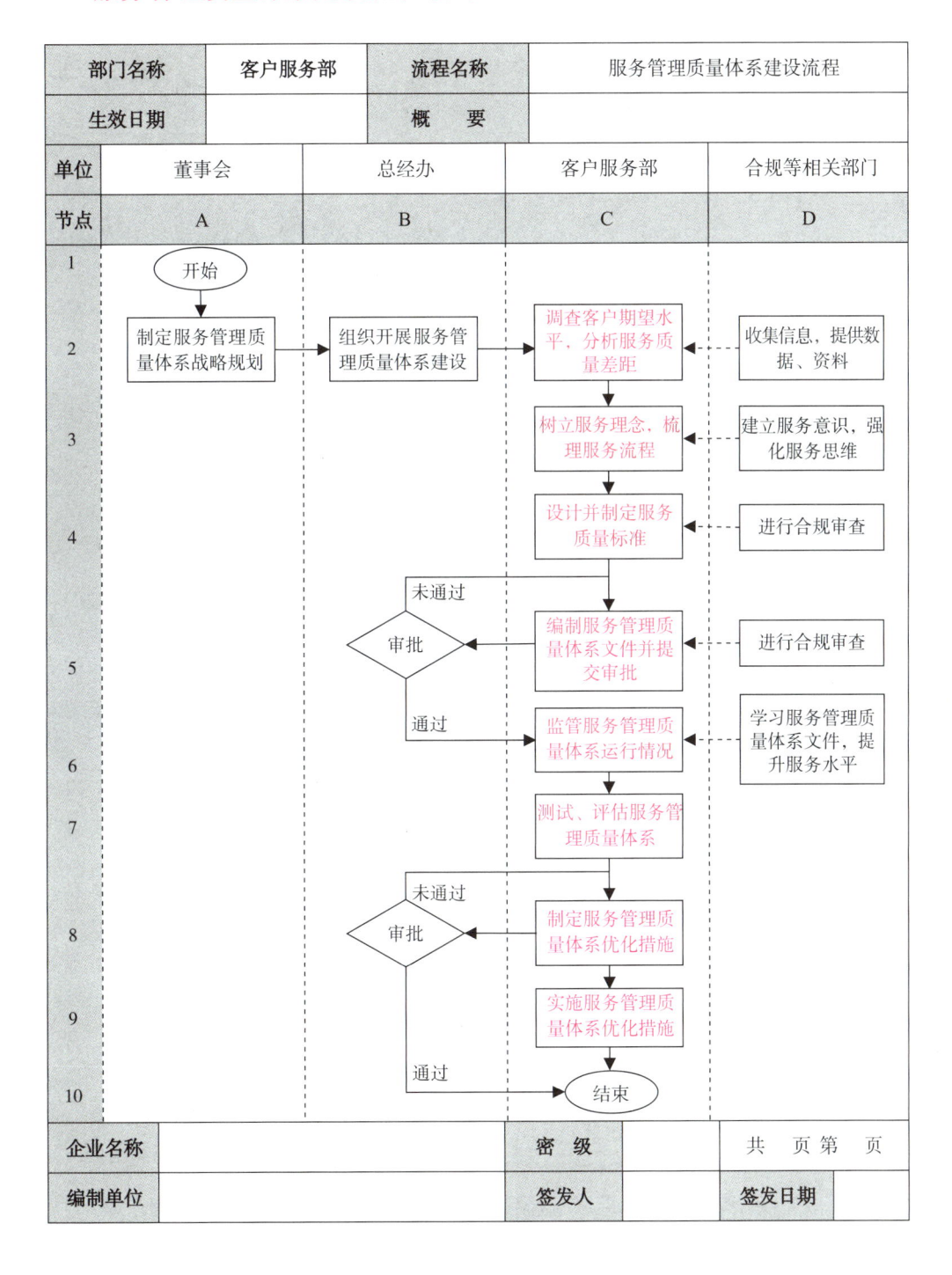

单位	董事会	总经办	客户服务部	合规等相关部门
节点	A	B	C	D

节点	流程
1	开始
2	制定服务管理质量体系战略规划 → 组织开展服务管理质量体系建设 → 调查客户期望水平，分析服务质量差距 ← 收集信息，提供数据、资料
3	树立服务理念，梳理服务流程 ← 建立服务意识，强化服务思维
4	设计并制定服务质量标准 ← 进行合规审查
5	审批（未通过/通过）← 编制服务管理质量体系文件并提交审批 ← 进行合规审查
6	监管服务管理质量体系运行情况 ← 学习服务管理质量体系文件，提升服务水平
7	测试、评估服务管理质量体系
8	审批（未通过/通过）← 制定服务管理质量体系优化措施
9	实施服务管理质量体系优化措施
10	结束

企业名称		密级		共　页 第　页
编制单位		签发人		签发日期

9.2.2 服务管理质量体系建设流程风险点、合规程序、合规依据

合规事项	风险点、合规程序、合规依据
调查、分析服务质量差距（C2）	**风险点** （1）企业获取客户期望、满意度、意见看法等相关内容和数据的方法不恰当，违反个人隐私相关法律法规的规定，可能面临舆论风险和法律风险 （2）管理客户信息数据的方式不恰当，出现泄露或交易客户信息数据的情况，违法国家有关法律法规的规定 **合规程序** 调查客户期望水平，分析服务质量差距 ☆ 客户服务部通过合法、恰当的方式和手段调查客户期望水平，认识服务质量与客户期望水平之间的差距，并分析差距产生的原因 ☆ 营销、销售、物流等相关部门收集客户期望相关信息和数据，传递给客户服务部 **合规依据** （1）国家法律法规：《中华人民共和国消费者权益保护法》 （2）企业规章制度："服务管理质量体系建设制度"
制定服务质量标准，编制服务管理质量体系文件（C3、C4、C5）	**风险点** （1）服务质量标准不符合企业相关规章制度的规定 （2）服务质量标准与道德准则、主流价值观之间存在较大的差距或较强的冲突 （3）服务质量标准、服务管理质量体系文件不符合行业相关标准、地方或国家有关规定 （4）服务管理质量体系文件内容不完整，无法全面覆盖企业服务全流程，不能作为服务质量管理工作的指导依据 **合规程序** （1）树立服务理念，梳理服务流程 ☆ 客户服务部充分了解管理认识差距、质量标准差距、服务交易差距、营销沟通差距、感知服务差距等内容，树立先进的服务理念，梳理企业现有服务流程 ☆ 营销、销售、物流等相关部门建立服务意识，强化服务思维 （2）设计并制定服务质量标准 ☆ 客户服务部结合企业实际情况设计并制定服务质量标准 （3）编制服务管理质量体系文件并提交审批 ☆ 客户服务部编制服务管理质量体系文件，提交总经办审批 **合规依据** （1）国家法律法规：《中华人民共和国消费者权益保护法》 （2）企业规章制度："服务管理质量体系建设制度"

续表

合规事项	风险点、合规程序、合规依据
监管、测评服务管理质量体系与优化改进（C6、C7、C8）	**风险点** （1）对服务管理质量体系运营情况的监管不到位或疏于监管，违法企业相关制度的规定，不能准确判断服务管理质量体系的有效性和可行性 （2）对服务管理质量体系的测试和评估不恰当，使得测评结果失去客观性，违法企业相关制度的规定，导致后续的服务质量管理工作存在潜在风险 **合规程序** （1）监管服务管理质量体系运行情况 　☆ 客户服务部对服务管理质量体系的运行情况进行日常监控，保障服务流程的畅通 （2）测试、评估服务管理质量体系 　☆ 客户服务部对服务管理质量体系进行测试、评估，以发现服务管理质量体系可能存在的问题 （3）制定服务管理质量体系优化措施 　☆ 客户服务部根据服务管理质量体系的测评结果制定服务管理质量体系优化措施，提交总经办审批 **合规依据** （1）国家法律法规：《中华人民共和国消费者权益保护法》 （2）企业规章制度："服务管理质量体系建设制度"

9.3 产品质量过程控制流程设计与风险点、合规程序、合规依据

9.3.1 产品质量过程控制流程设计

部门名称	质量管理部	流程名称	产品质量过程控制流程
生效日期		概 要	

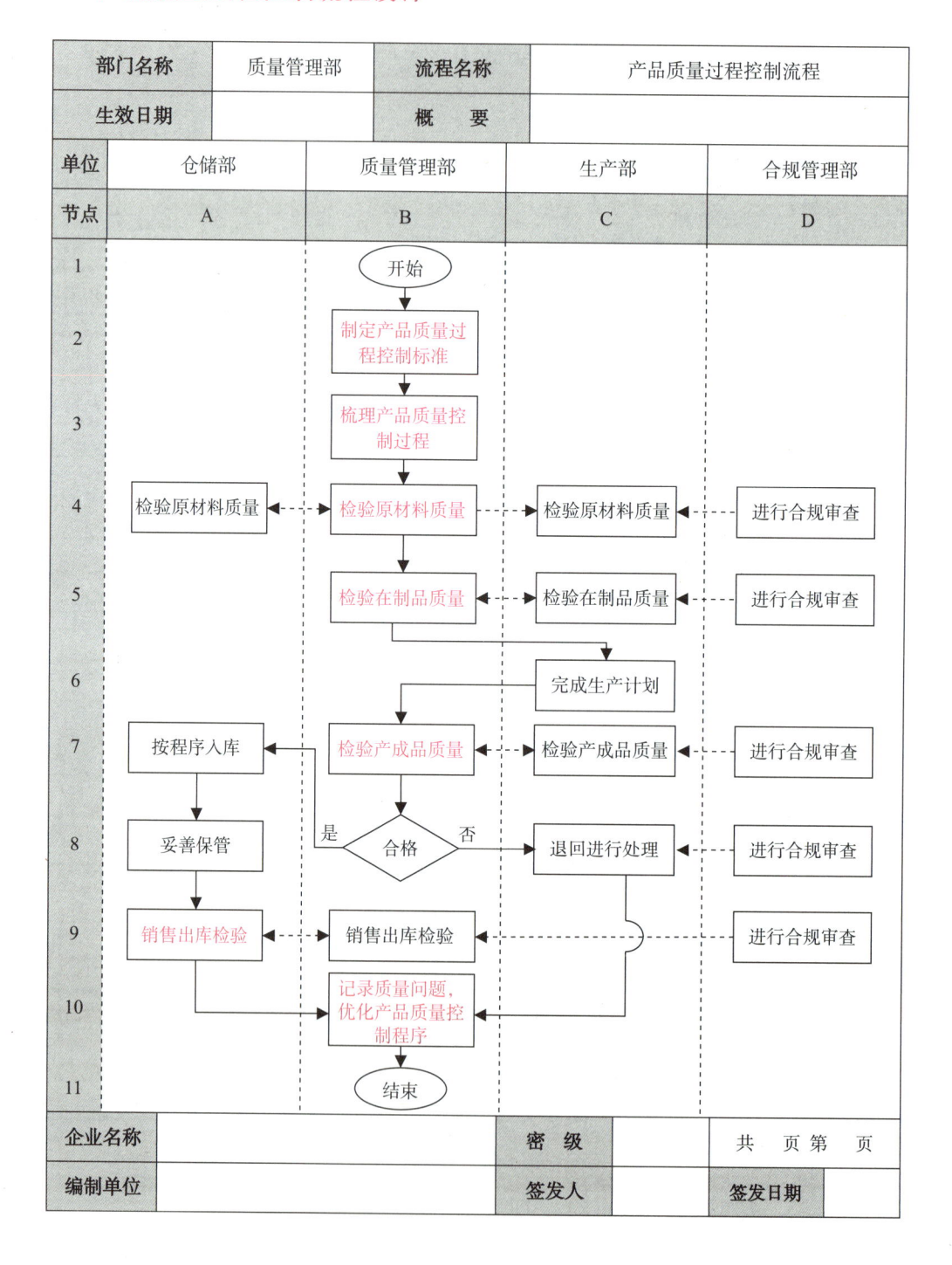

单位	仓储部	质量管理部	生产部	合规管理部
节点	A	B	C	D
1		开始		
2		制定产品质量过程控制标准		
3		梳理产品质量控制过程		
4	检验原材料质量	检验原材料质量	检验原材料质量	进行合规审查
5		检验在制品质量	检验在制品质量	进行合规审查
6			完成生产计划	
7	按程序入库	检验产成品质量	检验产成品质量	进行合规审查
8	妥善保管	合格（是/否）	退回进行处理	进行合规审查
9	销售出库检验	销售出库检验		进行合规审查
10		记录质量问题，优化产品质量控制程序		
11		结束		

企业名称		密 级		共 页 第 页
编制单位		签发人		签发日期

9.3.2　产品质量过程控制流程风险点、合规程序、合规依据

合规事项	风险点、合规程序、合规依据
建立健全产品质量过程控制体系（B2、B3）	**风险点** （1）产品质量控制标准、产品质量控制过程与企业相关制度的规定不符，不能作为产品质量控制的依据，给后续的产品销售工作带来潜在风险 （2）产品质量控制标准、产品质量控制过程与行业准则的相关规定不相符，违反有关协议或约定，给后续的产品销售工作带来潜在风险 （3）产品质量控制标准、产品质量控制过程与国家有关法律法规的规定不相符，可能导致产品无法上市，给后续的产品销售工作带来潜在风险 **合规程序** （1）制定产品质量过程控制标准 ☆ 质量管理部根据"产品质量过程控制管理制度"和"产品质量过程检验管理制度"，制定产品质量过程控制标准 （2）梳理产品质量控制过程 ☆ 质量管理部结合产品生产全过程梳理产品质量的控制过程，把握质量控制关键点 **合规依据** （1）国家法律法规:《中华人民共和国产品质量法》《中华人民共和国标准化法》《工业产品生产单位落实质量安全主体责任监督管理规定》《产品质量监督抽查管理暂行办法》 （2）企业规章制度："产品质量过程控制管理制度""产品质量过程检验管理制度"
进行产品质量过程控制（B4、B5、B7、A9）	**风险点** （1）对原材料、在制品、产成品和销售出库商品的检验不规范、不准确，不符合企业相关制度的管理规定 （2）对原材料、在制品、产成品和销售出库商品的检验不规范、不准确，导致不合格产品流入市场，企业可能面临声誉损失风险、财产损失风险及行政处罚风险等 **合规程序** （1）检验原材料质量 ☆ 质量管理部、仓储部、生产部对原材料的质量进行检验 ☆ 合规管理部对原材料的质量检验过程进行合规审查 （2）检验在制品质量 ☆ 质量管理部、生产部对在制品的质量进行检验 ☆ 合规管理部对在制品的质量检验过程进行合规审查

续表

合规事项	风险点、合规程序、合规依据
进行产品质量过程控制（B4、B5、B7、A9）	**合规程序** （3）检验产成品质量 　☆ 质量管理部、生产部对产成品的质量进行检验 　☆ 合规管理部对产成品的质量检验过程进行合规审查 （4）销售出库检验 　☆ 质量管理部、仓储部对销售出库商品的质量进行检验 　☆ 合规管理部对销售出库商品的质量检验过程进行合规审查 **合规依据** （1）国家法律法规：《中华人民共和国产品质量法》《中华人民共和国标准化法》《工业产品生产单位落实质量安全主体责任监督管理规定》《产品质量监督抽查管理暂行办法》 （2）企业规章制度："产品质量过程控制管理制度""产品质量过程检验管理制度"
优化产品质量控制程序（B10）	**风险点** （1）对发现的产品质量问题视而不见，不整改产品质量问题，不优化产品质量控制程序，不提升产品质量控制能力，违反企业相关制度的管理规定 （2）对与产品质量问题相关的市场反馈和投诉不受理、不处理，违反道德准则和服务承诺，给企业带来声誉、经济、法律方面的风险 **合规程序** 记录质量问题，优化产品质量控制程序 　☆ 质量管理部对产品质量控制过程中发现和处理的问题进行记录，编制产品质量控制报告 　☆ 质量管理部不断优化产品质量控制程序，提高产品质量控制能力 **合规依据** （1）国家法律法规：《中华人民共和国产品质量法》《中华人民共和国标准化法》《工业产品生产单位落实质量安全主体责任监督管理规定》《产品质量监督抽查管理暂行办法》 （2）企业规章制度："产品质量过程控制管理制度""产品质量过程检验管理制度"

第 10 章
企业合规——工程建设

10.1 工程项目进度管理流程设计与风险点、合规程序、合规依据

10.1.1 工程项目进度管理流程设计

部门名称	工程项目部	流程名称	工程项目进度管理流程
生效日期		概　要	

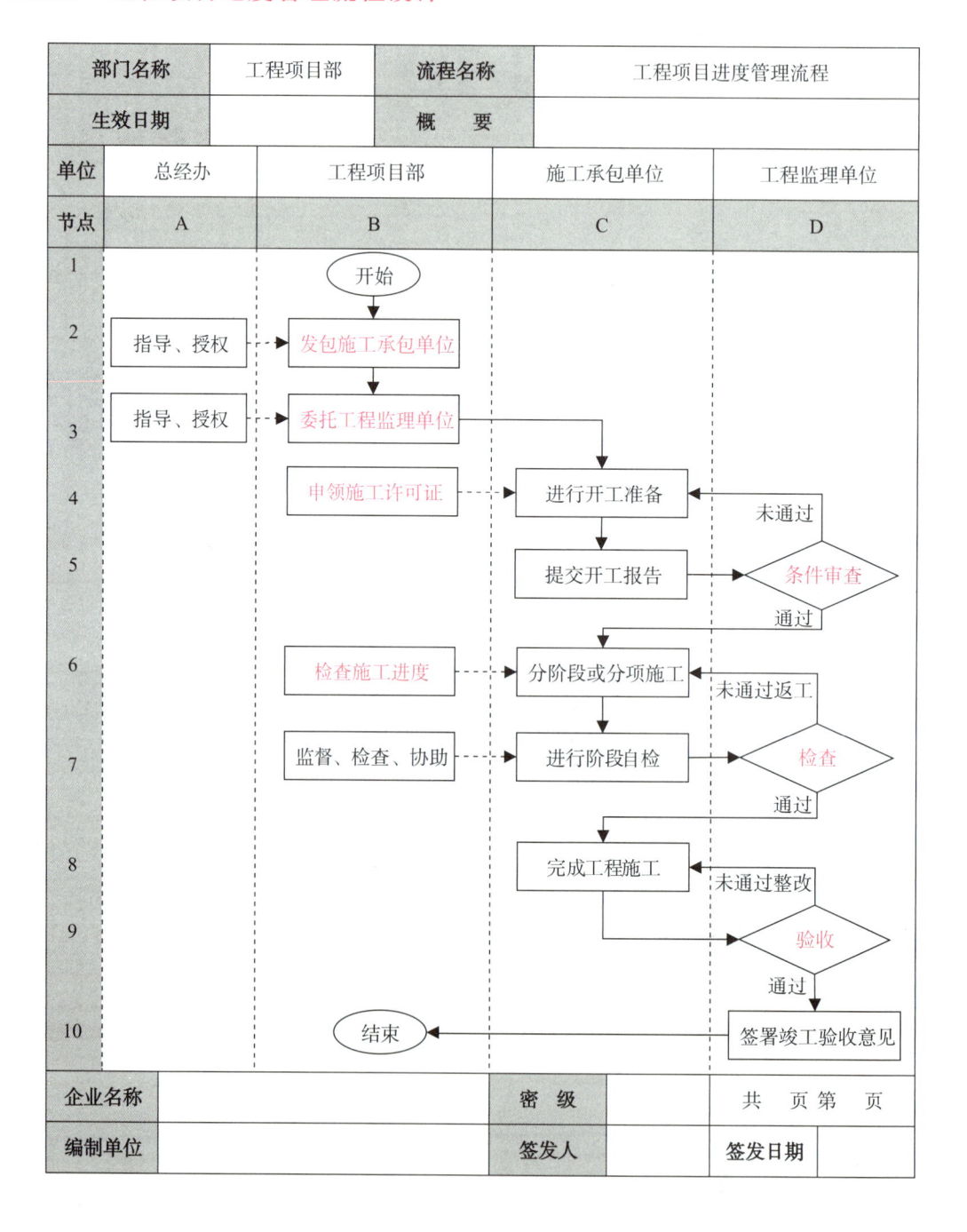

单位	总经办	工程项目部	施工承包单位	工程监理单位
节点	A	B	C	D
1		开始		
2	指导、授权	→发包施工承包单位		
3	指导、授权	→委托工程监理单位		
4		申领施工许可证	进行开工准备	←未通过
5			提交开工报告	条件审查（通过/未通过）
6		检查施工进度	分阶段或分项施工	未通过返工
7		监督、检查、协助	进行阶段自检	检查（通过/未通过）
8			完成工程施工	未通过整改
9				验收（通过/未通过）
10		结束		签署竣工验收意见

企业名称		密级		共　页第　页
编制单位		签发人		签发日期

90

10.1.2　工程项目进度管理流程风险点、合规程序、合规依据

合规事项	风险点、合规程序、合规依据
工程项目筹备管理（B2、B3）	风险点
	（1）将工程项目违规发包给不具有相应资质条件的施工承包单位，或者违反国家有关法律法规将工程项目肢解发包，企业将被责令改正，或处以罚款
	（2）与工程监理单位相互串通，弄虚作假，违反国家法律法规，企业将被责令改正，或处以罚款，构成犯罪的，将被依法追究刑事责任
	合规程序
	（1）发包施工承包单位 ☆ 工程项目部根据工程项目的具体要求进行发包，对于不适合招标发包的，可以直接发包；实行公开招标的，须依法依规进行施工承包单位招标 ☆ 总经办对工程项目部的工作进行指导，并配合授权 （2）委托工程监理单位 ☆ 工程项目部委托具备相应资质的工程监理单位对工程项目的建设过程进行监理，并订立书面委托监理合同
	合规依据
	（1）国家法律法规：《中华人民共和国民法典》《中华人民共和国建筑法》《建设工程质量管理条例》《建设工程安全生产管理条例》 （2）企业规章制度："工程建设项目进度管理办法"
工程项目施工管理（B4、D5、B6、D7）	风险点
	（1）未取得施工许可证或者开工报告未经批准擅自施工，企业将被责令改正
	（2）项目不符合开工条件仍然违规开工，企业将被责令停止施工，或处以罚款
	（3）违反国家相关法律法规，擅自对建筑主体或者承重结构等进行施工，企业连同施工承包单位将被责令改正，或处以罚款，构成犯罪的，将被依法追究刑事责任
	（4）对工程项目安全事故隐患不采取措施，不承担或逃避承担安全责任，企业将被责令改正，或处以罚款，构成犯罪的，将被依法追究刑事责任
	（5）违规要求施工承包单位违反建筑工程质量、安全标准，降低工程质量，企业将被责令改正，或处以罚款，构成犯罪的，将被依法追究刑事责任
	合规程序
	（1）申领施工许可证 ☆ 工程项目部按照国家有关规定向工程所在地人民政府建设行政主管部门申领施工许可证 （2）条件审查 ☆ 工程监理单位按照法律、行政法规等规定审查工程项目的开工条件

续表

合规事项	风险点、合规程序、合规依据
工程项目施工管理（B4、D5、B6、D7）	**合规程序** （3）检查施工进度 ☆ 工程项目部根据工程项目承包合同有关约定检查工程施工进度 （4）检查 ☆ 工程监理单位认为工程施工不符合工程设计要求、施工技术标准和合同约定的，有权要求建筑施工企业改正，发现工程设计不符合建筑工程质量标准或者合同约定的质量要求的，应及时向委托企业工程项目部报告，并要求改正 **合规依据** （1）国家法律法规：《中华人民共和国民法典》《中华人民共和国建筑法》《建设工程质量管理条例》《建设工程安全生产管理条例》 （2）企业规章制度："工程建设项目进度管理办法"
工程项目竣工验收（D9、D10）	**风险点** 施工承包单位与工程监理单位相互串通，弄虚作假，违规对不合格的工程项目出具合格文件或按合格工程进行验收 **合规程序** （1）验收 ☆ 施工承包单位完成项目施工后，由工程监理单位对交付竣工的工程项目进行验收 （2）签署竣工验收意见 ☆ 工程监理单位签署竣工验收意见，编写工程竣工验收报告，提交给工程项目委托企业 **合规依据** （1）国家法律法规：《中华人民共和国民法典》《中华人民共和国建筑法》《建设工程质量管理条例》《建设工程安全生产管理条例》 （2）企业规章制度："工程建设项目进度管理办法"

10.2 工程项目资金管理流程设计与风险点、合规程序、合规依据

10.2.1 工程项目资金管理流程设计

部门名称	工程项目部	流程名称	工程项目资金管理流程
生效日期		概　要	

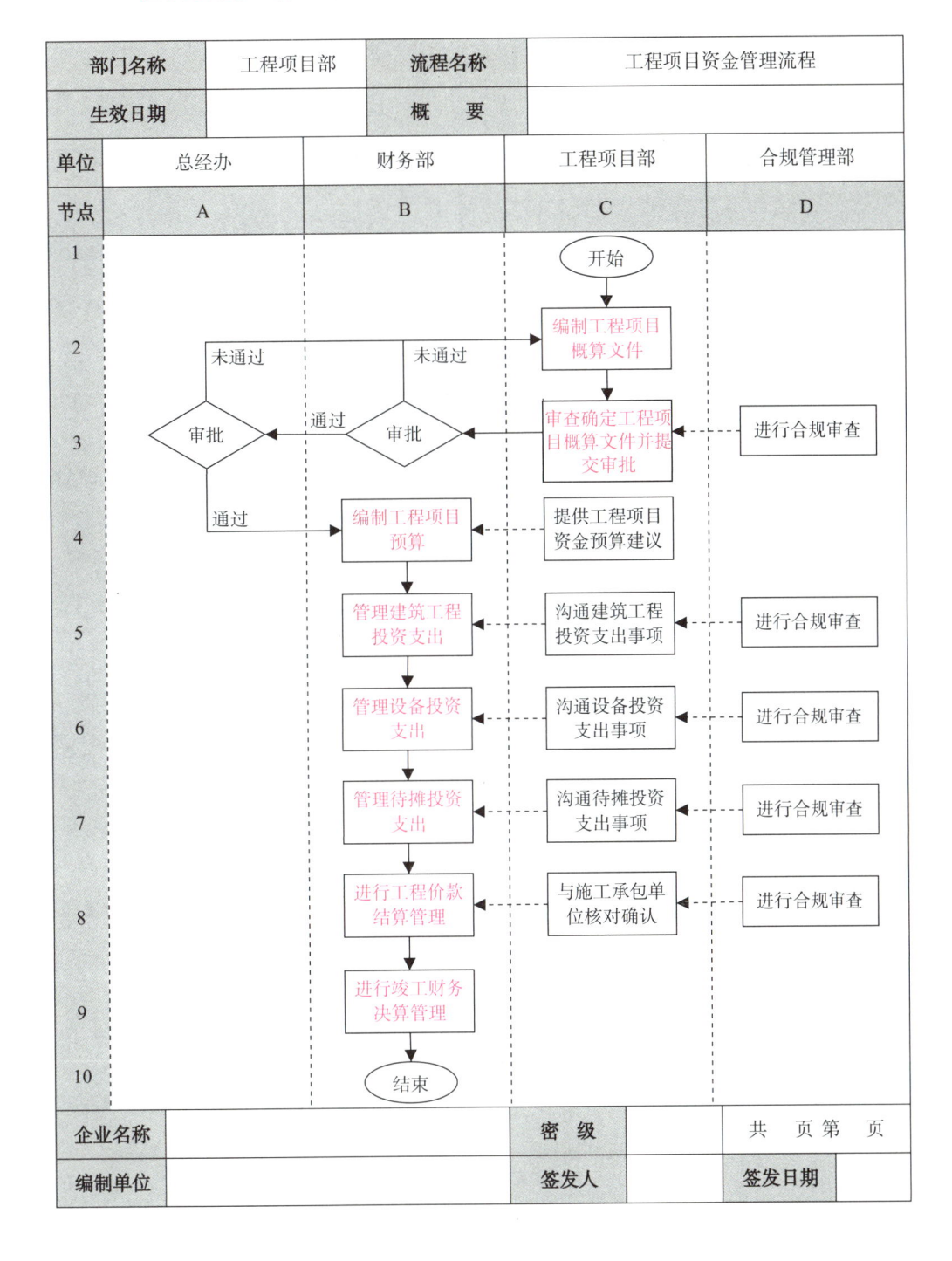

单位	总经办	财务部	工程项目部	合规管理部
节点	A	B	C	D
1			开始	
2			编制工程项目概算文件	
3	审批（未通过/通过）	审批（未通过/通过）	审查确定工程项目概算文件并提交审批	进行合规审查
4		编制工程项目预算	提供工程项目资金预算建议	
5		管理建筑工程投资支出	沟通建筑工程投资支出事项	进行合规审查
6		管理设备投资支出	沟通设备投资支出事项	进行合规审查
7		管理待摊投资支出	沟通待摊投资支出事项	进行合规审查
8		进行工程价款结算管理	与施工承包单位核对确认	进行合规审查
9		进行竣工财务决算管理		
10			结束	

企业名称		密级		共　页第　页
编制单位		签发人		签发日期

10.2.2　工程项目资金管理流程风险点、合规程序、合规依据

合规事项	风险点、合规程序、合规依据
工程项目概算、预算管理（C2、C3、B4）	**风险点** （1）工程项目概算文件编制、审核过程不符合企业相关制度的规定 （2）工程项目概算文件不合格，不能作为工程项目预算编制的基础，给企业工程项目资金管理后续工作带来潜在风险 **合规程序** （1）编制工程项目概算文件 　　☆ 工程项目部、设计单位根据工程项目设计图纸、概算指标、概算定额及现行的计费标准市场信息等资料编制工程项目概算文件 （2）审查确定工程项目概算文件 　　☆ 工程项目部审核小组审查确定工程项目概算文件，确定无误后提交财务部审批通过再上报总经办审批 （3）编制工程项目预算 　　☆ 财务部、工程项目部在审批通过的项目概算文件的基础上编制工程项目预算 　　☆ 工程项目部提供工程项目施工设计、招投标数据等相关资料，并对工程项目资金预算提出建议 **合规依据** （1）国家法律法规：《中华人民共和国会计法》《中华人民共和国建筑法》 （2）企业规章制度："工程建设项目资金管理办法"
工程项目建设成本管理（B5、B6、B7）	**风险点** （1）建筑工程投资支出、设备投资支出、待摊投资支出等各类支出的使用不符合企业相关制度的规定 （2）缩减成本的管理手段违反国家相关法律法规的规定，影响工程项目质量安全，企业将面临经济、声誉、法律风险 （3）企业未妥善处理与施工承包单位之间的资金合作关系，导致工程项目进度缓慢 **合规程序** （1）管理建筑工程投资支出 　　☆ 财务部负责管理建筑工程投资支出，严格控制建筑工程成本的范围、标准和支出责任 　　☆ 工程项目部根据工程项目建设情况与财务部沟通建筑工程投资支出事项 （2）管理设备投资支出 　　☆ 财务部负责管理设备投资支出，严格控制各种设备成本的范围、标准和支出责任 　　☆ 工程项目部根据工程项目建设情况与财务部沟通设备投资支出事项

续表

合规事项	风险点、合规程序、合规依据
工程项目建设成本管理（B5、B6、B7）	**合规程序** （3）管理待摊投资支出 ☆ 财务部负责管理待摊投资支出，严格控制分摊计入相关资产价值的各项费用和税金支出的范围、标准和支出责任 ☆ 工程项目部根据工程项目建设情况与财务部沟通待摊投资支出事项 **合规依据** （1）国家法律法规：《中华人民共和国会计法》《中华人民共和国建筑法》 （2）企业规章制度："工程建设项目资金管理办法"
工程价款结算与竣工财务决算管理（B8、B9）	**风险点** （1）工程项目竣工后，未按照工程项目承包合同的约定及时进行竣工验收，在工程价款结算上与施工承包单位产生矛盾、纠纷，违反工程项目承包合同的约定和国家相关法律法规的规定，企业将面临经济、声誉、法律风险 （2）未妥善处理工程价款结算管理工作，可能发生重大社会舆论事件，或出现社会治安问题 **合规程序** （1）进行工程价款结算管理 ☆ 建设施工完成，企业工程项目部组织开展竣工验收活动，与施工承包单位核对竣工验收情况 ☆ 财务部根据竣工验收情况进行工程价款结算 （2）进行竣工财务决算管理 ☆ 工程项目竣工验收完成，财务部对整个工程项目从筹建到竣工投产使用的实际花费进行财务汇总 **合规依据** （1）国家法律法规：《中华人民共和国会计法》《中华人民共和国建筑法》 （2）企业规章制度："工程建设项目资金管理办法"

10.3　工程项目施工合同管理流程设计与风险点、合规程序、合规依据

10.3.1　工程项目施工合同管理流程设计

部门名称	工程项目部	流程名称	工程项目施工合同管理流程
生效日期		概　要	

单位	总经办 A	工程项目部 B	施工承包单位 C	合规管理部 D
节点				
1		开始		
2	指导、授权	确定工程项目发包方式		
3		是/否招标	否 → 选定施工承包单位直接发包	进行合规审查
4		是，公开招标 发布招标公告，提供招标文件		进行合规审查
5	未通过	收取、保管投标文件		进行合规审查
6	审批	进行开标、评标、定标、拟定工程项目承包合同文本并提交审批		
7	通过	签订工程项目承包合同	签订工程项目承包合同	进行合规审查
8		委托工程监理单位进行监理	履行工程项目承包合同	
9		竣工验收备案，合同归档保存	完成工程建设	
10		结束		

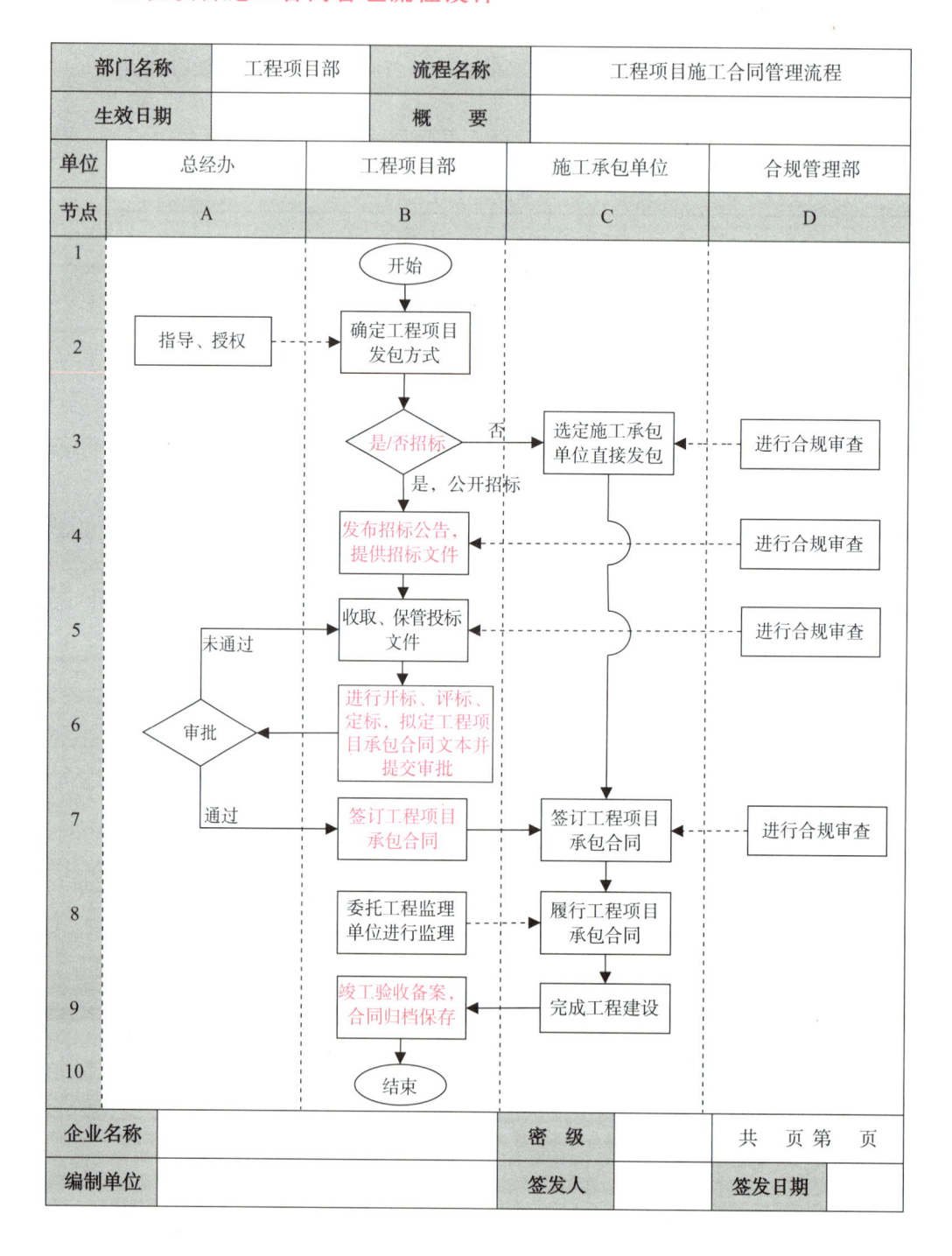

企业名称		密级		共　页第　页
编制单位		签发人		签发日期

10.3.2　工程项目施工合同管理流程风险点、合规程序、合规依据

合规事项	风险点、合规程序、合规依据
工程项目施工准备（B3）	**风险点** 未按要求区分工程项目，对于需要依法实行招标发包的工程项目采取直接发包处理，违反国家有关法律法规的规定 **合规程序** 判断是否需要招标 　☆ 工程项目部根据国家有关法律法规安排需要招标发包的工程项目进入招标程序 　☆ 工程项目部将不适合招标发包的工程项目进行直接发包处理 **合规依据** （1）国家法律法规：《中华人民共和国民法典》《中华人民共和国建筑法》《中华人民共和国招标投标法》 （2）企业规章制度："施工合同履行管理办法"
工程项目施工合同签署（B4、B6、B7）	**风险点** （1）未按照国家有关法律法规的规定公开发布招标公告，设置潜在或隐性的投标限制，阻碍正常投标活动的进行，企业将面临监管处罚 （2）开标、评标、定标程序违反国家有关法律法规的规定，存在内定、陪标、收受贿赂、收取回扣等违规行为，企业将面临监管处罚 （3）与不具备资质证书、超越资质等级的施工承包单位签订工程项目承包合同，企业将被责令改正，或处以罚款 **合规程序** （1）发布招标公告，提供招标文件 　☆ 工程项目部依照法定程序和方式，发布工程项目招标公告 　☆ 工程项目部提供载有招标工程项目主要技术要求、主要合同条款、评标标准和方法以及开标、评标、定标的程序等内容的招标文件 （2）进行开标、评标、定标，拟定工程项目承包合同文本并提交审批 　☆ 工程项目部组织实施开标、评标、定标活动，确定中标单位 　☆ 工程项目部拟定工程项目承包合同文本，提交总经办审批 （3）签订工程项目承包合同 　☆ 工程项目部与中标单位签订工程项目承包合同，确定工程项目施工承包单位 **合规依据** （1）国家法律法规：《中华人民共和国民法典》《中华人民共和国建筑法》 （2）企业规章制度："施工合同履行管理办法"

续表

合规事项	风险点、合规程序、合规依据
工程项目施工合同履行与归档（C8、B9）	**风险点** （1）在工程项目建设过程中，因施工承包单位未采取维护安全、防范危险、预防火灾等措施导致安全生产事故的发生，工程项目将面临停工风险，企业可能遭受声誉、财产损失 （2）在工程项目建设过程中，因施工承包单位未遵守有关环境保护和安全生产的法律、法规的规定，未采取控制和处理施工现场的各种粉尘、废气、废水、固体废物以及噪声、振动对环境的污染和危害的措施导致环保事故的发生，工程项目将面临整改风险，企业可能遭受声誉、财产损失 **合规程序** （1）履行工程项目承包合同 ☆ 施工承包单位按照工程项目承包合同的约定进行施工建设，履行合同约定 ☆ 施工承包单位接受企业委托的工程监理单位的监理，并按工程监理单位的改正意见进行工程施工调整 （2）竣工验收备案，合同归档保存 ☆ 工程项目部组织竣工验收工作，接收施工承包单位提交的工程竣工报告，查阅工程监理单位签署的竣工意见，实地查看、评价工程质量，出具工程竣工验收报告，并向所在地人民政府建设主管部门备案 **合规依据** （1）国家法律法规：《中华人民共和国民法典》《中华人民共和国建筑法》 （2）企业规章制度："施工合同履行管理办法"

第11章
企业合规——安全环保

11.1 安全生产管理流程设计与风险点、合规程序、合规依据

11.1.1 安全生产管理流程设计

部门名称	生产部	流程名称		安全生产管理流程
生效日期		概　要		

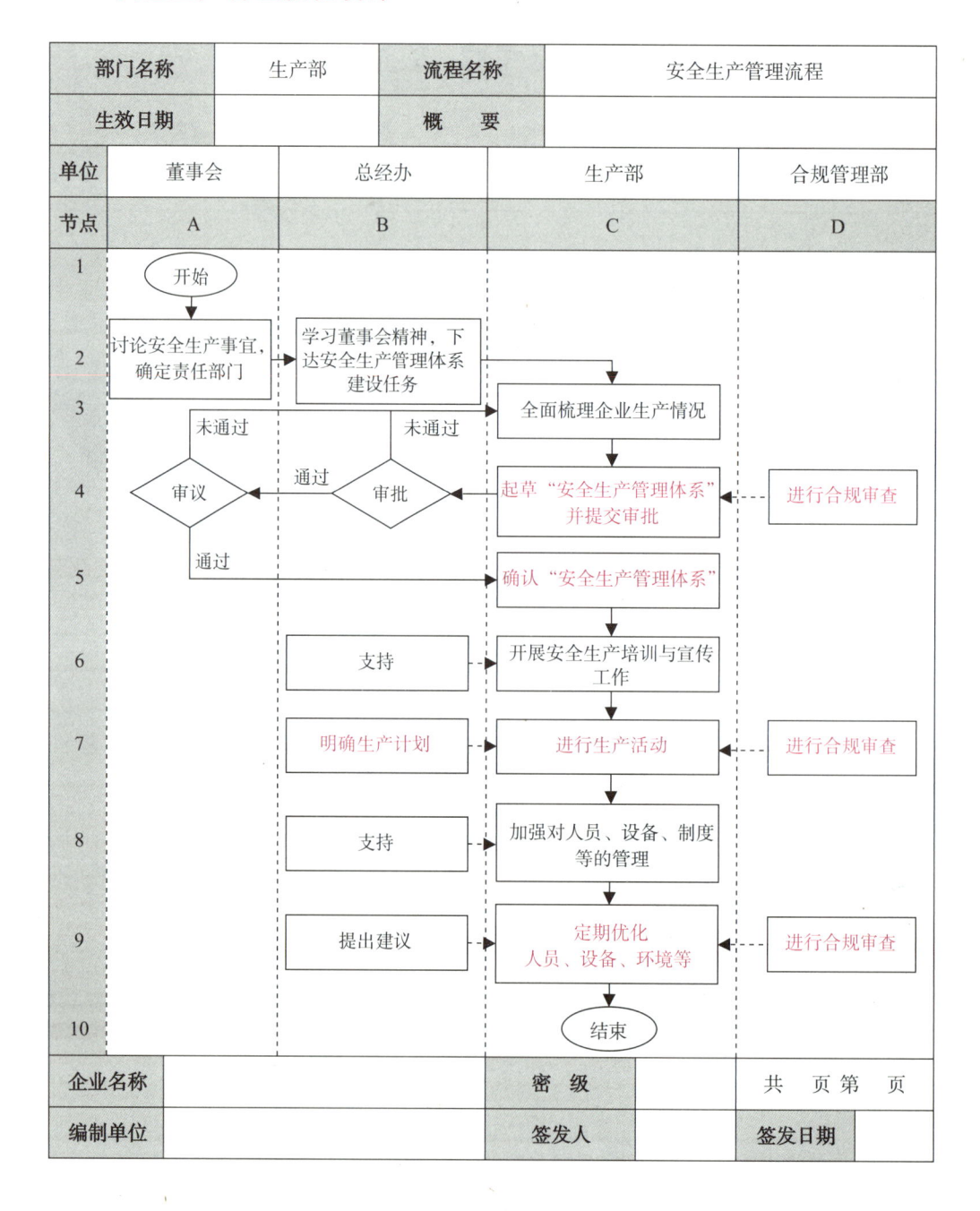

单位	董事会	总经办	生产部	合规管理部
节点	A	B	C	D
1	开始			
2	讨论安全生产事宜，确定责任部门	学习董事会精神，下达安全生产管理体系建设任务		
3			全面梳理企业生产情况	
4	审议（未通过／通过）	审批（未通过／通过）	起草"安全生产管理体系"并提交审批	进行合规审查
5			确认"安全生产管理体系"	
6		支持	开展安全生产培训与宣传工作	
7		明确生产计划	进行生产活动	进行合规审查
8		支持	加强对人员、设备、制度等的管理	
9		提出建议	定期优化人员、设备、环境等	进行合规审查
10			结束	

企业名称		密级		共　页第　页
编制单位		签发人		签发日期

11.1.2 安全生产管理流程风险点、合规程序、合规依据

合规事项	风险点、合规程序、合规依据
形成安全生产管理体系（C4、C5、D4）	**风险点** （1）"安全生产管理体系"内容不完整、不恰当，不能构成一个完整的体系，不能作为安全生产工作的依据 （2）"安全生产管理体系"与企业现有制度、行业有关规定等相冲突 （3）"安全生产管理体系"违反国家相关法律法规或当地政府有关政策的规定 **合规程序** （1）起草"安全生产管理体系"并提交审批 ☆ 生产部在全面梳理企业生产情况的前提下，起草"安全生产管理体系"，并提交审批 ☆ 生产部在起草"安全生产管理是体系"的过程中，要注意资料来源的准确性、有效性以及文本工作的规范性 （2）确认"安全生产管理体系" ☆ "安全生产管理体系"要经合规管理部审查、总经办审批、董事会审议通过后方可正式下达执行 （3）进行合规审查 ☆ 合规管理部仔细审查"安全生产管理体系"草案，进行风险识别，排查可能存在的问题，并提出整改建议 **合规依据** （1）国家法律法规：《中华人民共和国安全生产法》《中华人民共和国突发事件应对法》 （2）企业规章制度："企业合规管理制度"
开展生产活动（B7、C7、D7）	**风险点** （1）生产计划的制订与下发不符合企业有关制度的规定 （2）生产活动的进行不符合企业"安全生产管理体系"有关要求 **合规程序** （1）明确生产计划 ☆ 总经办按时将每年、每季度、每月的生产计划下发给生产部，并详细说明任务细节 （2）进行生产活动 ☆ 生产部对总经办下发的生产计划进行拆解，制定具体生产方案，并下发至各生产单位，有序开展生产活动 （3）进行合规审查 ☆ 合规管理部仔细审查生产计划与生产方案，进行风险识别，提出整改建议

续表

合规事项	风险点、合规程序、合规依据
开展生产活动（B7、C7、D7）	**合规依据** （1）国家法律法规：《中华人民共和国安全生产法》《中华人民共和国突发事件应对法》 （2）企业规章制度："安全生产管理体系"（内含"企业安全生产规范""安全生产监督检查制度"等内容）
进行生产管理（C9、D9）	**风险点** （1）生产活动中，对生产人员的录用、管理、培训、辞退等不符合企业有关规定或国家劳动保障有关法律法规的规定 （2）生产活动中，对生产设备的购买、维修、处置等不符合企业有关制度或国家有关法律法规的规定 （3）生产活动中，对生产环境的管理和维护不符合国家安全生产相关规定 **合规程序** （1）定期优化人员、设备、环境等 　☆ 生产部根据企业有关规定对不同能力与素质的人员进行培训、提拔、辞退等处理 　☆ 生产部根据生产实际与企业有关规定，对生产设备进行升级、改造、维修、报废等处理 　☆ 生产部根据生产实际与企业和国家有关规定，对生产环境进行整改与维护，使其满足安全生产的要求 （2）进行合规审查 　☆ 合规管理部定期对生产部的安全生产工作进行风险识别，并形成报告 **合规依据** （1）国家法律法规：《中华人民共和国安全生产法》《中华人民共和国突发事件应对法》《中华人民共和国劳动法》《中华人民共和国劳动合同法》《中华人民共和国企业国有资产法》 （2）企业规章制度："企业安全生产管理体系"（内含"企业安全生产规范""安全生产监督检查制度"等内容）

11.2 环境保护管理流程设计与风险点、合规程序、合规依据

11.2.1 环境保护管理流程设计

部门名称	环境管理部	流程名称	环境保护管理流程
生效日期		概　要	

单位	总经办	环境管理部	合规管理部	各相关部门
节点	A	B	C	D

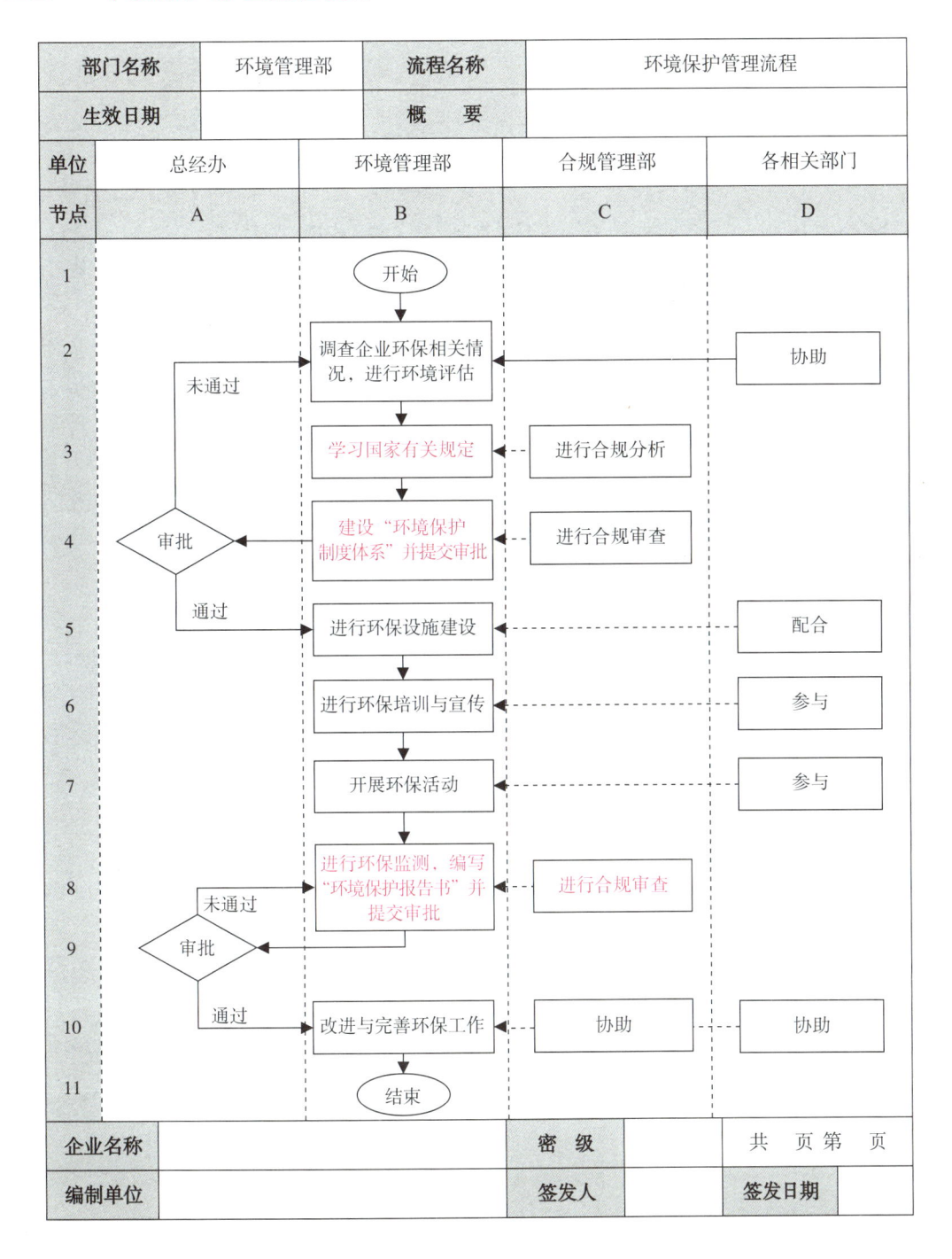

节点	流程
1	开始
2	调查企业环保相关情况，进行环境评估 ← 协助
3	学习国家有关规定 — 进行合规分析
4	审批（未通过/通过） ← 建设"环境保护制度体系"并提交审批 — 进行合规审查
5	进行环保设施建设 ← 配合
6	进行环保培训与宣传 ← 参与
7	开展环保活动 ← 参与
8	进行环保监测，编写"环境保护报告书"并提交审批 — 进行合规审查
9	审批（未通过/通过）
10	改进与完善环保工作 ← 协助 / 协助
11	结束

企业名称		密级		共　页　第　页
编制单位		签发人		签发日期

103

11.2.2　环境保护管理流程风险点、合规程序、合规依据

合规事项	风险点、合规程序、合规依据
建设"环境保护制度体系"（B3、B4）	**风险点** （1）"环境保护制度体系"不符合当地政府的环保规定，企业将面临罚改风险 （2）"环境保护制度体系"的条款与国家环保相关法律法规相冲突，导致其成为无效条款 **合规程序** （1）学习国家有关规定 　☆ 环境管理部在建设"环境保护制度体系"前，要充分调查企业环保实际情况，并梳理国家与地方政府出台的法律法规、条例、政策等 　☆ 合规管理部要协助环境管理部进行相关法律法规、条例、政策等的梳理 （2）建设"环境保护制度体系"并提交审批 　☆ 环境管理部在做足准备的情况下，起草"环境保护制度体系" 　☆ 合规管理部审查"环境保护制度体系"初稿，对存在的风险进行梳理后，再请环境保护部将其上交总经办审批 **合规依据** （1）国家法律法规：《中华人民共和国环境保护法》《中华人民共和国水污染防治法》《建设项目环境保护管理条例》《生态环境行政处罚办法》 （2）企业规章制度："企业合规管理制度"
环保持续化管理（B8、C8）	**风险点** （1）忽视对环保进行监测，导致监测频率不达标，监测结果不准确等，无法满足国家相关法律法规、企业有关制度等的硬性要求 （2）环境保护相关报告在格式、内容等方面不符合企业有关制度的要求，也不符合外部审查单位的要求 **合规程序** （1）进行环保监测，编写"环境保护报告书"并提交审批 　☆ 环境管理部要根据企业有关制度要求，定期、准确地对环保情况进行监测，并详细记录情况 　☆ 环境管理部要定期编写"环境保护报告书"，提交企业内部或外部进行审查 （2）进行合规审查 　☆ 合规管理部要协助环境管理部排查"环境保护报告书"中不符合企业内外部要求的内容 **合规依据** （1）国家法律法规：《中华人民共和国环境保护法》《中华人民共和国水污染防治法》《建设项目环境保护管理条例》《生态环境行政处罚办法》 （2）企业规章制度："环境保护制度体系"（内含"企业环境保护制度""环境保护监督检查制度"等内容）

11.3　安全生产违规整改流程设计与风险点、合规程序、合规依据

11.3.1　安全生产违规整改流程设计

部门名称	生产部	流程名称	安全生产违规整改流流程
生效日期		概　要	

单位	总经办	生产部	合规管理部	各相关部门
节点	A	B	C	D
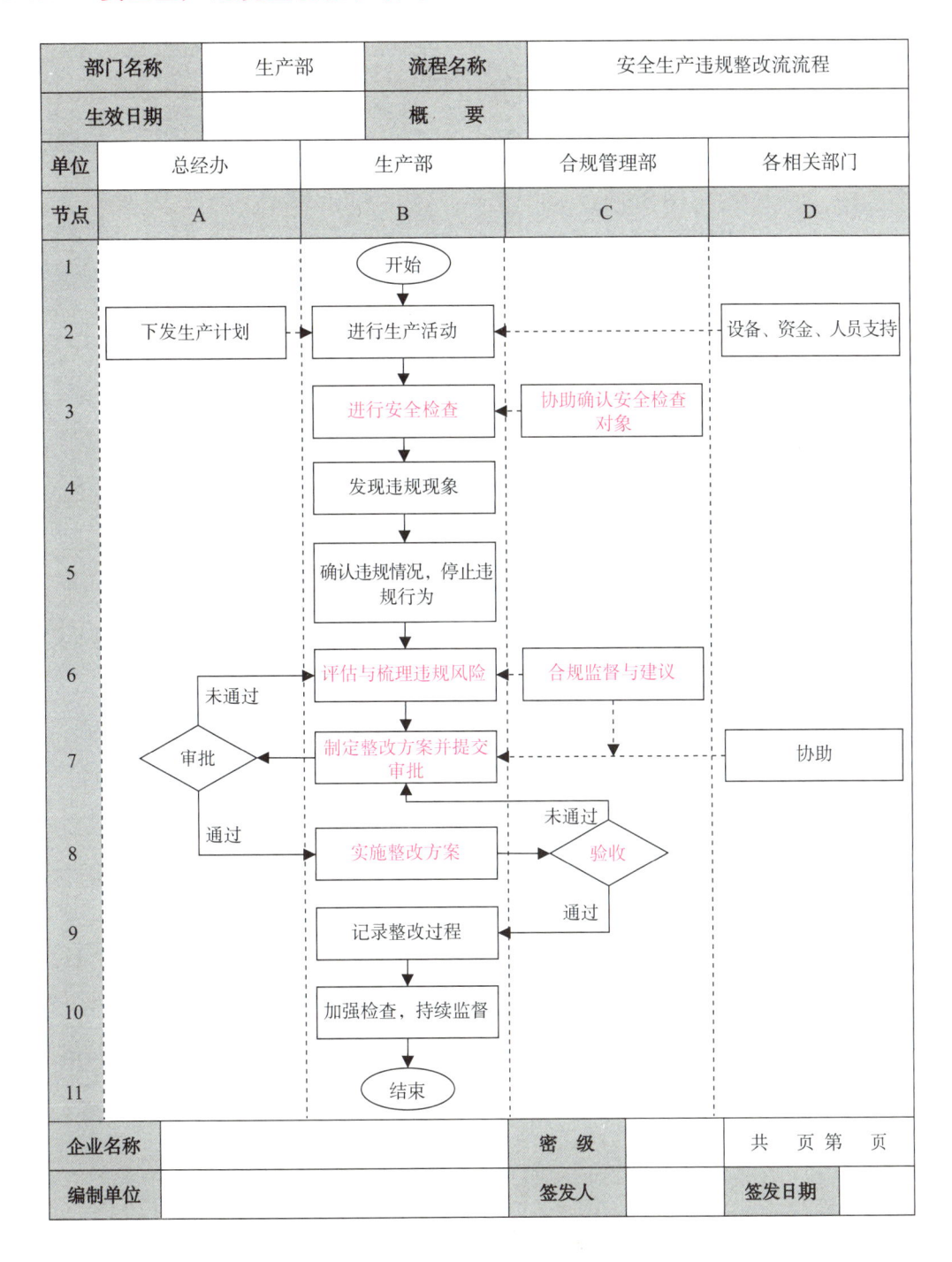 1		开始		
2	下发生产计划	进行生产活动		设备、资金、人员支持
3		进行安全检查	协助确认安全检查对象	
4		发现违规现象		
5		确认违规情况，停止违规行为		
6	未通过	评估与梳理违规风险	合规监督与建议	
7	审批 通过	制定整改方案并提交审批		协助
8		实施整改方案	验收（未通过/通过）	
9		记录整改过程		
10		加强检查，持续监督		
11		结束		

企业名称		密　级		共　页第　页
编制单位		签发人		签发日期

105

11.3.2 安全生产违规整改流程风险点、合规程序、合规依据

合规事项	风险点、合规程序、合规依据
进行安全检查 （B3、C3）	**风险点**
	生产活动的安全检查不及时、不仔细，留下安全隐患，存在给企业带来法律责任、经济损失或其他负面影响的可能
	合规程序
	（1）进行安全检查 　　☆ 生产部要根据企业相关制度，定期、仔细、全面地进行安全检查 　　☆ 生产部要详细记录检查结果，以便为后续工作提供支持 （2）协助确认安全检查对象 　　☆ 合规管理部要从风险防范的角度协助生产部梳理安全检查范围，明确安全检查的对象
	合规依据
	（1）国家法律法规：《中华人民共和国安全生产法》《中华人民共和国突发事件应对法》 （2）企业规章制度："安全生产违规整改办法"
制定整改方案 （B6、B7、C6）	**风险点**
	（1）未准确、全面地评估风险的负面影响，导致对风险的梳理有遗漏，后续可能给企业带来不利影响 （2）整改方案的内容、制定程序等不符合企业、行业、国家有关规定和要求
	合规程序
	（1）评估与梳理违规风险 　　☆ 生产部要对照企业有关制度、行业有关规则和国家有关规定，对违规行为背后的风险点进行全面梳理 　　☆ 梳理风险点后，生产部要分析违规行为出现的原因，思考整改方向 （2）制定整改方案并提交审批 　　☆ 生产部要充分分析违规行为出现的原因，寻找切实可行的整改措施，并形成整改方案 　　☆ 生产部内部的合规管理员要对整改方案进行合规自查，排查风险后再报总经办审批 （3）合规监督与建议 　　☆ 合规管理部要履行合规监督职责，在发现违规风险、制定整改方案等环节发挥作用，帮助生产部排查风险，并提出合规建议
	合规依据
	（1）国家法律法规：《中华人民共和国安全生产法》《中华人民共和国突发事件应对法》 （2）企业规章制度："安全生产违规整改办法"

续表

合规事项	风险点、合规程序、合规依据
进行整改并验收（B8、C8）	**风险点** （1）整改方案没有得到彻底的实施，导致整改后企业仍存在法律、经济、声誉方面的风险 （2）实施整改方案后的验收工作不认真、不仔细，导致潜在的安全问题没有被发现，给企业带来潜在风险 **合规程序** （1）实施整改方案 　☆ 生产部必须等总经办审批通过后方可正式实施整改方案 （2）验收 　☆ 合规管理部主导进行整改验收工作，验收通过的标准是所有安全问题都被解决，且不存在潜在的安全风险 **合规依据** （1）国家法律法规：《中华人民共和国安全生产法》《中华人民共和国突发事件应对法》 （2）企业规章制度："安全生产违规整改办法""企业合规管理制度"

11.4 环境保护违规行为整改流程设计与风险点、合规程序、合规依据

11.4.1 环境保护违规行为整改流程设计

部门名称	环境管理部	流程名称	环境保护违规行为整改流程
生效日期		概　要	

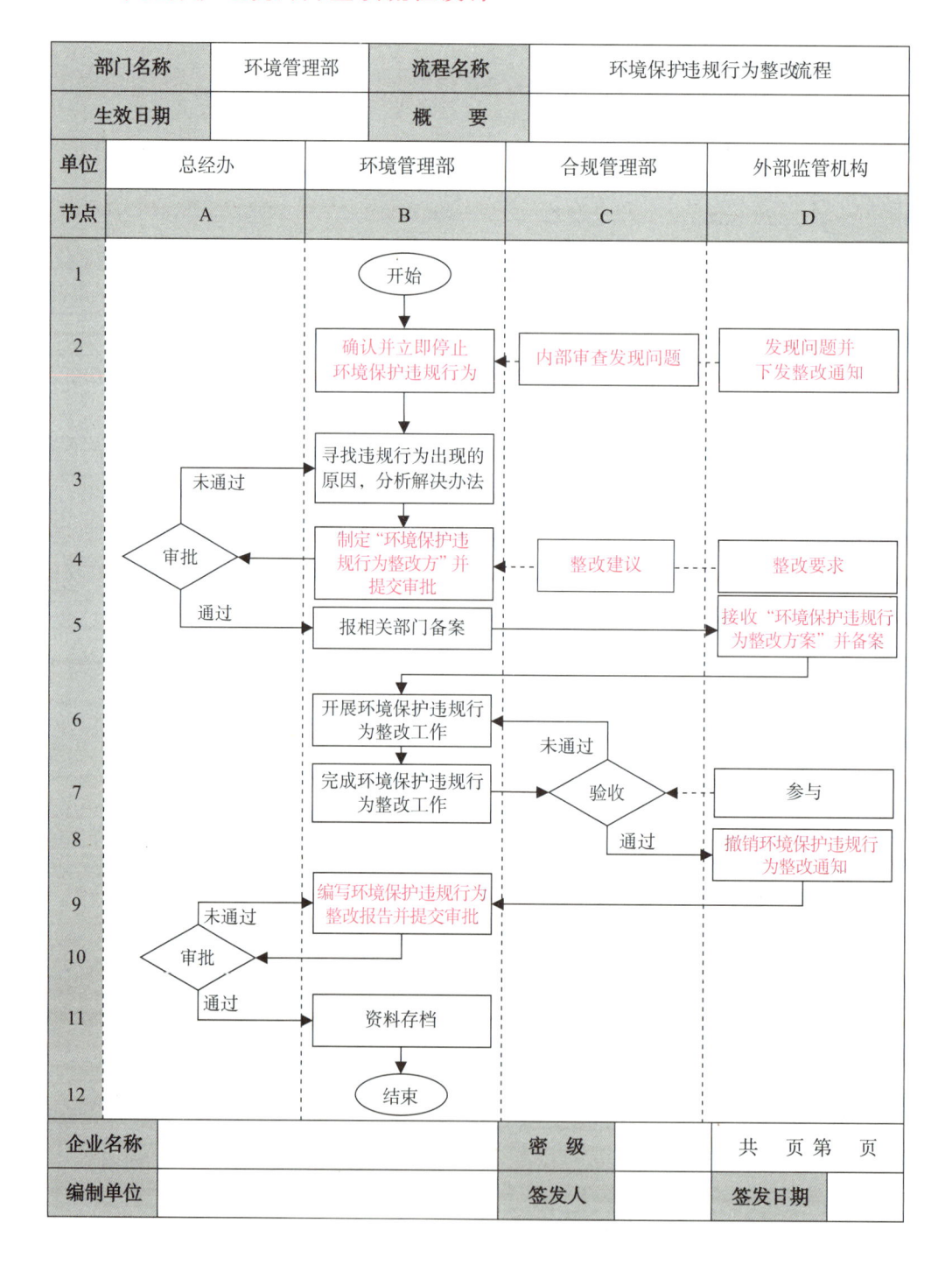

单位	总经办	环境管理部	合规管理部	外部监管机构
节点	A	B	C	D
1		开始		
2		确认并立即停止环境保护违规行为	内部审查发现问题	发现问题并下发整改通知
3	未通过	寻找违规行为出现的原因，分析解决办法		
4	审批	制定"环境保护违规行为整改方"并提交审批	整改建议	整改要求
5	通过	报相关部门备案		接收"环境保护违规行为整改方案"并备案
6		开展环境保护违规行为整改工作		
7		完成环境保护违规行为整改工作	未通过 验收	参与
8			通过	撤销环境保护违规行为整改通知
9	未通过	编写环境保护违规行为整改报告并提交审批		
10	审批			
11	通过	资料存档		
12		结束		

企业名称		密级		共　页第　页
编制单位		签发人		签发日期

108

11.4.2 环境保护违规行为整改流程风险点、合规程序、合规依据

合规事项	风险点、合规程序、合规依据
确认环境保护违规行为（B2、C2）	**风险点**
	（1）企业内部审查不及时或不严格、不全面等，导致企业环境保护违规事项未被及时、全面地发现并整改
	（2）对于企业内部或外部的环境保护违规行为提醒不关注、不重视，可能给企业带来法律、声誉、经济等方面的负面影响
	合规程序
	（1）确认并立即停止环境保护违规行为 ☆ 环境管理部收到合规管理部或外部监管机构的环境保护违规行为整改通知后，要第一时间停止环境保护违规行为并准备进行整改工作
	（2）内部审查发现问题 ☆ 合规管理部要根据企业相关制度，按时、仔细、全面地进行环境保护方面的检查，及时发现环境保护违规问题并通知环境管理部整改
	合规依据
	（1）国家法律法规：《中华人民共和国环境保护法》《中华人民共和国水污染防治法》《建设项目环境保护管理条例》《生态环境行政处罚办法》
	（2）企业规章制度："环境保护违规行为整改办法""企业合规管理制度"
制定"环境保护违规行为整改方案"（B4、C4、D4）	**风险点**
	"环境保护违规行为整改方案"的内容、制定程序等不符合企业、行业、国家的有关规定和要求
	合规程序
	（1）制定"环境保护违规行为整改方案"并提交审批 ☆ 环境管理部要充分分析环境保护违规行为出现的原因，寻找切实可行的整改措施，并形成"环境保护违规行为整改方案" ☆ 环境管理部在制定"环境保护违规行为整改方案"时要充分考虑合规管理部的整改建议以及外部监管机构的整改要求
	（2）整改建议、要求 ☆ 若是内部审查发现了违规风险或违规问题，合规管理部要为环境管理部提出整改建议；若是外部监管机构发现了违规现象，合规管理部要认真研读整改通知，明确整改要求，协助环境管理部制定"环境保护违规行为整改方案"
	合规依据
	（1）国家法律法规：《中华人民共和国环境保护法》《中华人民共和国水污染防治法》《建设项目环境保护管理条例》《生态环境行政处罚办法》
	（2）企业规章制度："环境保护违规行为整改办法""企业合规管理制度"

续表

合规事项	风险点、合规程序、合规依据
进行环境保护违规行为整改并验收（C7、D7）	**风险点** （1）"环境保护违规行为整改方案"没有得到彻底的实施，导致整改后企业仍可能面临法律、经济、声誉方面的风险 （2）环境保护违规行为整改后的验收工作不认真、不仔细，导致潜在的安全问题没有被发现，给企业带来潜在风险 **合规程序** 验收 ☆ 环境管理部完成整改工作后，合规管理部要根据环境保护违规行为整改方案、整改通知书、企业相关制度等有关要求，对环境保护违规行为整改工作进行验收 ☆ 外部监管机构下发过环境保护违规行为整改通知书的，要请其派代表参加验收工作，验收通过后请其撤回环境保护违规行为整改通知书 **合规依据** （1）国家法律法规：《中华人民共和国环境保护法》《中华人民共和国水污染防治法》《建设项目环境保护管理条例》《生态环境行政处罚办法》 （2）企业规章制度："环境保护违规行为整改办法""企业合规管理制度"

第12章
企业合规——合同管理

12.1　合同签订管理流程设计与风险点、合规程序、合规依据

12.1.1　合同签订管理流程设计

部门名称		承办部门		流程名称		合同签订管理流程	
生效日期				概　　要			
单位	总经办	承办部门		合规管理部	财务、法务等部门		合作方
节点	A	B		C	D		E

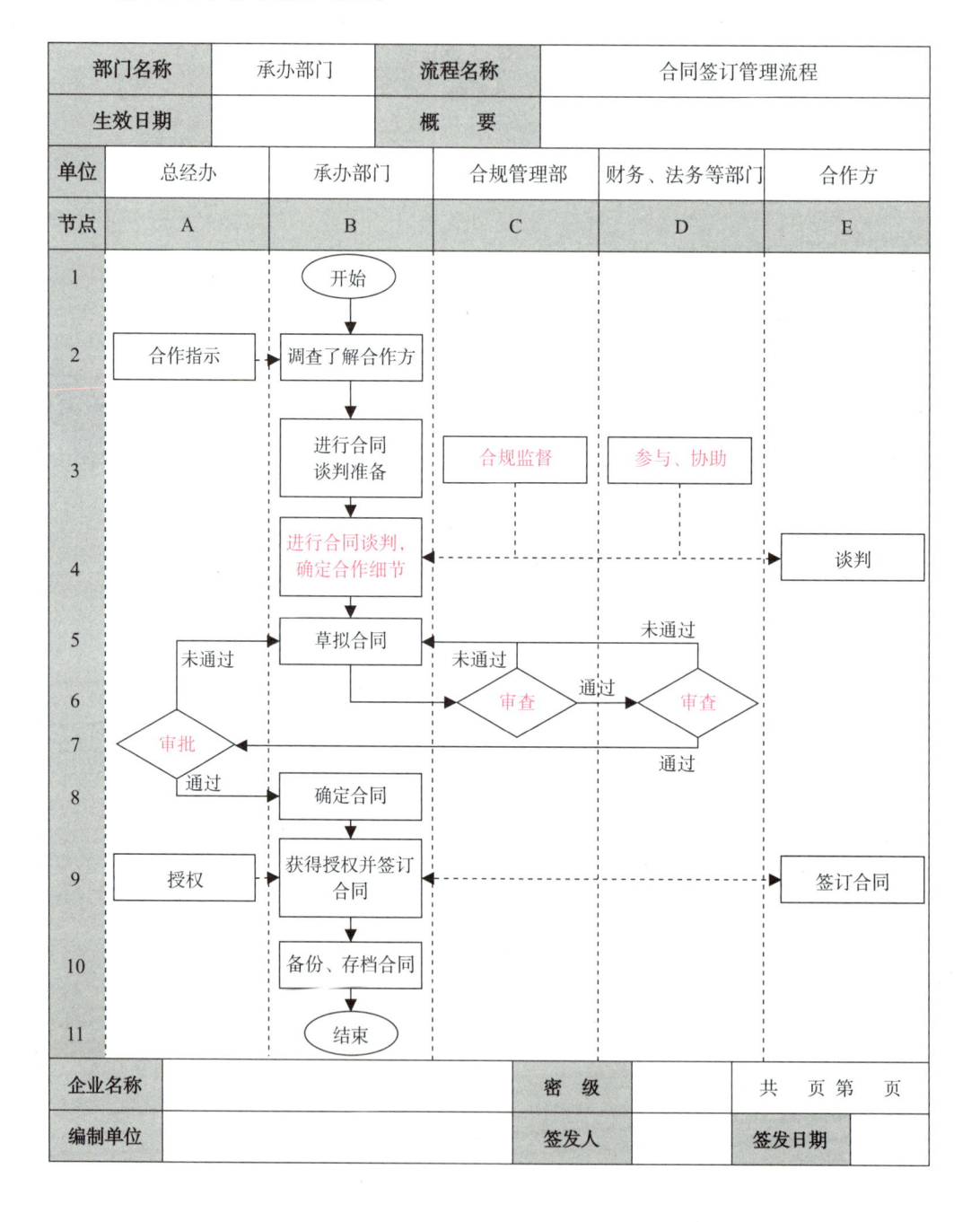

节点	流程
1	开始
2	合作指示 → 调查了解合作方
3	进行合同谈判准备 ← 合规监督 ← 参与、协助
4	进行合同谈判，确定合作细节 ←――→ 谈判
5	草拟合同
6	审查（未通过／通过）；审查（未通过／通过）
7	审批（未通过／通过）
8	确定合同
9	授权 → 获得授权并签订合同 ←――→ 签订合同
10	备份、存档合同
11	结束

企业名称		密　级		共　页　第　页
编制单位		签发人		签发日期

12.1.2　合同签订管理流程风险点、合规程序、合规依据

合规事项	风险点、合规程序、合规依据
与合作方进行合同谈判（B4、C3、D3）	**风险点** （1）合同谈判所涉及事项与企业有关制度、行业规定、国家法律法规等内容相冲突，存在给企业带来法律责任、经济损失、负面影响等的可能 （2）合同谈判期间通过行贿、欺瞒、造假等手段达成不正当合作，不仅违反国家和企业有关规定，还会给企业带来潜在风险 **合规程序** （1）进行合同谈判，确定合作细节 　☆ 承办部门要在准备充分的前提下与合作方进行合同谈判 　☆ 当涉及敏感、重大、复杂的合作情况时，承办部门可请合规管理部、法务部、财务部等部门的专业人士协助进行合同谈判 （2）合规监督 　☆ 合规管理部不仅要协助承办部门进行合同谈判，还要在合同谈判过程中起到监督作用，确保所在企业方不仅保障了己方利益，又与合作方达成了自愿、平等的合作 （3）参与、协助 　☆ 法务、财务等部门要指派专业人士协助承办部门进行合同谈判，以便在法律、财务等方面取得有利地位 **合规依据** （1）国家法律法规：《中华人民共和国民法典》 （2）企业规章制度："企业合规管理制度"
审查与审批合同（C6、D6、A7）	**风险点** （1）拟签订的合同有关条款不符合企业利益，违背最初合作意向 （2）拟签订的合同有关条款在具体执行时存在与企业现有规章制度相冲突的问题 （3）拟签订的合同有关条款与国家法律法规、行业规范、地方政策等相关内容相冲突 **合规程序** （1）审查 　☆ 合规管理部要仔细审查合同内容，确保其满足企业规章制度、国家法律法规等方面的要求 （2）审查 　☆ 财务、法务等部门要排查合同的财务、法律风险，确保合同履行后不会给企业带来经济损失或法律责任

续表

合规事项	风险点、合规程序、合规依据
审查与审批合同（C6、D6、A7）	**合规程序**
	（3）审批 ☆ 总经办负责对合同进行审批。在确保合同符合企业利益且无法律、经济等方面的风险后，总经办应尽快作出通过的批示
	合规依据
	（1）国家法律法规：《中华人民共和国民法典》
	（2）国家标准：《电子合同订立流程规范》（GB/T 36298—2018）、《电子合同基础信息描述规范》（GB/T 36319—2018）、《企业合同信用指标指南》（GB/T 33718—2017）
	（3）企业规章制度："合同签订合规审查管理制度""合同承办部门合规责任管理制度""企业合规管理制度"

12.2 合同执行管理流程设计与风险点、合规程序、合规依据

12.2.1 合同执行管理流程设计

部门名称	承办部门	流程名称	合同执行管理流程
生效日期		概　要	

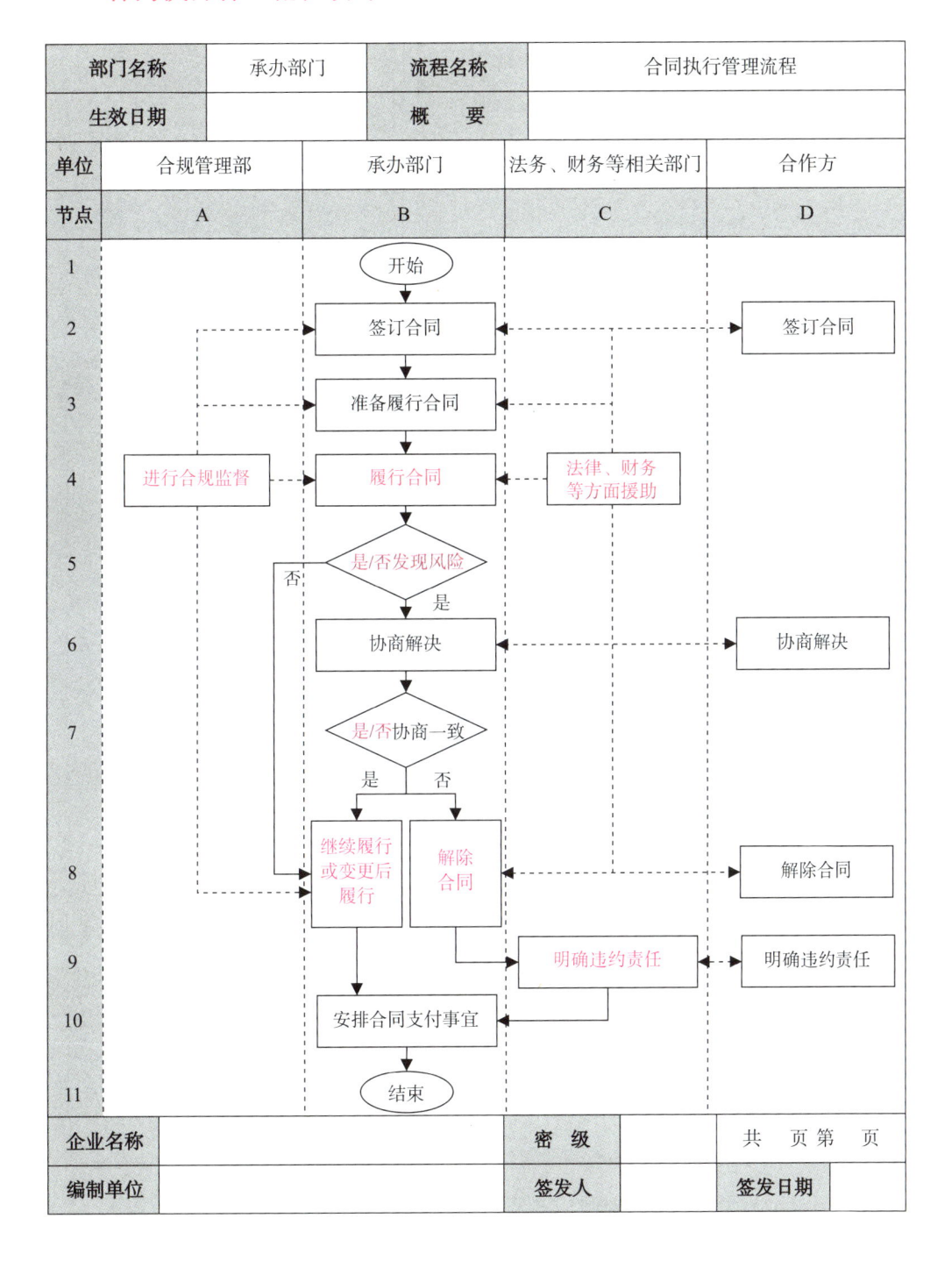

单位	合规管理部	承办部门	法务、财务等相关部门	合作方
节点	A	B	C	D
1		开始		
2		签订合同		签订合同
3		准备履行合同		
4	进行合规监督	履行合同	法律、财务等方面援助	
5		是/否发现风险 否		
6		协商解决		协商解决
7		是/否协商一致		
8		继续履行或变更后履行 / 解除合同		解除合同
9			明确违约责任	明确违约责任
10		安排合同支付事宜		
11		结束		

企业名称		密　级		共　页第　页
编制单位		签发人		签发日期

115

12.2.2　合同执行管理流程风险点、合规程序、合规依据

合规事项	风险点、合规程序、合规依据
履行合同并判断违约风险（B4、B5、A4、C4）	**风险点** （1）不严格按照合同有关内容履行合同，构成违约责任，给企业带来法律、经济、声誉等方面的风险 （2）没有与合作方保持紧密联系，导致无法及时发现合作方可能存在的违约行为 **合规程序** （1）履行合同 　　☆ 承办部门要严格按照合同有关内容履行合同，不得擅自违背、修改合同内容 　　☆ 承办部门要与合作方保持紧密联系，及时交流合作细节，沟通合作事项的进度 （2）进行合规监督 　　☆ 合规管理部要对与合同执行有关的工作进行监督，确保工作程序和结果都符合合同有关要求 （3）法律、财务等方面援助 　　☆ 法务部、财务部等相关部门要向承办部门提供帮助，帮助其解决在合同履行过程中涉及的法律、财务等方面的问题 （4）是/否发现风险 　　☆ 承办部门要密切监控合同的执行情况，及时发现并制止违约行为 　　☆ 违约行为可能来自己方也可能来自合作方，无论来自何方，都要及时与合作方进行沟通交流，保障双方对违约行为的知情权 **合规依据** （1）国家法律法规：《中华人民共和国民法典》 （2）企业规章制度："合同履行管理制度"
变更或解除合同（B8、C9、）	**风险点** （1）己方对合同内容进行变更时，相关操作程序既不符合原合同的有关要求，也没有与合作方就变更内容另行达成一致，导致己方承担了违约责任 （2）解除合同前，没有明确违约责任，导致相关纠纷持续对企业造成负面影响 （3）对违约责任的划分程序和方式不符合国家有关规定，导致其结果不受法律保护，成为无效结果 **合规程序** （1）继续履行或变更后履行/解除合同 　　☆ 若合同履行期间不存在违规行为，则继续履行合同 　　☆ 若合同履行期间存在违规行为，但合作双方经过沟通后达成了一致意见，则可以在变更合同有关内容后继续履行合同

续表

合规事项	风险点、合规程序、合规依据
变更或解除合同（B8、C9、）	**合规程序** ☆ 若合同履行期间存在违规行为，且合作双方无法再次就合作事项达成一致意见，则需要解除合同 （2）明确违约责任 ☆ 若双方协商要解除合同，则承办部门要在法务部等部门的协助下，明确违约责任，这是后续进行合同支付的依据 **合规依据** （1）国家法律法规：《中华人民共和国民法典》 （2）国家标准：《电子合同订立流程规范》（GB/T 36298—2018）、《电子合同基础信息描述规范》（GB/T 36319—2018）、《企业合同信用指标指南》（GB/T 33718—2017） （3）企业规章制度："合同履行管理制度"

12.3　合同执行评价流程设计与风险点、合规程序、合规依据

12.3.1　合同执行评价流程设计

部门名称	承办部门		流程名称	合同执行评价流程
生效日期			概　要	

单位	合规管理部	承办部门	法务、财务等相关部门	合作方
节点	A	B	C	D
1		开始		
2		签订并执行合同		签订并执行合同
3		制定合同执行评价标准		
4	进行合规审查	论证合同执行评价标准	参与、协助	
5		确定合同执行评价标准		
6		收集合同执行信息		提供外部信息
7		分析合同执行信息		
8	进行合规监督	进行合同执行评价	参与	
9		编写合同执行评价报告并公示		
10		资料存档		
11		结束		

企业名称		密级		共　页第　页
编制单位		签发人		签发日期

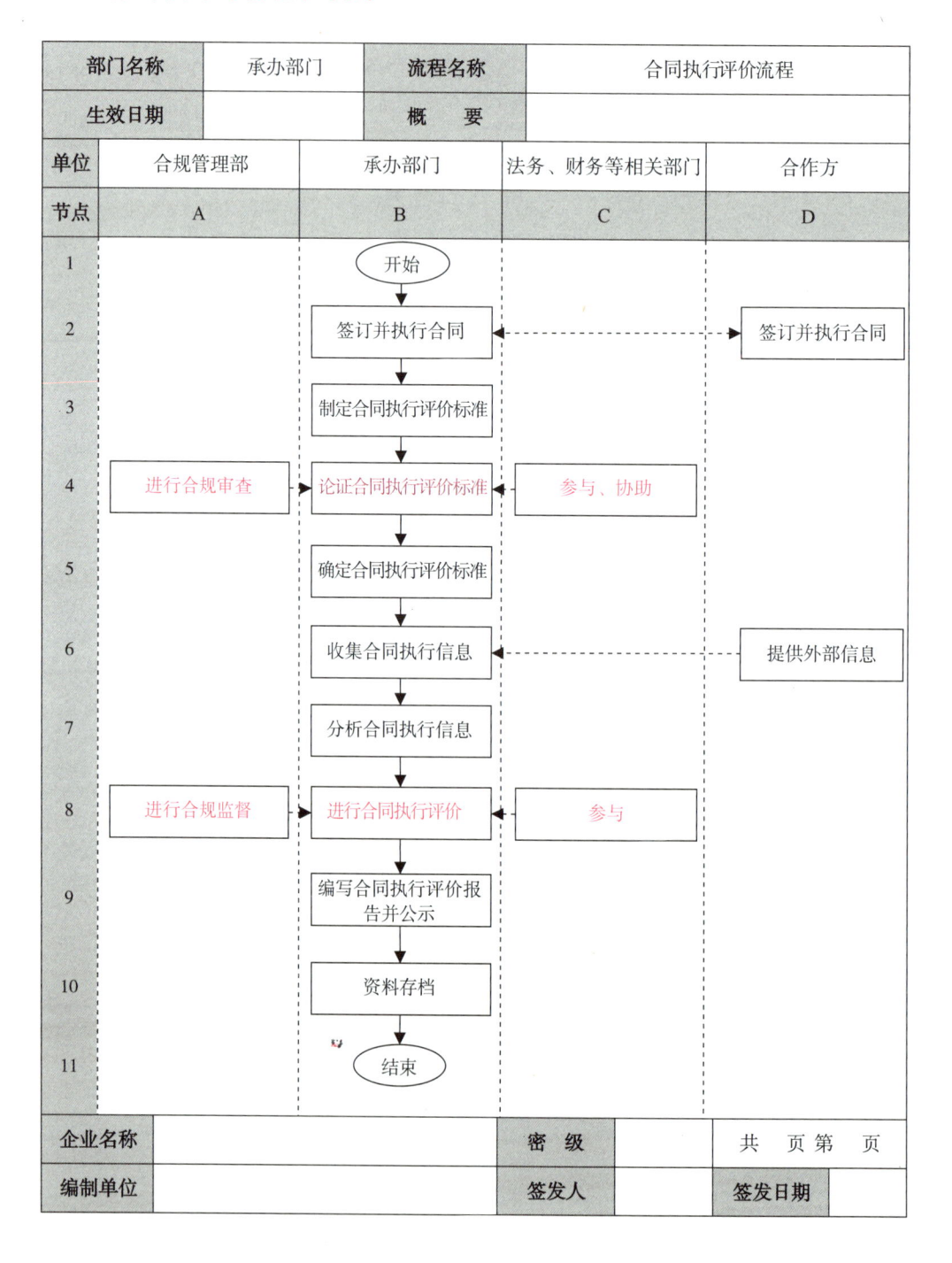

12.3.2 合同执行评价流程风险点、合规程序、合规依据

合规事项	风险点、合规程序、合规依据
论证合同执行评价标准（B4、A4、C4）	**风险点** （1）合同执行评价标准的制定从过程上就不符合企业有关程序，导致其结果没有参考价值，无法指导合同执行评价工作 （2）最后确定的合同执行评价标准不符合企业规章制度、行业规定、法律法规等，导致后期无法准确评价合同的执行情况，且评价结果的没有说服力 **合规程序** （1）论证合同执行评价标准 　☆ 承办部门要组织专业人士论证合同执行评价标准，确保相关标准是贴切、可行的 　☆ 承办部门要邀请合规管理部、法务部、财务部等相关部门共同进行合同执行评价标准的论证工作，确保论证的角度是全面的 （2）进行合规审查 　☆ 合规管理部要参与合同执行评价标准的论证工作，审查合同执行评价标准可能涉及的风险问题 （3）参与、协助 　☆ 法务部、财务部等相关部门要参与合同执行评价标准的论证工作，从不同角度论证合同执行评价标准的可行性 **合规依据** （1）国家法律法规：《中华人民共和国民法典》 （2）企业规章制度："合同执行评价制度"
进行合同执行评价（B8、A8、C8、）	**风险点** （1）合同执行评价过程没有严格按照合同执行评价标准进行，导致评价结果没有说服力 （2）为取得特定的合同执行评价结果，违反企业、行业、国家有关规定，作出不合实际的评价，不仅影响合同执行评价结果，还可能影响企业声誉，甚至给企业带来经济损失 **合规程序** （1）进行合同执行评价 　☆ 承办部门按照企业有关制度，严格遵循合同执行评价标准，对合同执行情况进行评价 　☆ 承办部门要事先进行详细规划，组织专业的团队进行合同执行评价工作

续表

合规事项	风险点、合规程序、合规依据
进行合同执行评价（B8、A8、C8、）	**合规程序**
	（2）进行合规监督 ☆ 合规管理部要监督合同执行评价过程，确保合同执行评价过程中没有违规操作，也不会给企业带来潜在风险 （3）参与 ☆ 法务、财务等相关部门要参与合同执行评价工作，除提供专业领域的援助外，还要提出相关建议，以提高合同执行评价过程的正确性和评价结果的准确性
	合规依据
	（1）国家法律法规：《中华人民共和国民法典》 （2）企业规章制度："合同执行评价制度"

第13章
企业合规——劳动合同

13.1 劳动合同管理流程设计与风险点、合规程序、合规依据

13.1.1 劳动合同管理流程设计

部门名称	人力资源部		流程名称	劳动合同管理流程	
生效日期			概 要		
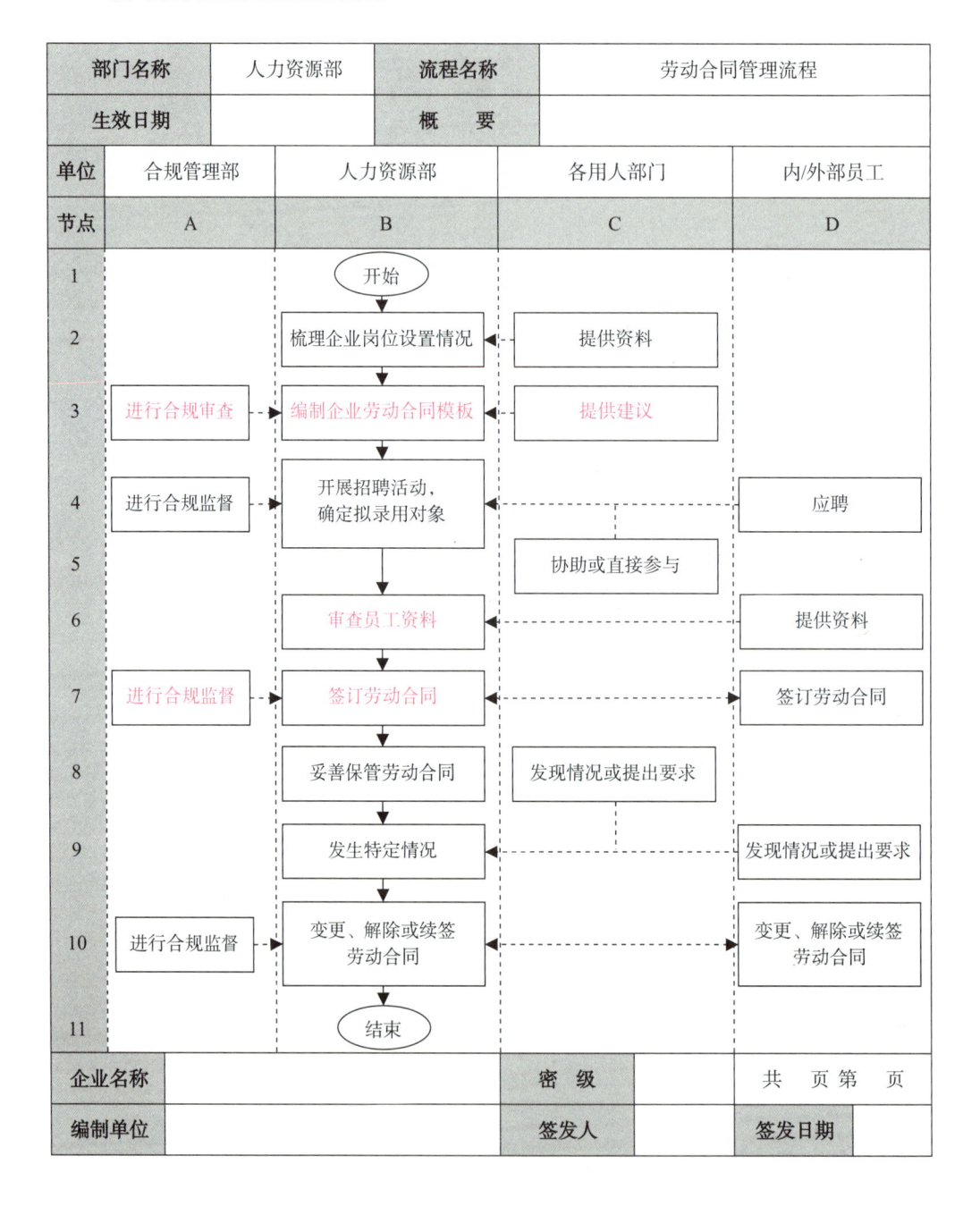 单位	合规管理部	人力资源部	各用人部门	内/外部员工	
节点	A	B	C	D	
1		开始			
2		梳理企业岗位设置情况	←— 提供资料		
3	进行合规审查 →—	编制企业劳动合同模板	←— 提供建议		
4	进行合规监督 →—	开展招聘活动，确定拟录用对象		应聘	
5			协助或直接参与		
6		审查员工资料	←——————	提供资料	
7	进行合规监督 →—	签订劳动合同	←——————	签订劳动合同	
8		妥善保管劳动合同	发现情况或提出要求		
9		发生特定情况	←——————	发现情况或提出要求	
10	进行合规监督 →—	变更、解除或续签劳动合同		变更、解除或续签劳动合同	
11		结束			
企业名称			密级	共 页 第 页	
编制单位			签发人	签发日期	

13.1.2 劳动合同管理流程风险点、合规程序、合规依据

合规事项	风险点、合规程序、合规依据
确认劳动合同模板（B3、A3、C3）	**风险点** （1）劳动合同模板设置得不合理，不符合企业实际需求，导致无法与劳动者达成应有的协议 （2）劳动合同有关条款不符合行业规定和国家法律法规的要求，给企业带来法律和经济上的潜在风险 **合规程序** （1）编制企业劳动合同模板 ☆ 人力资源部根据企业实际情况以及行业、国家有关规定，编制企业内通用的劳动合同模板 ☆ 人力资源部要根据企业各业务部门的分工以及各梯队的人才类型需求，编制不同版本的劳动合同模板 （2）进行合规审查 ☆ 合规管理部要对人力资源部编制的劳动合同模板进行合规审查，重点关注其内容有没有违背国家法律法规的有关规定 （3）提供建议 ☆ 企业各用人部门要对劳动合同模板提出建议，方便人力资源部根据各部门的职责特点对劳动合同模板进行适当调整 **合规依据** （1）国家法律法规：《中华人民共和国劳动合同法》《中华人民共和国劳动法》《中华人民共和国劳动合同法实施条例》 （2）企业规章制度："劳动合同管理制度"
签订劳动合同（B6、B7、A7）	**风险点** （1）签订的劳动合同的内容不符合企业有关要求，也不符合行业、国家法律法规的有关规定 （2）劳动合同签订的程序不正当或以欺诈、胁迫、趁人之危等手段与员工签订了劳动合同，不仅会导致劳动合同无效，还可能给企业带来各方面的负面影响 （3）没有在国家法律规定的期限内与员工签订劳动合同，给企业带来法律责任 （4）签订劳动合同前，没有认真核实员工提供的资料，未确保员工提供的是准确、真实、有效的资料，给企业带来潜在风险 （5）企业以违规手段收集员工资料或强行向员工收集不必要的资料，给企业带来法律责任

续表

合规事项	风险点、合规程序、合规依据
签订劳动合同 （B6、B7、A7）	**合规程序** （1）审查员工资料 　☆ 签订劳动合同前，人力资源部要请员工提供签订劳动合同的必要资料，并要仔细审查相关资料的真实性和有效性 　☆ 人力资源部不得采用违规手段收集员工的资料，也不得强行收集与签订劳动合同无关的员工的其他资料 （2）签订劳动合同 　☆ 人力资源部要在员工入职后一个月内给员工安排劳动合同签订事宜，并做好员工社会保险和住房公积金等的开户、缴纳工作 　☆ 人力资源部要将企业方签字盖章完成的劳动合同返还一份给劳动者，让其自行保管一份，其余劳动合同企业须妥善保管。若有规定的，还要在当地劳动部门做好备案 （3）进行合规监督 　☆ 合规管理部要在签订劳动合同的过程中做好合规监督工作，确保签订劳动合同的程序以及劳动合同的内容都是符合企业、国家有关规定的 **合规依据** （1）国家法律法规：《中华人民共和国劳动合同法》《中华人民共和国劳动法》《中华人民共和国劳动合同法实施条例》《中华人民共和国个人信息保护法》 （2）企业规章制度："劳动合同管理制度"

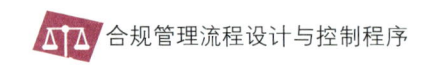

13.2 劳动合同签订流程设计与风险点、合规程序、合规依据

13.2.1 劳动合同签订流程设计

部门名称	人力资源部		流程名称		劳动合同签订流程	
生效日期			概　　要			
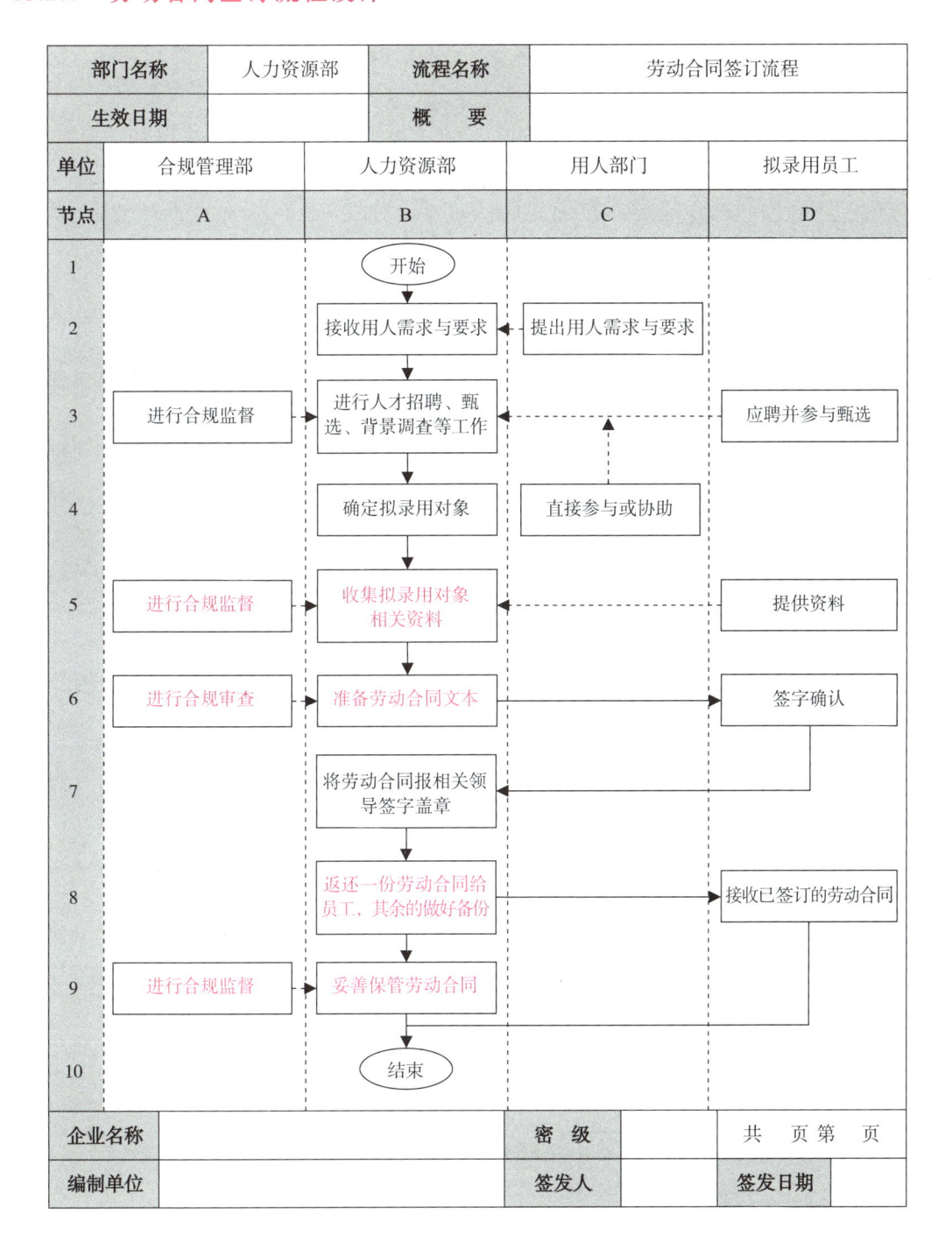 单位	合规管理部		人力资源部	用人部门		拟录用员工
节点	A		B	C		D
1			开始			
2			接收用人需求与要求	← 提出用人需求与要求		
3	进行合规监督		进行人才招聘、甄选、背景调查等工作			应聘并参与甄选
4			确定拟录用对象	直接参与或协助		
5	进行合规监督	→	收集拟录用对象相关资料			提供资料
6	进行合规审查	→	准备劳动合同文本		→	签字确认
7			将劳动合同报相关领导签字盖章			
8			返还一份劳动合同给员工，其余的做好备份		→	接收已签订的劳动合同
9	进行合规监督		妥善保管劳动合同			
10			结束			
企业名称				密级		共　页　第　页
编制单位				签发人		签发日期

13.2.2 劳动合同签订流程风险点、合规程序、合规依据

合规事项	风险点、合规程序、合规依据
准备签订劳动合同（B5、A5、B6、A6）	**风险点**
	（1）准备的劳动合同文本的内容不符合企业有关要求，也不符合行业、国家法律法规的有关规定
	（2）签订劳动合同前，没有认真核实员工提供的资料，无法确保员工提供的是准确、真实、有效的资料，给企业带来潜在风险
	（3）企业以违规手段收集员工资料或强行向员工收集不必要的资料，给企业带来法律责任
	合规程序
	（1）收集拟录用对象相关资料 ☆ 人力资源部要提前向拟录用对象说明资料收集的内容与方式，确保其按时提交相关资料 ☆ 人力资源部要将收集到的资料妥善保管，并确保只将其用于员工的身份登记与合同签订等正当事宜 （2）进行合规监督 ☆ 合规管理部要对人力资源部的工作进行合规监督，也可根据需要，让人力资源部的合规管理员履行合规监视的职责，并定期报告合规管理部 （3）准备劳动合同文本 ☆ 人力资源部要根据拟录用员工未来工作部门及其岗位职责、职位等级等，拟定一份劳动合同，制成纸面或电子劳动合同 ☆ 若有必要，人力资源部可请法务部、财务部等部门帮忙确认劳动合同的准确性和完整性，并请用人部门确认劳动合同的适用性 （4）进行合规审查 ☆ 合规管理部要对劳动合同文本进行合规审查，做好排查隐患、规避风险等工作
	合规依据
	（1）国家法律法规：《中华人民共和国劳动合同法》《中华人民共和国劳动法》《中华人民共和国劳动合同法实施条例》《中华人民共和国个人信息保护法》
	（2）企业规章制度："劳动合同管理制度"
妥善处理已签订的劳动合同（B8、B9、A9）	**风险点**
	（1）没有及时将企业方签字盖章完毕的劳动合同返还给员工一份，引起员工的质疑，严重的可能给企业带来法律责任
	（2）当地劳动部门有要求必须进行备案的，若没有及时备案，会给企业带来负面影响

续表

合规事项	风险点、合规程序、合规依据
妥善处理已签订的劳动合同（B8、B9、A9）	**风险点** （3）没有将劳动合同做好备份并妥善保管，导致劳动合同遗失或损坏，若后续发生劳动纠纷，无法提供有效证据 **合规程序** （1）返还一份劳动合同给员工，其余的做好备份 　☆ 人力资源部要尽快将企业方签字盖章完成的劳动合同返还一份给员工，并请其妥善保管 　☆ 人力资源部要将劳动合同做好备份，放入特定的资料管理处进行保管。若当地劳动部门有要求必须进行备案的，还须将劳动合同在当地劳动部门进行登记备案 （2）妥善保管劳动合同 　☆ 人力资源部要将劳动合同统一分类、编码，然后保管在特定的位置，并定期进行检查、整理 （3）进行合规监督 　☆ 合规管理部要定期对劳动合同的保管工作进行监督检查，确保劳动合同没有遗失或损坏 **合规依据** （1）国家法律法规：《中华人民共和国劳动合同法》《中华人民共和国劳动法》《中华人民共和国劳动合同法实施条例》 （2）企业规章制度："劳动合同管理制度"

13.3 劳动合同变更流程设计与风险点、合规程序、合规依据

13.3.1 劳动合同变更流程设计

部门名称	人力资源部	流程名称	劳动合同变更流程
生效日期		概　要	

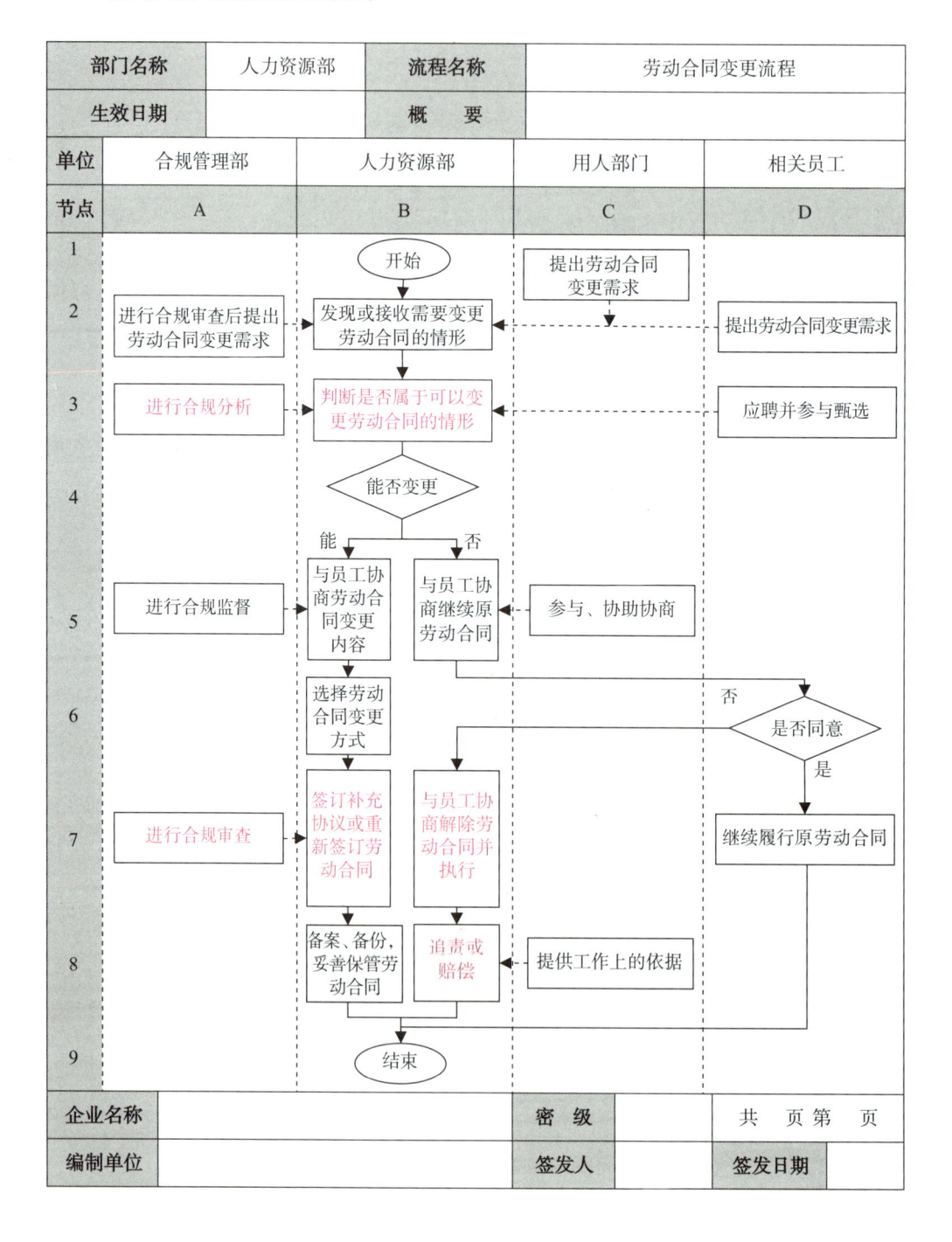

单位	合规管理部	人力资源部	用人部门	相关员工
节点	A	B	C	D
1		开始	提出劳动合同变更需求	
2	进行合规审查后提出劳动合同变更需求	发现或接收需要变更劳动合同的情形		提出劳动合同变更需求
3	进行合规分析	判断是否属于可以变更劳动合同的情形		应聘并参与甄选
4		能否变更		
5	进行合规监督	能→与员工协商劳动合同变更内容 / 否→与员工协商继续原劳动合同	参与、协助协商	
6		选择劳动合同变更方式		是否同意（否/是）
7	进行合规审查	签订补充协议或重新签订劳动合同	与员工协商解除劳动合同并执行	继续履行原劳动合同
8		备案、备份，妥善保管劳动合同	追责或赔偿	提供工作上的依据
9		结束		

企业名称		密　级		共　页　第　页
编制单位		签发人		签发日期

128

13.3.2 劳动合同变更流程风险点、合规程序、合规依据

合规事项	风险点、合规程序、合规依据
判断变更情形 （B3、A3）	**风险点** 对劳动合同的变更没有建立在有效的合规分析上，导致变更后的劳动合同不合规，给企业带来隐藏的法律、经济等方面的风险 **合规程序** （1）判断是否属于可以变更劳动合同的情形 　　☆ 人力资源部要根据国家相关法律法规和企业实际情况来判断相关劳动合同能否变更，总体上要坚持"不违反国家规定，保障企业合法利益"的原则 　　☆ 人力资源部做出判断后，要根据实际情况采取不同的措施。若能变更，则与员工协商劳动合同变更事宜；若不能变更，则与员工协商继续原劳动合同或寻找其他解决办法 （2）进行合规分析 　　☆ 合规管理部要对劳动合同文本进行合规审查，做好排查隐患、规避风险等工作 **合规依据** （1）国家法律法规：《中华人民共和国劳动合同法》《中华人民共和国劳动法》《中华人民共和国劳动合同法实施条例》 （2）企业规章制度："劳动合同变更管理制度"
处理劳动合同变更事宜 （B7、B8、A7）	**风险点** （1）处理劳动合同变更事宜过程中，没有和员工进行有效协商，没有达成一致意见，就强行进行劳动合同的变更 （2）以欺诈、胁迫、趁人之危等违规手段与员工进行劳动合同的变更 （3）劳动合同变更的相关条款不符合企业制度、行业规定或国家法律法规有关规定，给企业带来隐藏风险 **合规程序** （1）签订补充协议或重新签订劳动合同／与员工协商解除劳动合同并执行 　　☆ 若属于可以变更劳动合同的情形，人力资源部与员工协商一致后，与其签订劳动合同变更的补充协议或重新签订劳动合同 　　☆ 若属于不可以变更劳动合同的情形，且员工也不愿意继续履行原劳动合同，则与其协商解除劳动合同并执行 （2）追责或赔偿 　　☆ 人力资源部与员工解除劳动合同后，要根据实际情况和相关法律依据，对其进行责任追究或赔偿

续表

合规事项	风险点、合规程序、合规依据
处理劳动合同变更事宜（B7、B8、A7）	**合规程序** （3）进行合规审查 ☆ 合规管理部要对补充协议或重新签订的劳动合同进行合规审查，确保其内容没有违背企业制度的要求和国家法律法规的有关规定 **合规依据** （1）国家法律法规：《中华人民共和国劳动合同法》《中华人民共和国劳动法》《中华人民共和国劳动合同法实施条例》 （2）企业规章制度："劳动合同变更管理制度"

13.4 劳动合同解除流程设计与风险点、合规程序、合规依据

13.4.1 劳动合同解除流程设计

部门名称	人力资源部		流程名称	劳动合同解除流程
生效日期			概　要	

单位	合规管理部	人力资源部	用人部门	相关员工
节点	A	B	C	D
1		开始	提出解除劳动合同的要求	
2	进行合规审查后提出解除劳动合同的要求	出现需要解除劳动合同的情形		单方面提出解除劳动合同的要求
3		确定提出解除劳动合同的主体		
4	进行合规分析	判断双方的法律责任	提供资料和证据	提供资料和证据
5	进行合规监督	进行协商		进行协商
6			参与、协助协商	
7		确认追责或赔偿方案		确认追责或赔偿方案
8		办理必要的手续和结算程序		进行赔偿或接受补偿
9		更新人力资源管理系统，做好备份		
10		结束		

企业名称		密级		共　页第　页
编制单位		签发人		签发日期

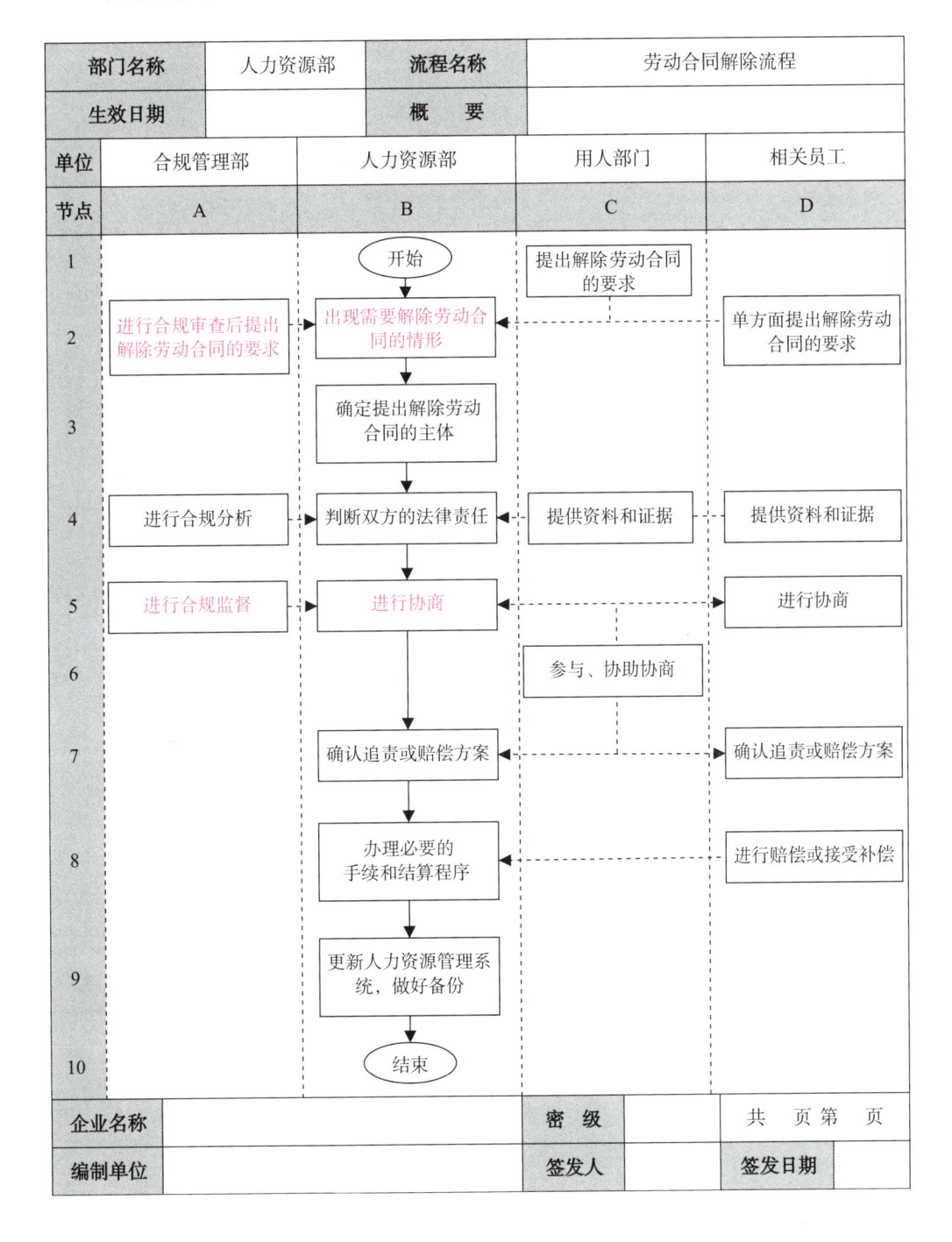

13.4.2 劳动合同解除流程风险点、合规程序、合规依据

合规事项	风险点、合规程序、合规依据
出现需要解除劳动合同的情形（B2、A2）	**风险点** （1）企业方没有及时发现需要解除劳动合同的情形，导致相关问题持续存在，给企业带来长期隐患 （2）企业方对员工提出的解除劳动合同的要求敷衍、不重视甚至不分事由武断回绝，可能给企业带来法律、经济、声誉等方面的负面影响 **合规程序** （1）出现需要解除劳动合同的情形 　☆ 人力资源部要密切关注企业员工的工作状态，判断员工能否继续胜任工作 　☆ 人力资源部收到用人部门对相关员工的解聘请求后，要仔细调查原因并根据相关规定酌情考虑解决办法 　☆ 人力资源部收到员工单方面的解除劳动合同的申请后，要及时询问情况并思考后续处理策略 　☆ 人力资源部收到合规管理部的合规提醒后，要立即作出判断并着手解决问题 （2）进行合规审查后提出解除劳动合同的要求 　☆ 合规管理部要定期对企业的用人情况进行合规审查，发现不合规的用人情况后，要及时向人力资源部发出提醒，提出合规改进建议 　☆ 合规管理部也可请人力资源部内部的合规管理员以及各部门的合规管理员定期分析、审查此事项，并向合规管理部报告结果 **合规依据** （1）国家法律法规：《中华人民共和国劳动合同法》《中华人民共和国劳动法》《中华人民共和国劳动合同法实施条例》 （2）企业规章制度："劳动合同解除管理办法"
判断法律责任（B4、B7、A4）	**风险点** 与员工解除劳动合同前，没有明确双方的法律责任，没有进行必要的责任追究或经济补偿，可能给企业带来经济损失或法律责任 **合规程序** （1）判断双方的法律责任 　☆ 人力资源部要根据劳动合同解除前的实际情况，明确企业方和员工方的法律责任 　☆ 若根据法律规定责任在企业方的，企业要给员工相应的经济补偿 　☆ 若根据法律规定责任在员工方的，企业要追究员工的责任，请其赔偿企业在各方面的损失

续表

合规事项	风险点、合规程序、合规依据
判断法律责任 （B4、B7、 A4）	**合规程序** （2）确认追责或赔偿方案 　　☆ 人力资源部在与员工解除劳动合同时，要根据实际情况和法律依据，对其进行责任追究或赔偿 （3）进行合规分析 　　☆ 合规管理部要根据国家法律法规的有关具体内容，对劳动合同解除案件进行合规分析，协助人力资源部与员工进行协商，确保劳动合同的解除是合法、恰当的，不会给企业带来法律方面的负面影响 **合规依据** （1）国家法律法规：《中华人民共和国劳动合同法》《中华人民共和国劳动法》《中华人民共和国劳动合同法实施条例》 （2）企业规章制度："劳动合同解除管理办法"

第 14 章
企业合规——财务税收

14.1 财务审批管理流程设计与风险点、合规程序、合规依据

14.1.1 财务审批管理流程设计

部门名称	财务部	流程名称	财务审批管理流程
生效日期		概　要	

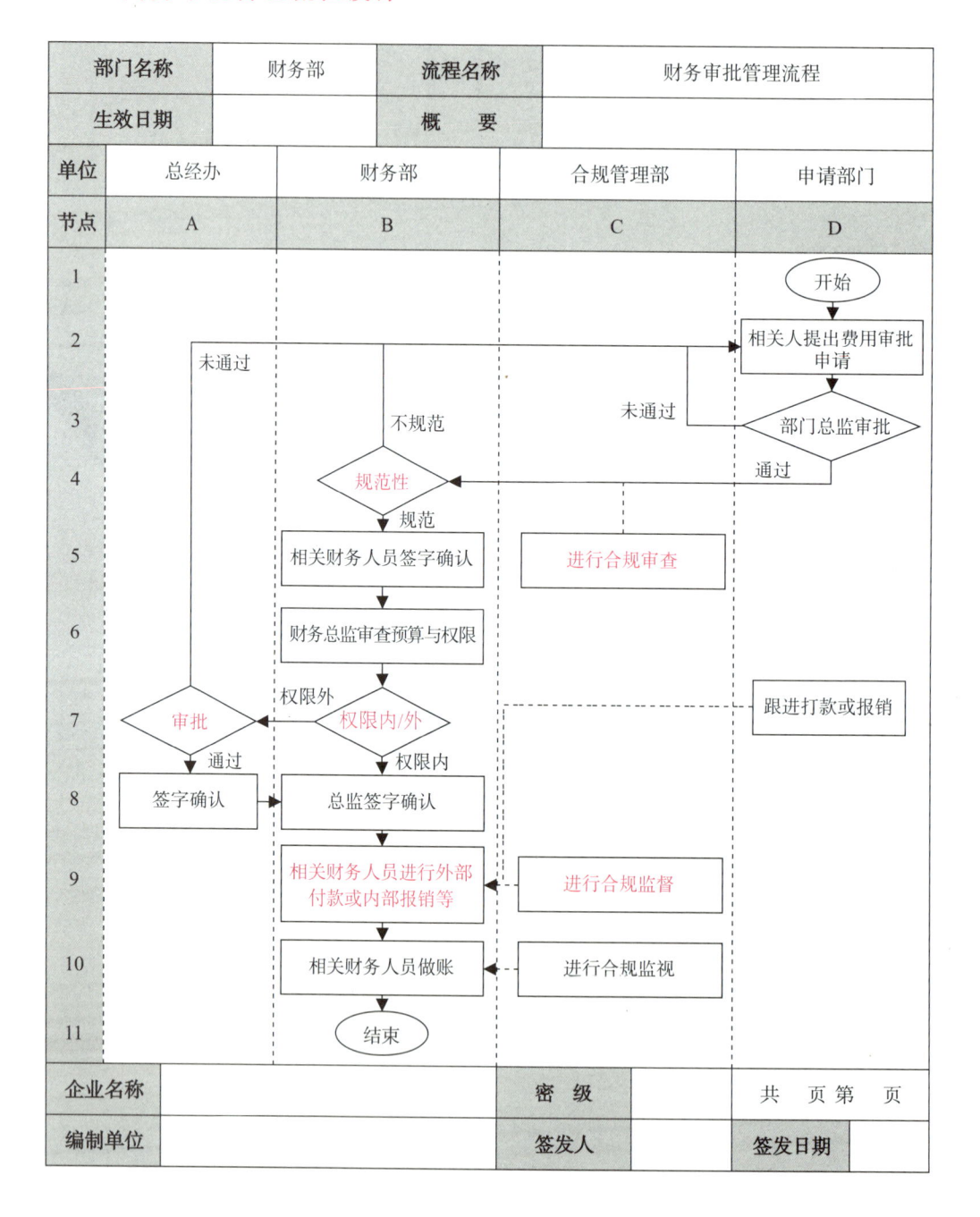

单位	总经办	财务部	合规管理部	申请部门
节点	A	B	C	D

流程节点：

1. 开始
2. 相关人提出费用审批申请
3. 部门总监审批（未通过 / 通过）
4. 规范性（不规范 / 规范）
5. 相关财务人员签字确认 ← 进行合规审查
6. 财务总监审查预算与权限
7. 权限内/外（权限外 → 审批；权限内）
8. 审批通过 → 签字确认；总监签字确认
9. 相关财务人员进行外部付款或内部报销等 ← 进行合规监督
10. 相关财务人员做账 ← 进行合规监视
11. 结束

跟进打款或报销

企业名称		密级		共　页 第　页
编制单位		签发人		签发日期

136

14.1.2 财务审批管理流程风险点、合规程序、合规依据

合规事项	风险点、合规程序、合规依据
检查费用审批申请的规范性（B4、C5）	**风险点** （1）财务人员未发现原始凭证与申请审批的费用不相符，或未发现原始凭证有过期、虚假、损坏等情况，导致后续企业财务报表不真实、不准确，给企业带来经济损失和法律责任 （2）提交的费用审批申请单据未按企业有关要求规范填写，且财务人员没有发现并改正，导致审批最后无法通过，抑或通过后造成企业财务报表出错，给企业带来各方面的负面影响 **合规程序** （1）规范性 ☆ 财务部工作人员要仔细检查申请部门提交的原始凭证，确保原始凭证费用和申请审批的费用一致，并确认原始凭证是真实、有效的 ☆ 财务部工作人员要仔细检查申请部门提交的费用申请表单，确保其内容准确、完整、规范，是严格按照企业有关制度规范填写的 ☆ 若申请部门提交的费用申请表单和原始凭证均是规范、准确的，则由财务人员签字确认；若不规范，则发回原处修改 （2）进行合规审查 ☆ 合规管理部要履行合规审查职责。由于财务审批事项较多，因此此项工作可由财务部内部的合规管理员负责，并定期向合规管理部报告 **合规依据** （1）国家法律法规：《中华人民共和国会计法》 （2）部门规章：《企业会计准则》 （3）企业规章制度："财务规范化管理制度" "财务审批管理办法"
逐级签字确认（B7、A7）	**风险点** 财务总监、总经理等没有严格按照企业有关规章制度对费用申请进行审批，对申请部门申请的费用的用途、款项大小、收付时间等没有仔细进行确认，导致企业财务收付工作失控，给企业带来经济损失 **合规程序** （1）权限内/外（财务总监） ☆ 财务总监要严格根据申请部门的预算以及自身的审批权限进行审批，若在预算及权限内的，则确认无误后签字；若超出预算或在权限外的，应提交总经办，由总经理审批通过后签字确认 （2）审批（总经理） ☆ 总经理要仔细确认费用申请的原因以及涉及的具体款项，确保费用申请是正当、合理、符合企业有关要求的

续表

合规事项	风险点、合规程序、合规依据
逐级签字确认 （B7、A7）	**合规依据** （1）国家法律法规：《中华人民共和国会计法》 （2）企业规章制度："财务规范化管理制度""财务审批管理办法"
进行打款或报销 （B9、C9）	**风险点** 没有仔细确认外部付款或内部报销的时间、款项、支付方式、目标对象等，导致出现打错款、打晚款等情况，给企业带来经济、法律、声誉等方面的负面影响 **合规程序** （1）相关财务人员进行外部付款或内部报销等 　☆ 财务人员要仔细确认申请通过后的费用申请表单，严格按照企业有关制度和表单实际内容进行付款、报销等操作 （2）进行合规监督 　☆ 合规管理部要履行合规监督职责，确保财务付款过程合法合规。也可由财务部内部合规管理员进行日常合规监视，并定期向合规管理部报告 **合规依据** （1）国家法律法规：《中华人民共和国会计法》 （2）部门规章：《企业会计准则》 （3）企业规章制度："财务规范化管理制度""财务审批管理办法"

14.2 税收管理流程设计与风险点、合规程序、合规依据

14.2.1 税收管理流程设计

部门名称	财务部		流程名称		税收管理流程	
生效日期			概　要			
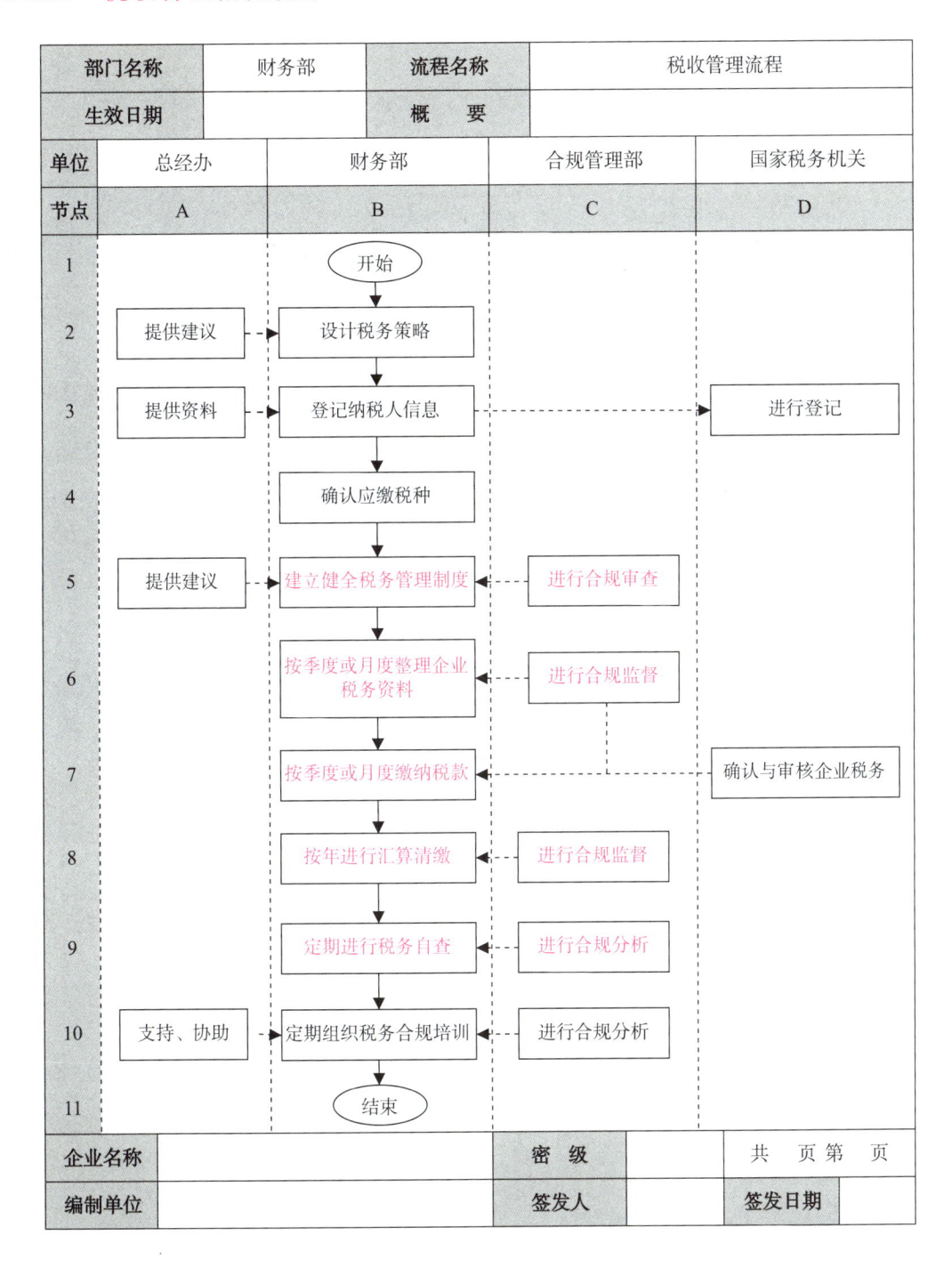 单位	总经办	财务部		合规管理部		国家税务机关
节点	A	B		C		D
1		开始				
2	提供建议	设计税务策略				
3	提供资料	登记纳税人信息				进行登记
4		确认应缴税种				
5	提供建议	建立健全税务管理制度		进行合规审查		
6		按季度或月度整理企业税务资料		进行合规监督		
7		按季度或月度缴纳税款				确认与审核企业税务
8		按年进行汇算清缴		进行合规监督		
9		定期进行税务自查		进行合规分析		
10	支持、协助	定期组织税务合规培训		进行合规分析		
11		结束				
企业名称			密级		共　页第　页	
编制单位			签发人		签发日期	

14.2.2 税收管理流程风险点、合规程序、合规依据

合规事项	风险点、合规程序、合规依据
建立健全税务管理制度（B5、C5）	**风险点** 企业税务管理相关制度缺失或不完善，甚至与国家有关法律法规相冲突，导致企业税务管理人员没有完善的制度可依，使得税务管理相关操作不合规、不合法，给企业带来法律责任 **合规程序** （1）建立健全税务管理制度 　　☆ 财务部要进行税务管理制度建设，有缺失的，要及时进行补充，有过时、错误、不完善的，要及时进行修订与完善 （2）进行合规审查 　　☆ 合规管理部要履行合规审查职责，根据企业实际与国家法律法规有关规定，审查税务管理制度的合规性，确保其不与现行国家法律法规相冲突 **合规依据** （1）国家法律法规：《中华人民共和国税收征收管理法》《中华人民共和国税收征收管理法实施细则》《中华人民共和国企业所得税法》《中华人民共和国个人所得税法》《中华人民共和国车船税法》《中华人民共和国船舶吨税法》《中华人民共和国环境保护税法》 （2）行政法规：《中华人民共和国增值税暂行条例》 （3）企业规章制度："税收与纳税管理制度"
定期进行税务整理与税款缴纳（B6、B7）	**风险点** 没有根据企业制度要求、国家法律法规有关规定及时、准确地缴纳税款，造成企业逃税、漏税等，给企业带来法律责任和经济损失 **合规程序** （1）按季度或月度整理企业税务资料 　　☆ 财务部税务管理人员要根据企业实际和国家有关要求，按季度或按月整理税务资料，做好相关报表与台账，准备进行税款缴纳 （2）按季度或月度缴纳税款 　　☆ 财务部税务人员要根据企业实际情况和国家有关要求，在规定的时限内及时缴纳税款 **合规依据** （1）国家法律法规：《中华人民共和国税收征收管理法》《中华人民共和国税收征收管理法实施细则》《中华人民共和国企业所得税法》《中华人民共和国个人所得税法》《中华人民共和国车船税法》《中华人民共和国船舶吨税法》《中华人民共和国环境保护税法》 （2）行政法规：《中华人民共和国增值税暂行条例》 （3）企业规章制度："税收与纳税管理制度"

续表

合规事项	风险点、合规程序、合规依据
进行汇算清缴与税务自查（B8、C8、B9、C9）	**风险点** （1）未对企业税务进行年度汇缴清算，导致税务问题没有被彻底解决，给企业带来法律责任 （2）未定期进行税务自检自查，导致税务管理工作长期不专业、不合规，始终潜藏各种风险 **合规程序** （1）按年进行汇算清缴 ☆ 财务部税务人员要根据企业有关制度要求和当地税务管理机构的规定，进行年度汇算清缴，确保年度内税款全部结清 （2）进行合规监督 ☆ 合规管理部要履行合规监督职责，确保年度汇算清缴工作合规合法 （3）定期进行税务自查 ☆ 财务部税务人员要定期进行税务自查，自查不仅要检查税款缴纳方面可能存在的问题，还要检查税务管理制度、流程等方面可能存在的问题 （4）进行合规分析 ☆ 合规管理部要从合规角度对企业税务自查工作进行合规分析，帮助财务部找到自查方向与对象 **合规依据** （1）国家法律法规：《中华人民共和国税收征收管理法》《中华人民共和国税收征收管理法实施细则》《中华人民共和国企业所得税法》《中华人民共和国个人所得税法》《中华人民共和国车船税法》《中华人民共和国船舶吨税法》《中华人民共和国环境保护税法》 （2）行政法规：《中华人民共和国增值税暂行条例》 （3）企业规章制度："税收与纳税管理制度"

14.3 税务审计管理流程设计与风险点、合规程序、合规依据

14.3.1 税务审计管理流程设计

部门名称	审计部	流程名称	税务审计管理流程
生效日期		概　要	

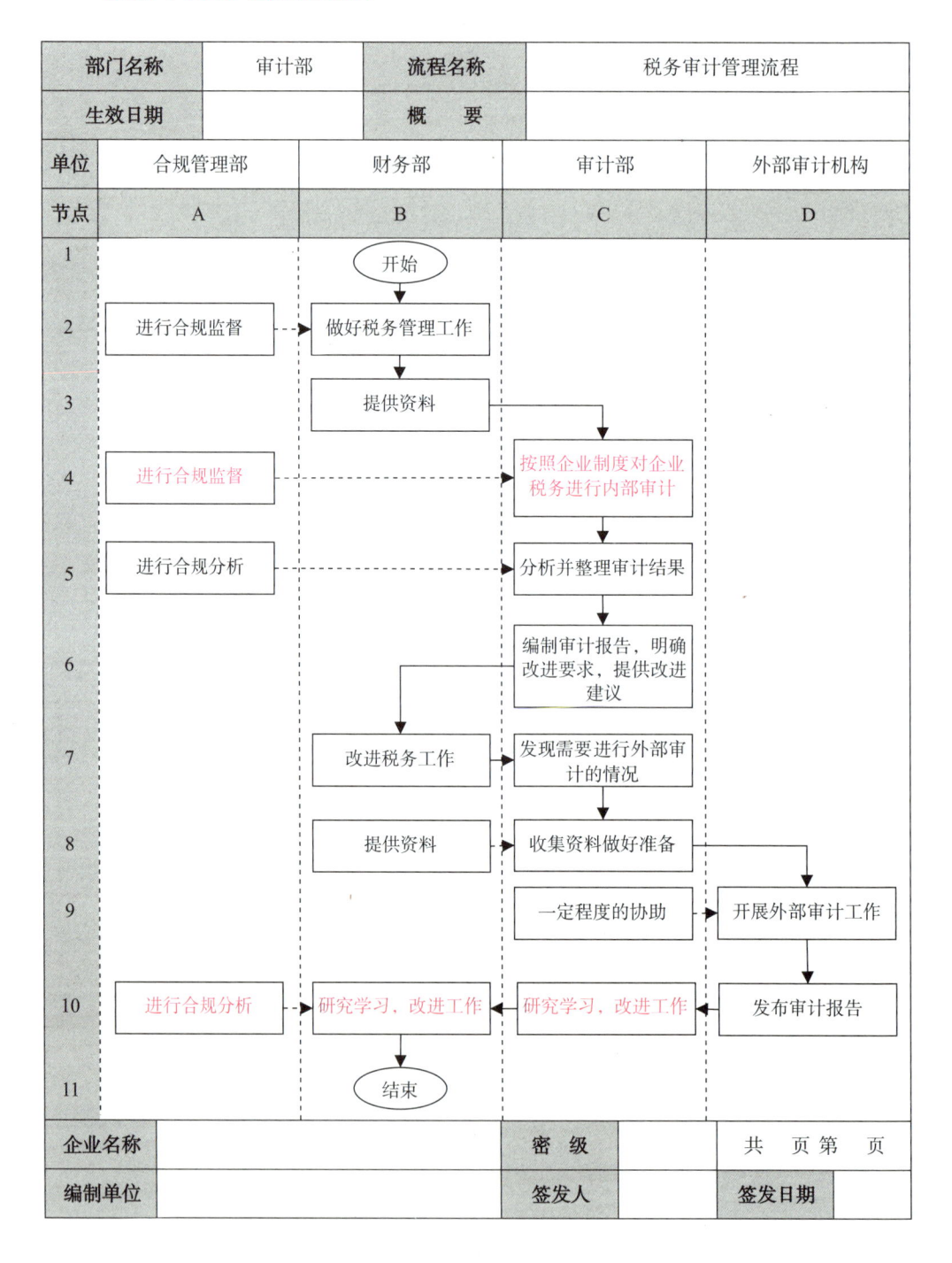

单位	合规管理部	财务部	审计部	外部审计机构
节点	A	B	C	D
1		开始		
2	进行合规监督	做好税务管理工作		
3		提供资料		
4	进行合规监督		按照企业制度对企业税务进行内部审计	
5	进行合规分析		分析并整理审计结果	
6			编制审计报告，明确改进要求，提供改进建议	
7		改进税务工作	发现需要进行外部审计的情况	
8		提供资料	收集资料做好准备	
9			一定程度的协助	开展外部审计工作
10	进行合规分析	研究学习，改进工作	研究学习，改进工作	发布审计报告
11		结束		

企业名称		密级		共　页　第　页
编制单位		签发人		签发日期

14.3.2 税务审计管理流程风险点、合规程序、合规依据

合规事项	风险点、合规程序、合规依据
进行内部审计工作（C4、A4）	**风险点** （1）内部税务审计工作没有按照企业有关规定进行，审计的流程、对象、方法等没有按照企业有关规定和国家有关要求进行，导致审计过程不专业、不规范，审计结果没有公信力 （2）参与审计的人员没有相关资质，不满足参与审计工作的条件，导致审计工作开展不顺利，不能通过审计工作找出企业税务管理方面存在的问题 **合规程序** （1）按照企业制度对企业税务进行内部审计 　☆ 审计部要根据企业有关制度，在规定的时间节点内，安排专业的审计人员对企业税务进行高效、专业、规范的审核、稽查 　☆ 审计部要保持审计工作精神上和实质上的独立性，保持审计工作的权威性 （2）进行合规监督 　☆ 合规管理部要履行合规监督职能，确保审计部是按规定开展工作的，但需注意不能干扰审计工作的独立性 **合规依据** （1）国家法律法规：《中华人民共和国审计法》《中华人民共和国税收征收管理法》《中华人民共和国企业所得税法》《中华人民共和国个人所得税法》 （2）企业规章制度："税务审计管理办法"
根据外部审计结果改进税务管理工作（C10、B10、A10）	**风险点** （1）对外部审计结果不重视，对税务问题不关心，没有深入学习外部审计机构发布的审计报告，导致税务工作得不到改进与完善，企业隐藏的税务风险持续存在 （2）死板采纳外部审计机构的改进建议，不考虑企业实际，导致企业运行成本增加，严重的可能导致企业发生财务方面的危机 **合规程序** （1）研究学习，改进工作（审计部） 　☆ 审计部要组织学习外部审计机构发布的审计报告，同时复盘外部审计机构的审计工作流程，聚焦外部审计机构的主要审查对象，据此改进后续内部审计工作 　☆ 审计部在学习外部审计机构发布的审计报告时，要根据企业实际进行消化吸收，不可不顾企业实际盲目地全盘接受

续表

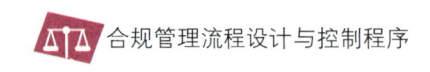

合规事项	风险点、合规程序、合规依据
根据外部审计结果改进税务管理工作（C10、B10、A10）	**合规程序**
	（2）研究学习，改进工作（财务部） 　☆ 财务部要根据外部审计机构的审计报告，进行工作自查自检，明确税务管理工作中出现的问题以及问题发生背后的原因，并抓紧研究解决措施，改进工作，促使企业税务管理工作更加专业、规范 （3）进行合规分析 　☆ 合规管理部要从合规的角度协助财务部进行税务管理工作的改进，协助其梳理重点法律法规方面存在的问题，发现并堵住企业制度、流程方面的漏洞
	合规依据
	（1）国家法律法规：《中华人民共和国审计法》《中华人民共和国税收征收管理法》《中华人民共和国企业所得税法》《中华人民共和国个人所得税法》 （2）企业规章制度："税务审计管理办法"

第15章
企业合规——知识产权

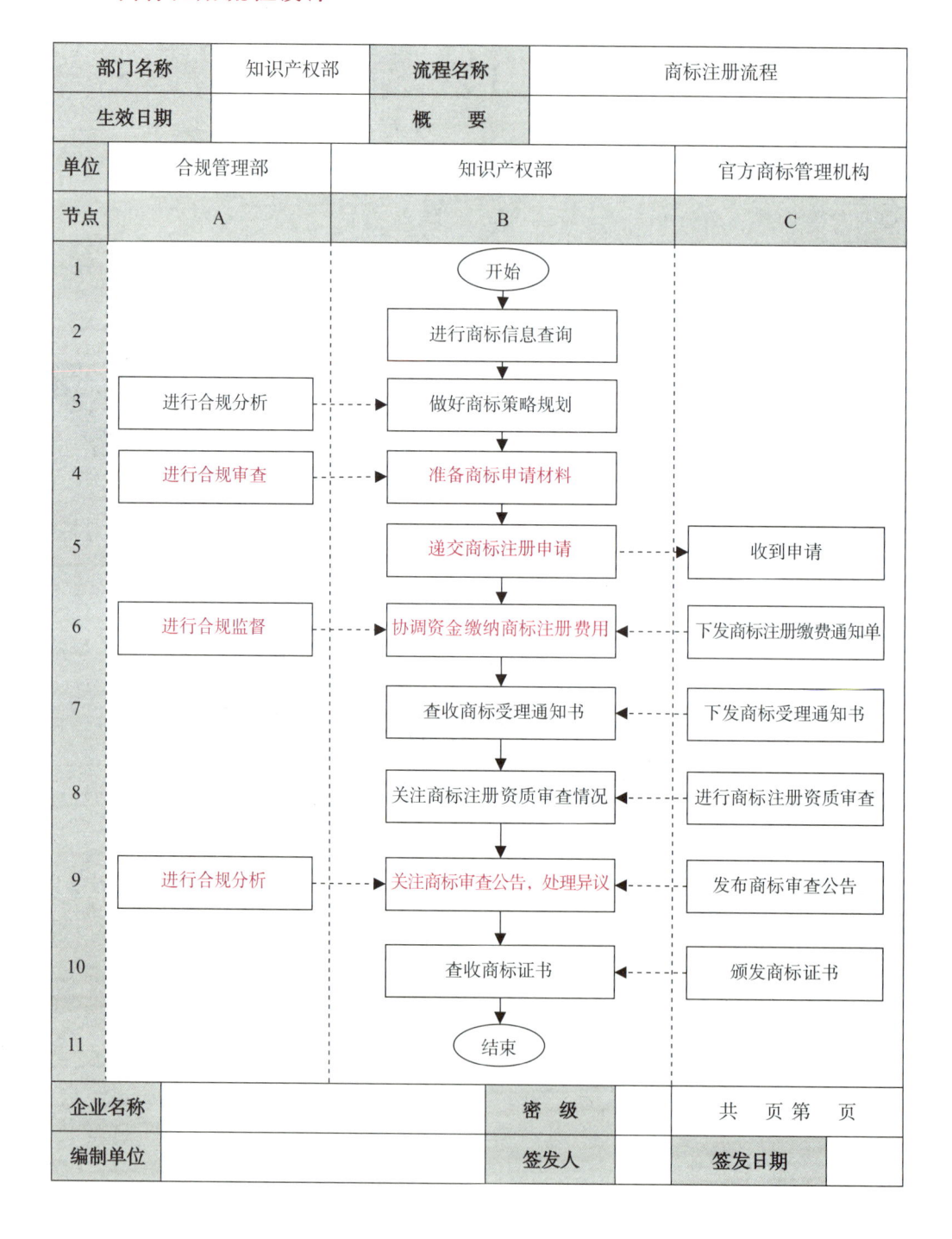

15.1 商标注册流程设计与风险点、合规程序、合规依据

15.1.1 商标注册流程设计

部门名称	知识产权部		流程名称		商标注册流程
生效日期			概　　要		

单位	合规管理部	知识产权部	官方商标管理机构
节点	A	B	C
1		开始	
2		进行商标信息查询	
3	进行合规分析	做好商标策略规划	
4	进行合规审查	准备商标申请材料	
5		递交商标注册申请	收到申请
6	进行合规监督	协调资金缴纳商标注册费用	下发商标注册缴费通知单
7		查收商标受理通知书	下发商标受理通知书
8		关注商标注册资质审查情况	进行商标注册资质审查
9	进行合规分析	关注商标审查公告，处理异议	发布商标审查公告
10		查收商标证书	颁发商标证书
11		结束	

企业名称		密级	共　页　第　页
编制单位		签发人	签发日期

15.1.2 商标注册流程风险点、合规程序、合规依据

合规事项	风险点、合规程序、合规依据
准备商标申请材料并递交商标注册申请（B4、A4、B5、）	**风险点** （1）准备的商标申请材料不充分、不准确或不真实，导致商标注册申请无法通过。若涉及伪造材料，通过欺骗手段注册商标，还有可能给企业带来法律方面的风险 （2）提交商标注册申请材料不及时、不全面，导致商标注册无法通过，给企业带来经济损失 **合规程序** （1）准备商标申请材料 　☆ 知识产权部要及时准备好申请商标注册的材料，并确保材料是完整、准确的 （2）进行合规审查 　☆ 合规管理部要对商标注册申请材料进行合规审查，确保材料在企业制度、国家法律法规等层面是合乎规定的 （3）递交商标注册申请 　☆ 知识产权部要及时按照规定程序向官方商标管理机构递交商标注册申请，并提交完善的商标注册申请材料 **合规依据** （1）国家法律法规：《中华人民共和国商标法》 （2）国家标准：《企业知识产权管理规范》（GB/T 29490—2013） （3）企业规章制度："知识产权注册管理制度"
缴纳商标注册费用（B6、A6）	**风险点** （1）没有及时缴纳商标注册费用，导致商标注册程序被搁置或终止，错失商标注册时机，给企业带来经济、法律方面的负面影响 （2）违规使用企业资金，错报、瞒报商标注册费用，违反企业相关财务制度，给企业带来经济损失 **合规程序** （1）协调资金缴纳商标注册费用 　☆ 知识产权部要在规定的时间内根据相关单位下发的商标注册缴费通知单，规范填报资金使用申请，提交财务部审核无误后进行付款，完成商标注册费用缴纳工作 （2）进行合规监督 　☆ 合规管理部要履行合规监督职责，确保知识产权部没有违规使用企业资金

续表

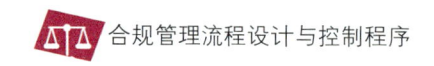

合规事项	风险点、合规程序、合规依据
缴纳商标注册费用 （B6、A6）	**合规依据** （1）国家法律法规：《中华人民共和国商标法》 （2）国家标准：《企业知识产权管理规范》（GB/T 29490—2013） （3）企业规章制度："知识产权注册管理制度"
关注商标审查公告并处理异议 （B9、A9）	**风险点** 没有严密关注有关单位公开的商标审查公告，导致商标注册申请有需要修改的地方却没有及时被修改；被驳回的商标注册申请没有及时处理；可以复审的商标注册申请没有进行复审，延误商标注册申请时机，给企业带来经济、法律方面的负面影响 **合规程序** （1）关注商标审查公告，处理异议 ☆ 知识产权部要严密关注有关单位公开的初步商标审查公告，一旦出现须修改、被驳回、需要复审等情况，要快速反应，及时处理 （2）进行合规分析 ☆ 合规管理部要履行合规分析职责，告知知识产权部相关负责人在商标审查过程中涉及的法律条款，并向知识产权部提出行动建议 **合规依据** （1）国家法律法规：《中华人民共和国商标法》 （2）国家标准：《企业知识产权管理规范》（GB/T 29490—2013） （3）企业规章制度："知识产权注册管理制度"

15.2 专利注册流程设计与风险点、合规程序、合规依据

15.2.1 专利注册流程设计

部门名称	知识产权部		流程名称		专利注册流程	
生效日期			概　要			
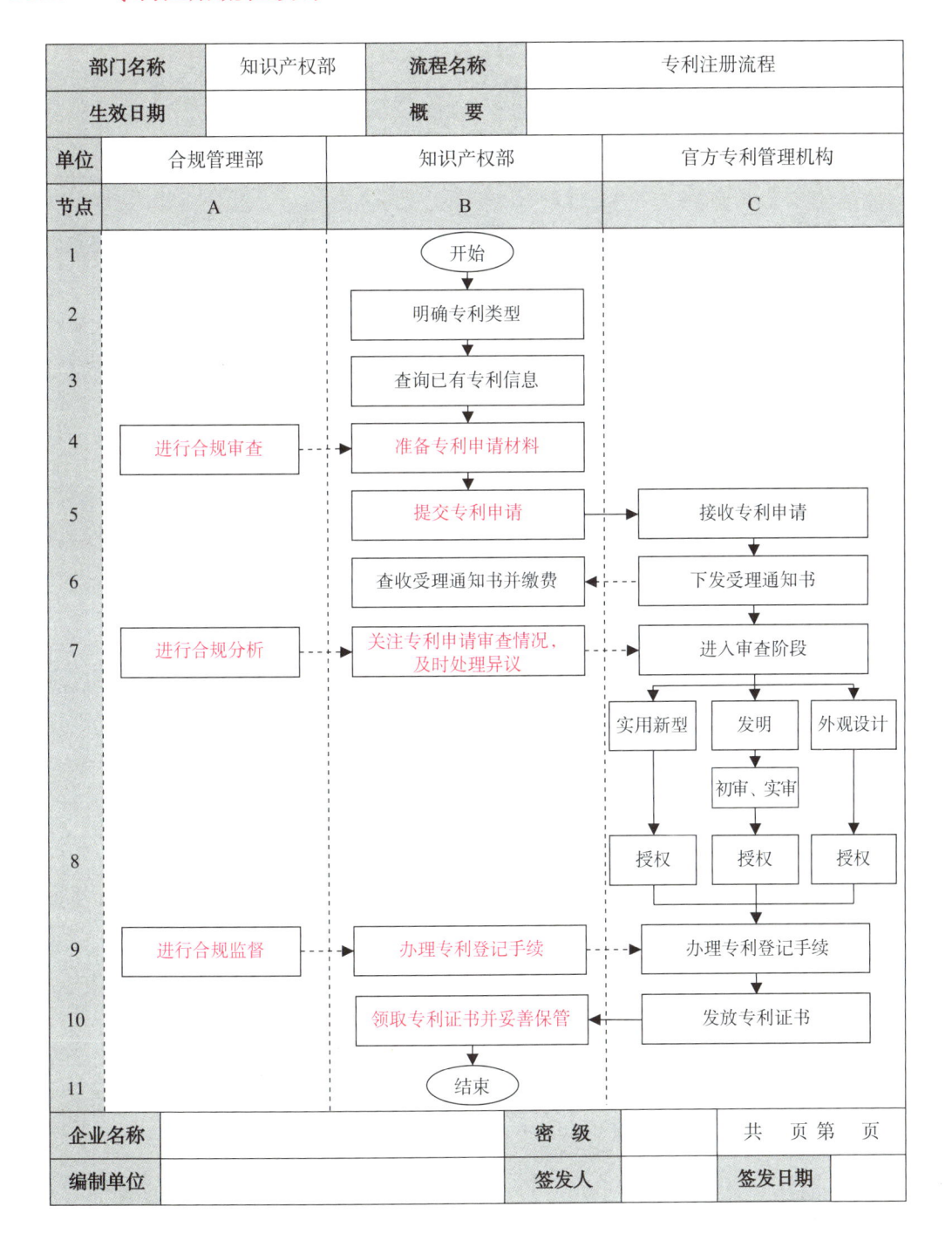 单位	合规管理部		知识产权部		官方专利管理机构	
节点	A		B		C	
1			开始			
2			明确专利类型			
3			查询已有专利信息			
4	进行合规审查		准备专利申请材料			
5			提交专利申请		接收专利申请	
6			查收受理通知书并缴费		下发受理通知书	
7	进行合规分析		关注专利申请审查情况，及时处理异议		进入审查阶段 → 实用新型 / 发明 / 外观设计；初审、实审；授权	
8					授权	
9	进行合规监督		办理专利登记手续		办理专利登记手续	
10			领取专利证书并妥善保管		发放专利证书	
11			结束			

企业名称		密级		共　页第　页
编制单位		签发人		签发日期

15.2.2 专利注册流程风险点、合规程序、合规依据

合规事项	风险点、合规程序、合规依据
准备专利申请材料并提交专利申请（B4、A4、B5、）	**风险点**
	（1）没有明确专利类型，并准备与之适配的专利申请材料，导致专利申请无法通过，给企业带来各方面的负面影响
	（2）提交的专利申请材料错误且没有在规定时间内进行修改，导致专利申请无法通过，给企业带来各方面的负面影响
	合规程序
	（1）准备专利申请材料 ☆ 知识产权部要及时准备好专利申请材料，并确保相关材料是完整、准确的 （2）进行合规审查 ☆ 合规管理部要对专利申请材料进行合规审查，确保专利申请材料在制度、法律等层面是合乎规定的 （3）提交专利申请 ☆ 知识产权部要及时按照规定程序向有关单位提交专利申请及完善的专利申请材料
	合规依据
	（1）国家法律法规：《中华人民共和国专利法》 （2）国家标准：《企业知识产权管理规范》（GB/T 29490—2013） （3）企业规章制度："知识产权注册管理制度"
关注专利申请审查情况并及时处理异议（B7、A7）	**风险点**
	没有严密关注专利的审查进度，导致审查过程中出现需要提交材料、修改材料、陈述意见等情况时，没有及时进行处理，导致专利申请失败，给企业带来损失
	合规程序
	（1）关注专利申请审查情况，及时处理异议 ☆ 知识产权部要密切关注已提交申请的专利的审查动态，及时配合相关单位处理各类问题 （2）进行合规分析 ☆ 合规管理部要履行合规分析职责，告知知识产权部相关负责人在专利审查过程中涉及的法律条款，并向其提出行动建议
	合规依据
	（1）国家法律法规：《中华人民共和国专利法》 （2）国家标准：《企业知识产权管理规范》（GB/T 29490—2013） （3）企业规章制度："知识产权注册管理制度"

续表

合规事项	风险点、合规程序、合规依据
办理专利登记手续并领取专利证书（B9、A9、B10）	**风险点** 没有及时办理专利登记手续，导致已经通过审查的专利无法被合法使用，给企业带来经济、法律方面的负面影响 **合规程序** （1）办理专利登记手续 　　☆ 知识产权部要及时在官方专利管理机构办理专利登记手续，准确填报信息 （2）进行合规监督 　　☆ 合规管理部要履行合规监督职责，确保知识产权部及时、准确地办理好专利登记手续 （3）领取专利证书并妥善保管 　　☆ 知识产权部要及时领取专利证书并妥善保管，严禁出现证书损坏、丢失等情况 　　☆ 知识产权部要定时缴纳专利年费，确保企业可以在有效期内持续、合法使用该专利 **合规依据** （1）国家法律法规：《中华人民共和国专利法》 （2）国家标准：《企业知识产权管理规范》（GB/T 29490—2013） （3）企业规章制度："知识产权注册管理制度"

15.3 商标许可流程设计与风险点、合规程序、合规依据

15.3.1 商标许可流程设计

部门名称	知识产权部		流程名称		商标许可流程
生效日期			概　要		

单位	合规管理部	知识产权部	被许可单位	官方商标管理机构
节点	A	B	C	D
1		开始		
2		确定商标许可的目的		
3		确定许可的具体商标		
4		寻找与研究合适的合作伙伴	提供资料	
5	进行合规分析	对比合作伙伴，挑选最佳合作对象		
6		双方洽谈	双方洽谈	
7	进行合规审查、监督	签订商标许可协议	签订商标许可协议	
8	进行合规监督	办理商标许可备案		备案与公告
9		持续监督并评估商标使用效果	使用商标、接受监督	
10		根据使用期内评估结果决定后续合作策略		
11		结束		

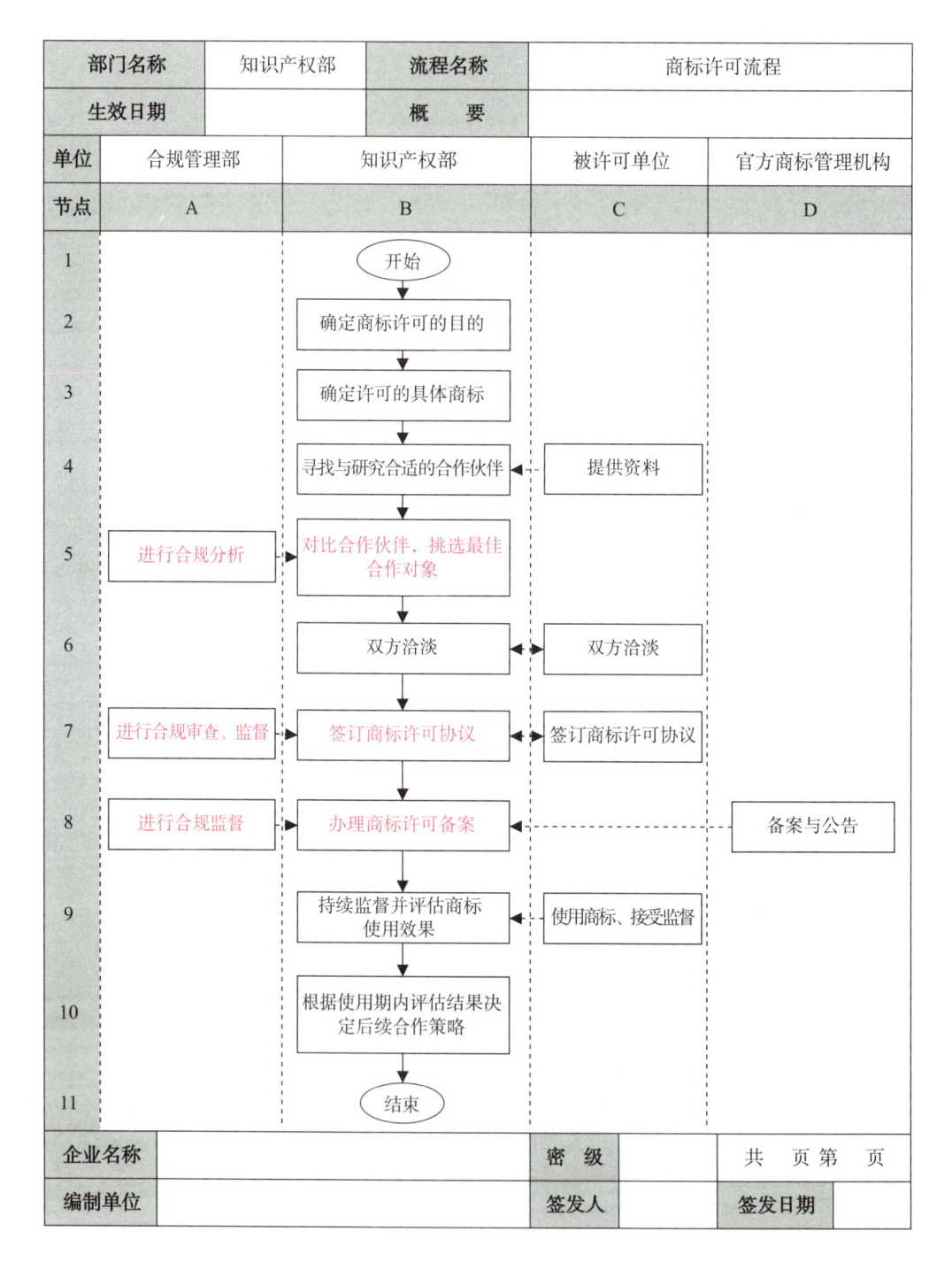

企业名称		密级		共　页　第　页
编制单位		签发人		签发日期

15.3.2　商标许可流程风险点、合规程序、合规依据

合规事项	风险点、合规程序、合规依据
挑选最佳合作对象 （B5、A5、）	**风险点**
	没有仔细筛选合作伙伴，导致后续效果不如预期，严重的甚至会损害企业形象，给企业带来各方面的负面影响
	合规程序
	（1）对比合作伙伴，挑选最佳合作对象 　☆ 知识产权部要充分收集合作伙伴的资料，并对其进行资格审查，对比挑选最佳合作对象 （2）进行合规分析 　☆ 合规管理部要履行合规分析职责，在知识产权部挑选合作对象的过程中，为其提供合规建议
	合规依据
	（1）国家法律法规：《中华人民共和国商标法》 （2）国家标准：《企业知识产权管理规范》（GB/T 29490—2013） （3）企业规章制度："知识产权许可和转让管理制度"
签订商标许可协议 （B7、A7）	**风险点**
	没有严密关注商标许可协议的内容，导致协议中存在对己方不利的条款，存在给企业带来各方面的负面影响的可能
	合规程序
	（1）签订商标许可协议 　☆ 知识产权部要与被许可单位在协商一致的前提下，签订合规、完善的商标许可协议 　☆ 知识产权部签订商标许可协议前，要取得业务分管领导的授权 （2）进行合规审查、监督 　☆ 合规管理部要履行合规审查职责，确保双方签订的商标许可协议的内容是恰当、完整、合法、符合企业利益的 　☆ 合规管理部要履行合规监督职责，确保双方是在平等、自愿的前提下签订的商标许可协议
	合规依据
	（1）国家法律法规：《中华人民共和国商标法》《中华人民共和国民法典》 （2）国家标准：《企业知识产权管理规范》（GB/T 29490—2013） （3）企业规章制度："知识产权许可和转让管理制度"

续表

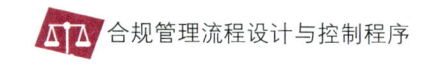

合规事项	风险点、合规程序、合规依据
办理商标许可备案（B9、A9）	**风险点**
	未及时办理商标许可备案，导致商标许可程序不完整，商标许可行为不受有关机构支持，不受法律保护，后期可能给企业带来经济、法律、形象等方面的负面影响
	合规程序
	（1）办理商标许可备案 ☆ 知识产权部要在签订商标许可协议后及时到官方商标管理机构办理商标许可备案 （2）进行合规监督 ☆ 合规管理部要履行合规监督职责，确保知识产权部及时、准确地完成了商标许可备案工作
	合规依据
	（1）国家法律法规：《中华人民共和国商标法》 （2）国家标准：《企业知识产权管理规范》（GB/T 29490—2013） （3）企业规章制度："知识产权许可和转让管理制度"

15.4　商标侵权处理流程设计与风险点、合规程序、合规依据

15.4.1　商标侵权处理流程设计

部门名称	知识产权部	流程名称	商标侵权处理流程
生效日期		概　要	

单位	合规管理部	知识产权部	法务部	外部侵权单位
节点	A	B	C	D
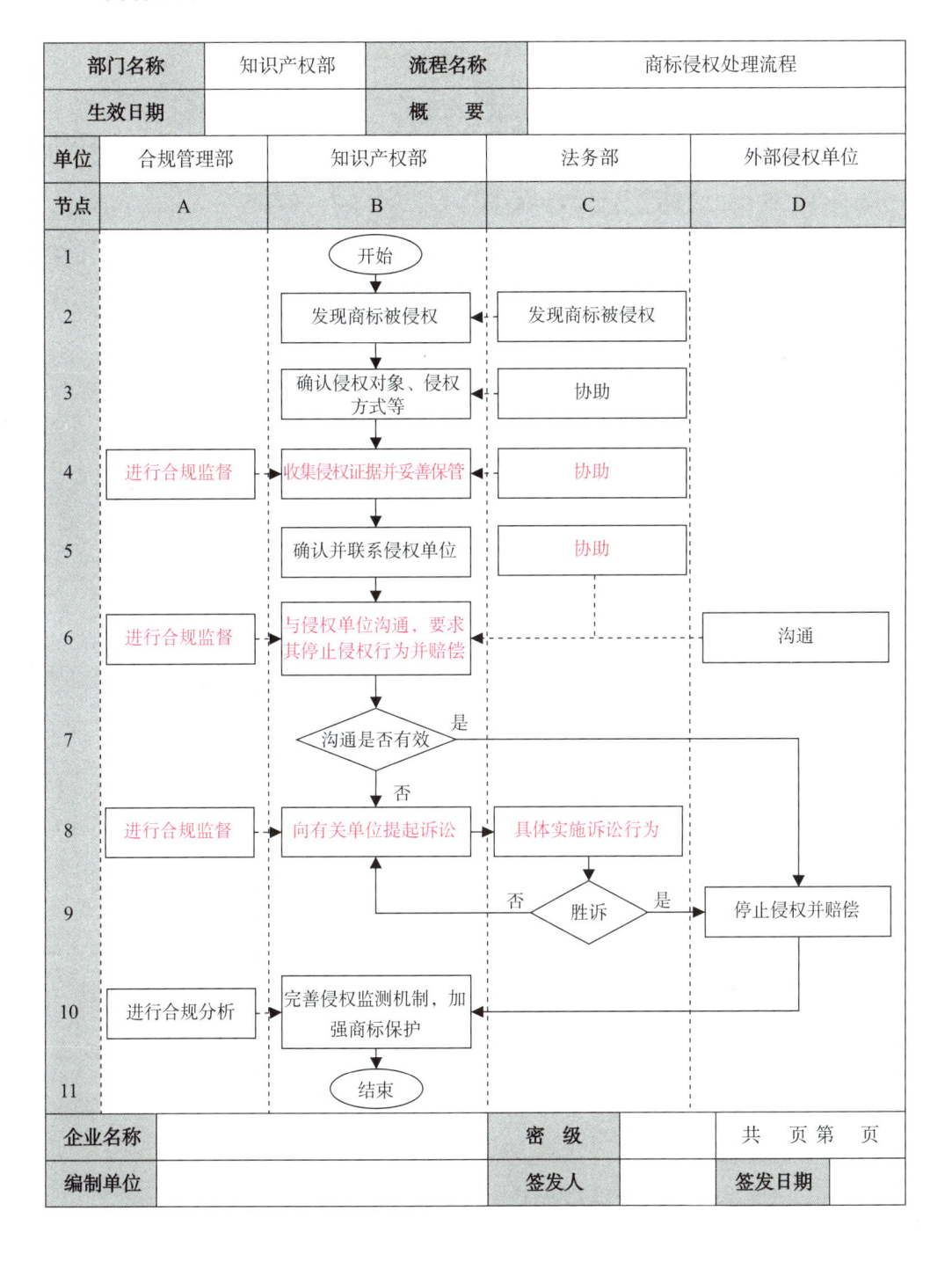 1		开始		
2		发现商标被侵权	发现商标被侵权	
3		确认侵权对象、侵权方式等	协助	
4	进行合规监督	收集侵权证据并妥善保管	协助	
5		确认并联系侵权单位	协助	
6	进行合规监督	与侵权单位沟通，要求其停止侵权行为并赔偿		沟通
7		沟通是否有效		
8	进行合规监督	向有关单位提起诉讼	具体实施诉讼行为	
9			胜诉	停止侵权并赔偿
10	进行合规分析	完善侵权监测机制，加强商标保护		
11		结束		

企业名称		密级		共　页第　页
编制单位		签发人		签发日期

15.4.2 商标侵权处理流程风险点、合规程序、合规依据

合规事项	风险点、合规程序、合规依据
收集侵权证据 （B4、A4、C4）	**风险点** （1）没有收集到相关单位侵权的证据或收集的证据不完整，导致企业在后续与侵权单位沟通、谈判等过程中处于不利地位 （2）采取违规、违法手段收集侵权证据，给企业带来法律责任 **合规程序** （1）收集侵权证据并妥善保管 　☆ 知识产权部要充分收集侵权单位的侵权证据，并将收集到的侵权证据妥善保管，作为后续沟通、谈判、上诉的依据 （2）进行合规监督 　☆ 合规管理部要履行合规监督职责，确保知识产权部是通过正当手段和途径收集的侵权证据 （3）协助 　☆ 法务部要从法律法规的角度提供建议，协助知识产权部收集侵权证据 **合规依据** （1）国家法律法规：《中华人民共和国商标法》《中华人民共和国反不正当竞争法》 （2）国家标准：《企业知识产权管理规范》（GB/T 29490—2013） （3）企业规章制度："知识产权侵权处理办法"
与侵权单位沟通 （B6、A6、C5）	**风险点** （1）与侵权单位的沟通，没有达到预期效果，没有维护企业合法权益，给企业带来损失 （2）采用不正当手段（如胁迫、贿赂等）与侵权单位有关人员进行沟通，给企业带来法律方面的负面影响 **合规程序** （1）与侵权单位沟通，要求其停止侵权行为并赔偿 　☆ 知识产权部要与侵权单位进行沟通，提供侵权证据，要求对方立即停止侵权行为并对己方企业进行赔偿 （2）进行合规监督 　☆ 合规管理部要履行合规监督职责，确保知识产权部与外部侵权单位的沟通是正当、合法的，没有采取违规、违法手段达成目的 （3）协助 　☆ 法务部要从法律法规的角度提供援助，维护己方企业的合法权益

续表

合规事项	风险点、合规程序、合规依据
与侵权单位沟通（B6、A6、C5）	**合规依据** （1）国家法律法规：《中华人民共和国商标法》《中华人民共和国反不正当竞争法》 （2）国家标准：《企业知识产权管理规范》（GB/T 29490—2013） （3）企业规章制度："知识产权侵权处理办法"
提起诉讼（B8、A8、C8）	**风险点** 企业相关人员在向外部侵权单位提起诉讼期间，采取不正当手段与官方人员、侵权单位人员进行非法沟通，以此达成胜诉目的，会给企业带来法律方面的风险 **合规程序** （1）向有关单位提起诉讼 　☆ 与侵权单位沟通无果时，知识产权部要果断根据法定程序提起诉讼，起诉侵权单位 （2）进行合规监督 　☆ 合规管理部要履行合规监督职责，确保诉讼程序符合法律要求 （3）具体实施诉讼行为 　☆ 法务部要派出专业法律代表，具体实施诉讼行为，维护己方企业的合法权益 **合规依据** （1）国家法律法规：《中华人民共和国商标法》《中华人民共和国反不正当竞争法》 （2）国家标准：《企业知识产权管理规范》（GB/T 29490—2013） （3）企业规章制度："知识产权侵权处理办法"

第 16 章
企业合规——商业伙伴

16.1 商业伙伴调查流程设计与风险点、合规程序、合规依据

16.1.1 商业伙伴调查流程设计

部门名称	市场部	流程名称	商业伙伴调查流程
生效日期		概　要	

单位	总经办	市场部	合规管理部
节点	A	B	C
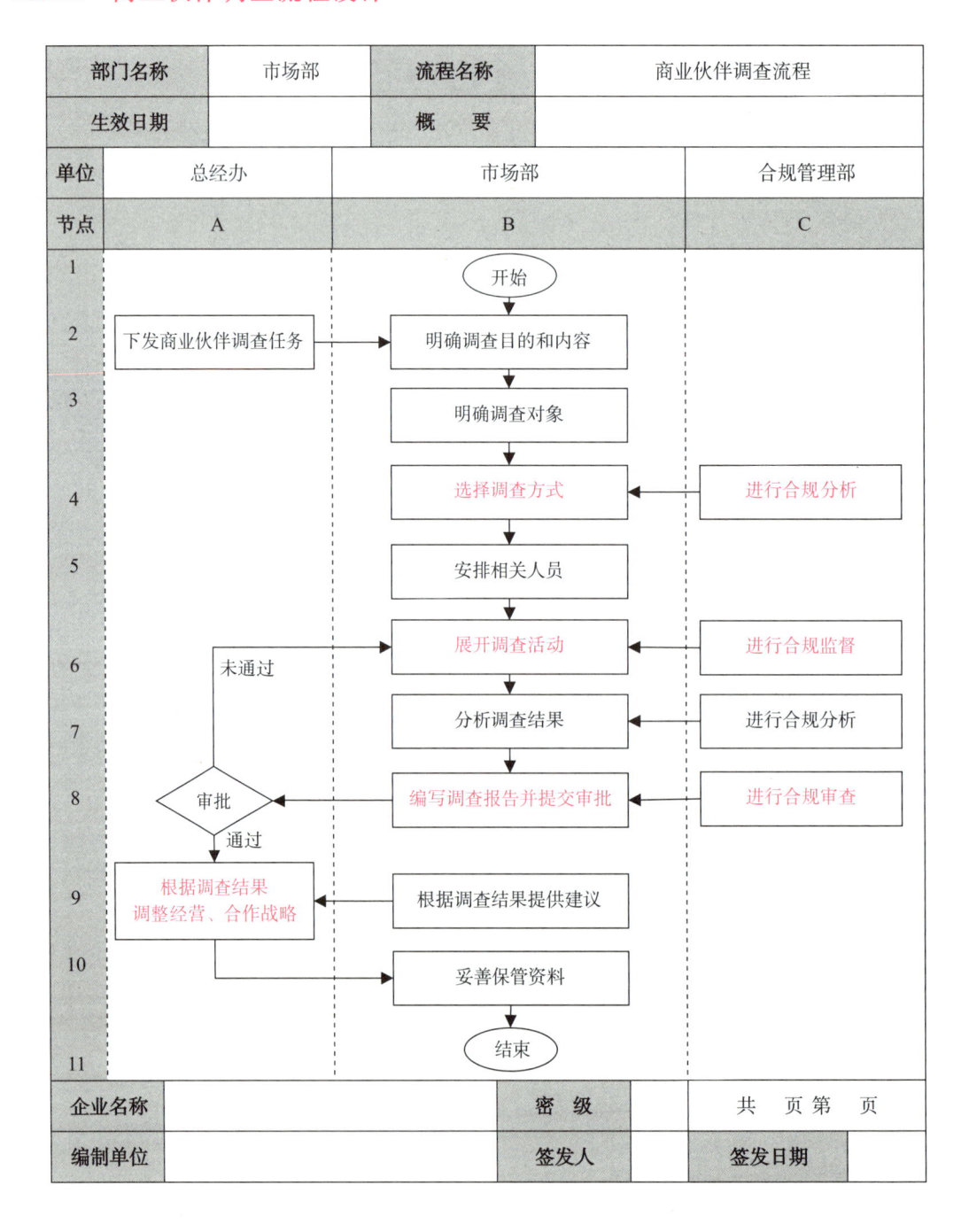 1		开始	
2	下发商业伙伴调查任务	明确调查目的和内容	
3		明确调查对象	
4		选择调查方式	进行合规分析
5		安排相关人员	
6	未通过	展开调查活动	进行合规监督
7		分析调查结果	进行合规分析
8	审批 通过	编写调查报告并提交审批	进行合规审查
9	根据调查结果调整经营、合作战略	根据调查结果提供建议	
10		妥善保管资料	
11		结束	

企业名称		密级	共 页 第 页
编制单位		签发人	签发日期

16.1.2　商业伙伴调查流程风险点、合规程序、合规依据

合规事项	风险点、合规程序、合规依据
选择恰当的方式进行调查（B4、C4、B6、C6）	**风险点** （1）未选择恰当的调查方式，导致调查结果不准确、不全面，或选择了违反法律法规有关要求的调查方式 （2）违规开展调查活动，在调查过程中采取了不正当、不合法的手段，给企业带来各方面的负面影响 **合规程序** （1）选择调查方式 　☆ 市场部要根据商业伙伴的企业性质、规模等特点，选择合适的调查方式对其进行调查 （2）进行合规分析 　☆ 合规管理部要发挥作用，对市场部选取的调查方式进行合规分析，确保这些方式是合规、高效、有用的 （3）展开调查活动 　☆ 市场部要做好调查准备，安排合适的人员，采取恰当的方式展开调查活动 （4）进行合规监督 　☆ 合规管理部要发挥作用，对调查活动进行合规监督，确保调查活动中不存在违规、违法的操作 **合规依据** （1）国家法律法规：《中华人民共和国民法典》 （2）企业规章制度："商业伙伴合规调查管理办法"
根据调查结果采取措施（B8、C8、A9）	**风险点** （1）调查结果没有如实地反馈在调查报告中，导致相关决策人没有取得真实、有效的信息，从而作出错误决策，给企业带来各方面的损失 （2）调整后的经营、合作战略仍存在违反行业规定、国家法律法规的可能，给企业带来潜在风险 **合规程序** （1）编写调查报告并提交审批 　☆ 市场部要根据企业有关制度要求，如实、详尽地编写商业伙伴调查报告，并在商业伙伴调查报告中提出建议 　☆ 市场部要在充分分析、研究调查结果的基础上编写商业伙伴调查报告，并请合规管理部对商业伙伴调查报告的内容进行合规审查

续表

合规事项	风险点、合规程序、合规依据
根据调查结果采取措施（B8、C8、A9）	**合规程序** （2）进行合规审查 　☆ 合规管理部要对市场部编写的商业伙伴调查报告进行合规审查，确保其内容符合企业、行业、国家有关规定 （3）根据调查结果调整经营、合作战略 　☆ 总经办要在充分研究商业伙伴调查报告的基础上，酌情考虑和商业伙伴的合作事宜 　☆ 若有必要，总经办可通知各业务部门负责人共同召开会议，一起协商企业的经营决策以及与商业伙伴的合作战略调整问题 **合规依据** （1）国家法律法规：《中华人民共和国民法典》 （2）企业规章制度："商业伙伴合规调查管理办法" "商业伙伴行为合规管理办法"

16.2 商业伙伴信息保密流程设计与风险点、合规程序、合规依据

16.2.1 商业伙伴信息保密流程设计

部门名称	市场部	流程名称	商业伙伴信息保密流程
生效日期		概　要	

单位	总经办	市场部	合规管理部	商业伙伴
节点	A	B	C	D
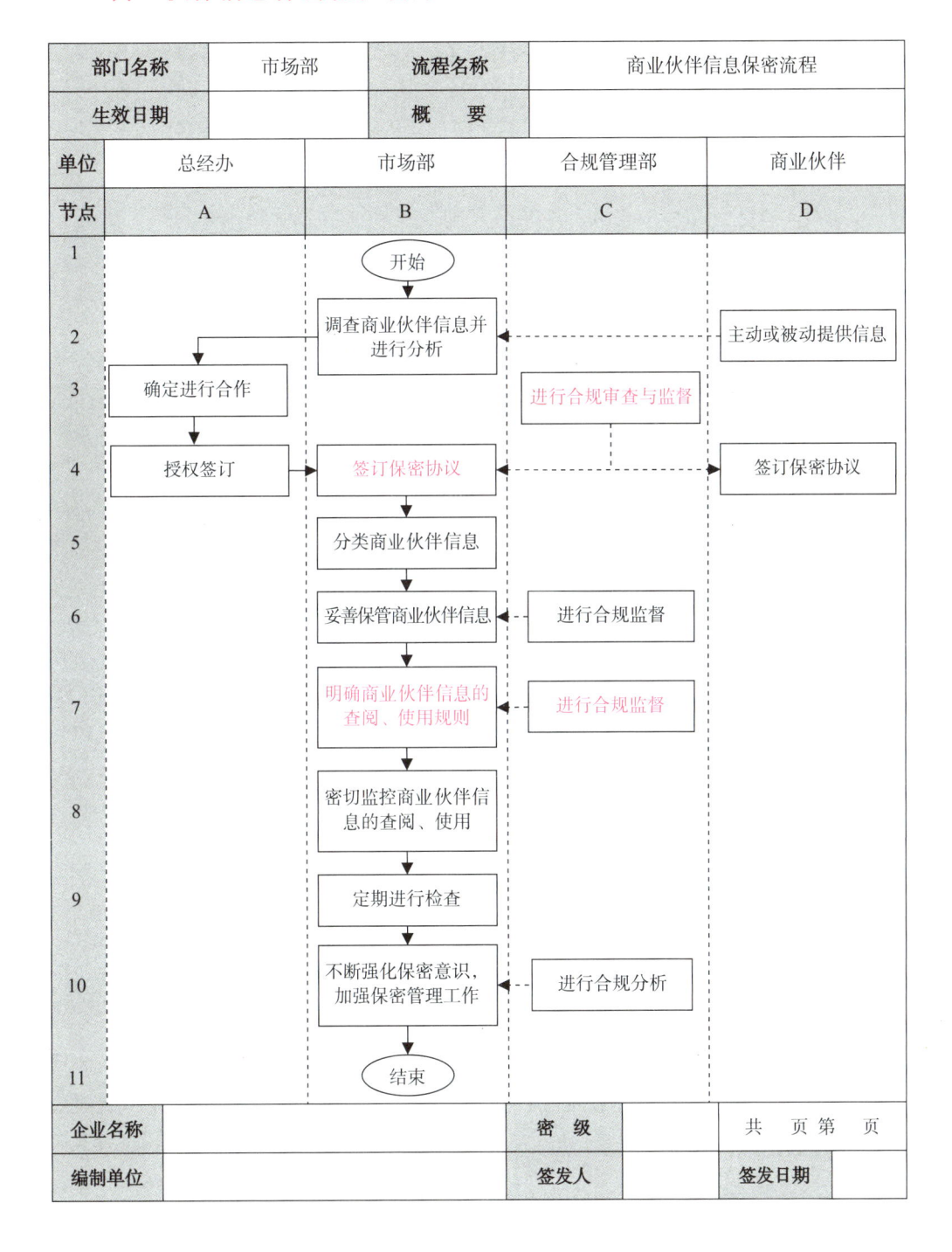 1		开始		
2		调查商业伙伴信息并进行分析		主动或被动提供信息
3	确定进行合作		进行合规审查与监督	
4	授权签订	签订保密协议		签订保密协议
5		分类商业伙伴信息		
6		妥善保管商业伙伴信息	进行合规监督	
7		明确商业伙伴信息的查阅、使用规则	进行合规监督	
8		密切监控商业伙伴信息的查阅、使用		
9		定期进行检查		
10		不断强化保密意识，加强保密管理工作	进行合规分析	
11		结束		

企业名称		密级		共　页第　页
编制单位		签发人		签发日期

16.2.2　商业伙伴信息保密流程风险点、合规程序、合规依据

合规事项	风险点、合规程序、合规依据
与商业伙伴签订保密协议（B4、C3）	**风险点** （1）准备的保密协议文本的内容不符合企业有关要求，也不符合行业标准、国家法律法规的有关规定 （2）在与商业伙伴签订保密协议前，没有认真核实商业伙伴营业资质信息的真实性与有效性 （3）在与商业伙伴签订保密协议前，没有认真检查协议内容，没有确保最终的协议内容与此前协商的内容一致 **合规程序** （1）签订保密协议 ☆ 市场部要与商业伙伴签订公平、合理、完善的保密协议，承诺会对商业伙伴的信息进行妥善保管与使用 ☆ 市场部要在取得总经办的授权后再与商业伙伴签订保密协议，或直接邀请总经办负责人出面签订保密协议 （2）进行合规审查与监督 ☆ 合规管理部要对保密协议的内容进行合规审查，确保双方签订的保密协议没有违反行业、国家的有关规定 ☆ 在保密协议签订的过程中，合规管理部也要进行合规监督，确保双方公平、自愿地签订了协议 **合规依据** （1）国家法律法规：《中华人民共和国保守国家秘密法》《中华人民共和国电子签名法》《中华人民共和国数据安全法》《中华人民共和国民法典》《中华人民共和国计算机信息系统安全保护条例》《计算机信息系统国际联网保密管理规定》 （2）企业规章制度："商业伙伴保密信息管理办法"
明确使用规则（B7、C7）	**风险点** 商业伙伴的信息没有得到妥善的保密管理，在商业伙伴信息的查阅、使用上没有做好保密措施，导致商业伙伴信息泄露、损失等情况发生，给企业带来各方面的负面影响 **合规程序** （1）明确商业伙伴信息的查阅、使用规则 ☆ 市场部严格按照企业有关制度，明确商业伙伴信息的查阅、使用规则，对商业伙伴信息的每次查阅、使用都要做好登记和备案，做好信息使用台账

续表

合规事项	风险点、合规程序、合规依据
明确使用规则 （B7、C7）	**合规程序**
	（2）进行合规监视 ☆ 合规管理部要对商业伙伴信息的查阅、使用行为做好合规监视，确保商业伙伴信息没有被违规查阅或使用
	合规依据
	（1）国家法律法规：《中华人民共和国保守国家秘密法》《中华人民共和国数据安全法》《中华人民共和国民法典》《中华人民共和国计算机信息系统安全保护条例》《计算机信息系统国际联网保密管理规定》 （2）企业规章制度："商业伙伴保密信息管理办法""商业伙伴信息使用管理办法"

16.3 商业伙伴信息使用流程设计与风险点、合规程序、合规依据

16.3.1 商业伙伴信息使用流程设计

部门名称	市场部	流程名称	商业伙伴信息使用流程
生效日期		概　要	

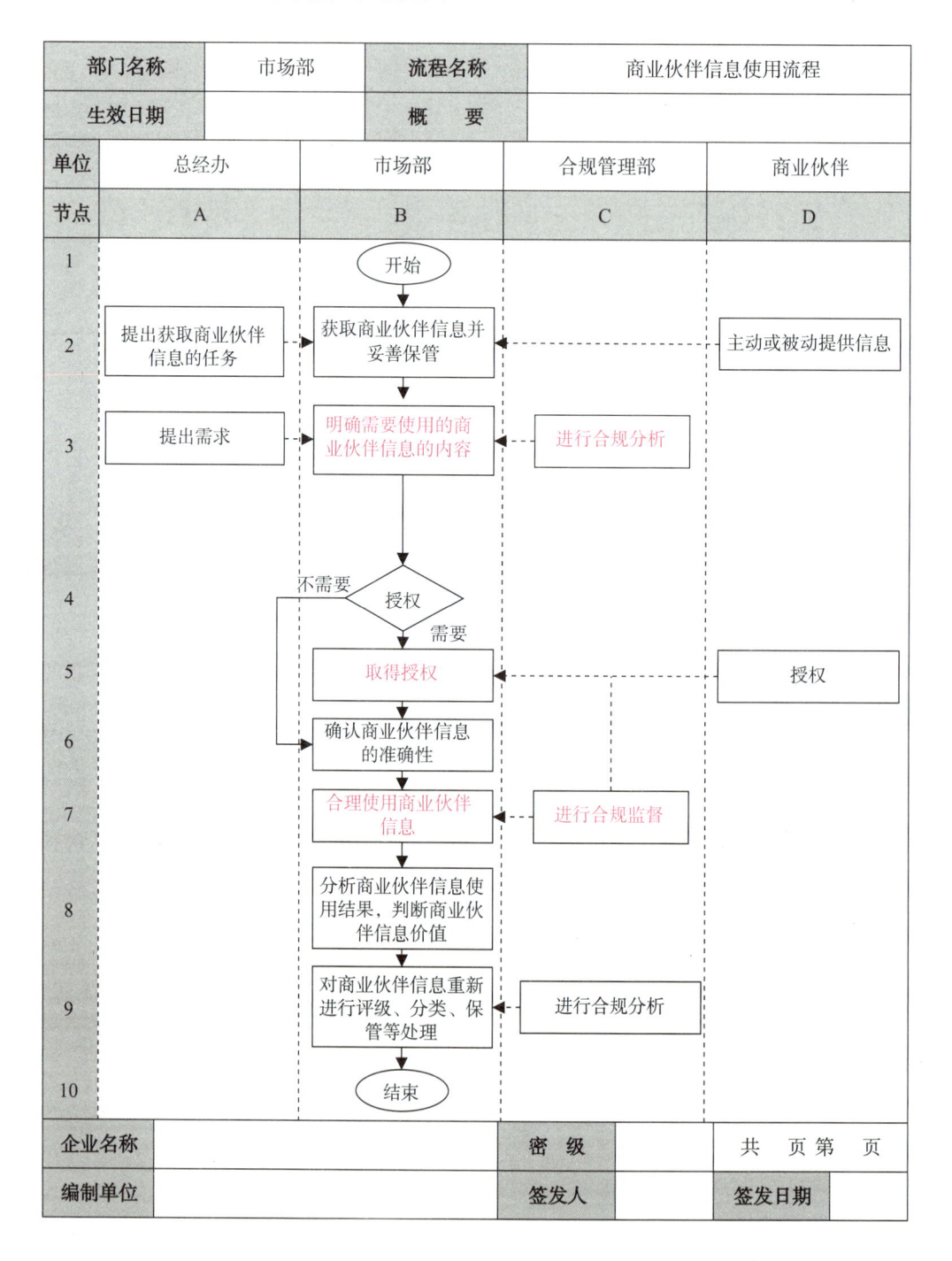

单位	总经办	市场部	合规管理部	商业伙伴
节点	A	B	C	D
1		开始		
2	提出获取商业伙伴信息的任务	获取商业伙伴信息并妥善保管		主动或被动提供信息
3	提出需求	明确需要使用的商业伙伴信息的内容	进行合规分析	
4		授权（不需要／需要）		
5		取得授权		授权
6		确认商业伙伴信息的准确性		
7		合理使用商业伙伴信息	进行合规监督	
8		分析商业伙伴信息使用结果，判断商业伙伴信息价值		
9		对商业伙伴信息重新进行评级、分类、保管等处理	进行合规分析	
10		结束		

企业名称		密　级		共　页　第　页
编制单位		签发人		签发日期

16.3.2　商业伙伴信息使用流程风险点、合规程序、合规依据

合规事项	风险点、合规程序、合规依据
明确需要使用的商业伙伴信息的内容（B4、C4）	**风险点** 违规使用了商业伙伴未经授权的信息，或使用了国家明确规定的不得使用的商业伙伴信息，给企业带来法律责任 **合规程序** （1）明确需要使用的商业伙伴信息的内容 　　☆ 市场部要分析商业伙伴信息的使用需求，根据需求明确需要使用的商业伙伴信息内容 　　☆ 市场部要有风险敏感性，确定需要使用的商业伙伴信息的内容时，要注意相关内容是否在商业伙伴的允许范围内 （2）进行合规分析 　　☆ 合规管理部要协助市场部进行合规分析，确保即将使用的商业伙伴信息的内容不会给企业带来法律、经济、声誉等方面的负面影响 **合规依据** （1）国家法律法规：《中华人民共和国保守国家秘密法》《中华人民共和国数据安全法》《中华人民共和国民法典》 （2）企业规章制度："商业伙伴保密信息管理办法""商业伙伴信息使用管理办法"
取得商业伙伴的授权（B6、C8）	**风险点** （1）采用违规甚至违法手段取得商业伙伴的授权，给企业带来不良影响甚至法律风险 （2）取得的授权内容与实际需要的内容不匹配，或没有取得实际需要的全部授权，导致企业在后续生产经营中出现违规、违法使用商业伙伴信息的现象 **合规程序** （1）取得授权 　　☆ 市场部必须在通过合法手段取得商业伙伴的授权后，才能使用商业伙伴的相关信息 （2）进行合规监督 　　☆ 合规管理部要对取得授权的工作进行合规监督，确保市场部是通过合法手段取得商业伙伴的授权的，并且授权的内容与即将使用的商业伙伴的信息是吻合的 **合规依据** （1）国家法律法规：《中华人民共和国民法典》 （2）企业规章制度："商业伙伴保密信息管理办法""商业伙伴信息使用管理办法"

续表

合规事项	风险点、合规程序、合规依据
合理使用商业伙伴的信息（B8、C8）	**风险点**
	商业伙伴的信息没有被合理、合法地使用，而被用来进行不正当竞争或发生了信息被泄露、损坏等情况，不仅给商业伙伴带来了损失，也给己方企业带来了经济、法律方面的负面影响
	合规程序
	（1）合理使用商业伙伴信息 ☆ 市场部合理使用商业伙伴信息，若有必要，在使用商业伙伴信息前要与商业伙伴签订使用协议，规定使用商业伙伴信息的范围和方式 ☆ 市场部在使用商业伙伴信息时，不仅要保证商业伙伴信息使用的效果，还要保证商业伙伴信息的安全性，要严格遵守保密规定，确保商业伙伴信息没有被泄露、遗失或损坏 （2）进行合规监督 ☆ 合规管理部要密切关注商业伙伴信息的使用过程，确保在商业伙伴信息使用过程中没有违规操作，也没有发生信息被泄露、遗失或损坏的情况
	合规依据
	（1）国家法律法规：《中华人民共和国保守国家秘密法》《中华人民共和国数据安全法》《中华人民共和国民法典》 （2）企业规章制度："商业伙伴保密信息管理办法""商业伙伴信息使用管理办法"

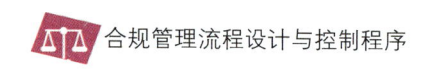

第17章
企业合规——信息安全

17.1 企业信息安全管理流程设计与风险点、合规程序、合规依据

17.1.1 企业信息安全管理流程设计

部门名称	信息管理部	流程名称	企业信息安全管理流程		
生效日期		概　要			
单位	总经办	信息管理部	合规管理部	人力资源部	外部供应商
节点	A	B	C	D	E
1	总体任务	开始			
2		梳理企业信息安全管理现状	进行合规分析		
3		明确企业信息安全管理政策和标准	进行合规分析		
4	审批（未通过/通过）	制定或修改企业信息安全管理相关制度并提交审批	进行合规审查		
5		优化信息安全管理人员、软硬件配置		配置信息安全管理人员	供给软硬件
6		加强培训，强化信息安全管理意识		协助培训	
7		进行日常管理，强化应急响应机制	进行合规监视		
8		不断改进、调整信息安全管理	进行合规改进		
9		结束			
企业名称			密级		共　页第　页
编制单位			签发人		签发日期

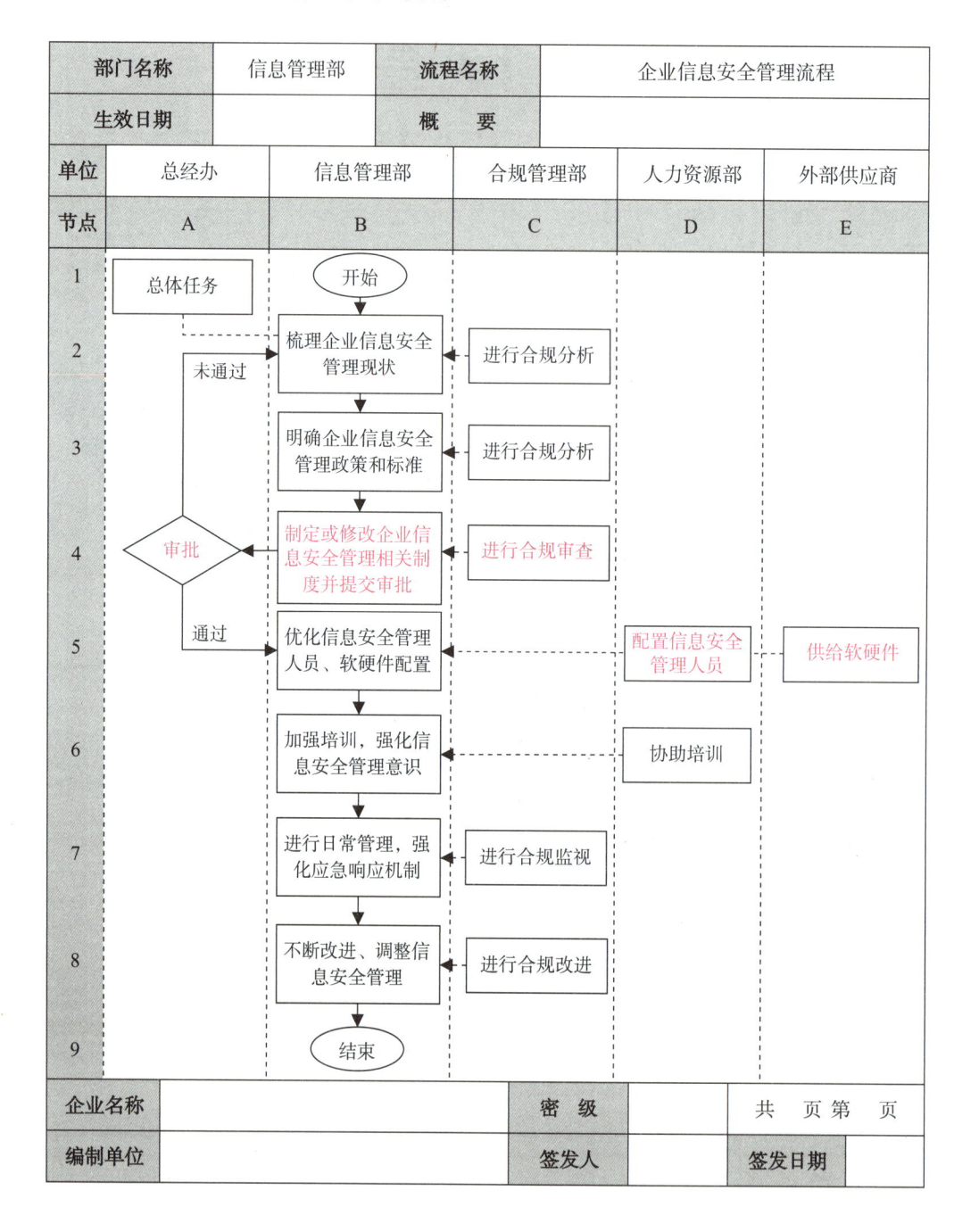

17.1.2 企业信息安全管理流程风险点、合规程序、合规依据

合规事项	风险点、合规程序、合规依据
进行企业信息安全管理相关制度建设（B4、C4、A4）	**风险点** 企业信息安全管理相关制度缺失或不完善，有关内容不符合行业或国家有关规定，不仅可能给企业带来信息安全隐患，还可能给企业带来经济、法律等方面的负面影响 **合规程序** （1）制定或修改企业信息安全管理相关制度并提交审批 　　☆ 信息管理部要进行企业信息安全管理相关制度的建设，制度缺失的，需要补齐；制度不完善的，要进行完善 （2）进行合规审查 　　☆ 合规管理部要对企业信息安全管理相关制度进行梳理，进行合规审查，梳理风险，提出制度建设的要求和建议 （3）审批 　　☆ 总经办要根据企业有关要求严格对企业信息安全管理相关制度进行审批，审批通过后下发信息管理部执行 **合规依据** （1）国家法律法规：《中华人民共和国保守国家秘密法》《中华人民共和国电子签名法》《中华人民共和国数据安全法》《中华人民共和国网络安全法》《中华人民共和国个人信息保护法》《中华人民共和国民法典》《中华人民共和国计算机信息系统安全保护条例》《计算机信息系统国际联网保密管理规定》 （2）国家标准：《信息安全技术 中小电子商务企业信息安全建设指南》（GB/Z 32906—2016）、《工业企业信息化和工业化融合评估规范》（GB/T 23020—2013）、《基于网络的企业信息集成规范》（GB/T 18729—2011）、《企业信息化系统集成实施指南》（GB/T 26327—2010）、《工业企业信息集成系统规范》（GB/T 26335—2010） （3）企业规章制度："企业信息安全保护制度"
建设企业信息安全管理环境（B5、D5、E5）	**风险点** （1）企业信息安全管理人员缺乏或不专业，导致信息安全管理难以进行或经常出现违规操作，给企业带来法律、经济、声誉等方面的负面影响 （2）企业信息安全管理的软硬件配置不足，导致信息的安全漏洞大，给企业带来法律、经济、声誉等方面的负面影响 （3）在进行信息安全管理的人员、软硬件配置方面的优化时，不按照企业制度、行业规定、国家法律法规等相关要求进行，给企业带来多方面的负面影响

续表

合规事项	风险点、合规程序、合规依据
建设企业信息安全管理环境（B5、D5、E5）	合规程序
	优化信息安全管理人员、软硬件配置 ☆ 人力资源部要为企业信息安全管理配置充足、专业的人员，保证企业信息安全管理工作可以正常进行 ☆ 信息管理部要为企业信息安全管理采购符合标准的硬件和正版软件，确保企业信息不会因软硬件出现故障而发生泄露、遗失、损坏等问题
	合规依据
	（1）国家法律法规：《中华人民共和国劳动法》《中华人民共和国劳动合同法》《中华人民共和国民法典》《中华人民共和国招标投标法》《中华人民共和国招标投标法实施条例》 （2）国家标准：《信息技术 云计算 云服务采购指南》（GB/T 37734—2019） （3）企业规章制度："企业信息安全保护制度"

17.2 客户信息安全管理流程设计与风险点、合规程序、合规依据

17.2.1 客户信息安全管理流程设计

部门名称	信息管理部	流程名称	客户信息安全管理流程
生效日期		概　要	

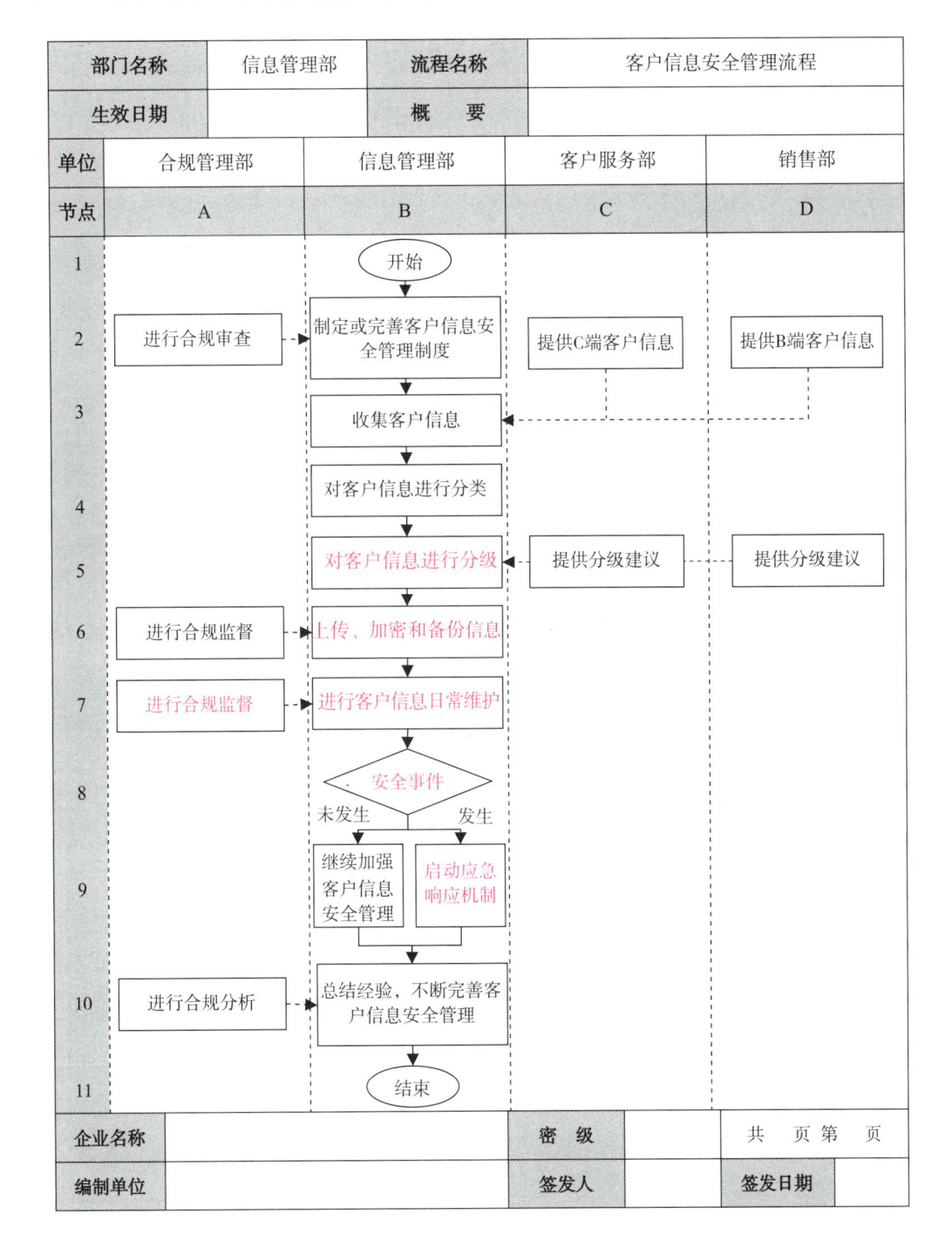

单位	合规管理部	信息管理部	客户服务部	销售部
节点	A	B	C	D
1		开始		
2	进行合规审查	制定或完善客户信息安全管理制度	提供C端客户信息	提供B端客户信息
3		收集客户信息		
4		对客户信息进行分类		
5		对客户信息进行分级	提供分级建议	提供分级建议
6	进行合规监督	上传、加密和备份信息		
7	进行合规监督	进行客户信息日常维护		
8		安全事件（未发生/发生）		
9		未发生：继续加强客户信息安全管理；发生：启动应急响应机制		
10	进行合规分析	总结经验，不断完善客户信息安全管理		
11		结束		

企业名称		密级	共　页第　页
编制单位		签发人	签发日期

17.2.2　客户信息安全管理流程风险点、合规程序、合规依据

合规事项	风险点、合规程序、合规依据
处理客户信息 （B4、B5、C5、B6、A6）	**风险点**
	对客户信息的处理程序不符合企业、行业、国家有关规定，导致客户信息有被泄露、遗失、损坏等风险
	合规程序
	（1）对客户信息进行分类 ☆ 信息管理部要制定详细的客户信息分类标准，根据客户信息分类标准对客户信息进行分类管理 （2）对客户信息进行分级 ☆ 信息管理部要根据客户信息的重要性等特点对客户信息进行分级，对不同等级的客户信息要采取不同的管理方式 （3）上传、加密和备份信息 ☆ 信息管理部要根据企业有关要求，将相关客户信息完整、准确地上传至企业信息管理系统，并做好客户信息的加密、备份等工作 （4）进行合规监督 ☆ 合规管理部要对客户信息的上传、加密和备份等工作进行监督，确保相关工作符合企业有关要求，最大限度地降低客户信息被泄露、遗失、损坏的可能性
	合规依据
	（1）国家法律法规：《中华人民共和国个人信息保护法》《中华人民共和国民法典》《中华人民共和国计算机信息系统安全保护条例》《计算机信息系统国际联网保密管理规定》 （2）国家标准：《企业信息分类编码导则 第1部分：原则与方法》（GB/T 20529.1—2006）、《企业信息分类编码导则 第2部分：分类编码体系》（GB/T 20529.2—2010） （3）企业规章制度："客户信息安全保护制度"
处理客户信息安全事件（B8、B9）	**风险点**
	（1）发生客户信息安全事件后，没有及时察觉或处理方法不恰当，给企业带来经济损失、法律责任或其他负面影响 （2）解决客户信息安全事件的过程不迅速，结果不彻底，留下安全隐患，给企业带来经济、法律、声誉等方面的负面影响 （3）处理客户信息安全事件的应急响应机制缺失、不完善或响应缓慢，导致客户信息安全事件没有被妥善处理，给企业带来各方面的损失

续表

合规事项	风险点、合规程序、合规依据
处理客户信息安全事件（B8、B9）	合规程序
	安全事件 ☆ 若未发生客户信息安全事件，则信息管理部要继续加强对客户信息的安全管理工作，并做好客户信息的更新和维护工作 ☆ 若发生客户信息安全事件，信息管理部要及时启动应急响应机制，迅速按规定程序处理问题。若相关应急响应机制缺失或不完善，信息管理部要对其进行制定或完善
	合规依据
	（1）国家法律法规：《中华人民共和国保守国家秘密法》《中华人民共和国电子签名法》《中华人民共和国数据安全法》《中华人民共和国网络安全法》《中华人民共和国个人信息保护法》《中华人民共和国民法典》《中华人民共和国计算机信息系统安全保护条例》《计算机信息系统国际联网保密管理规定》 （2）企业规章制度："企业信息安全保护制度"

17.3 个人信息安全管理流程设计与风险点、合规程序、合规依据

17.3.1 个人信息安全管理流程设计

部门名称	信息管理部		流程名称		个人信息安全管理流程
生效日期			概　要		

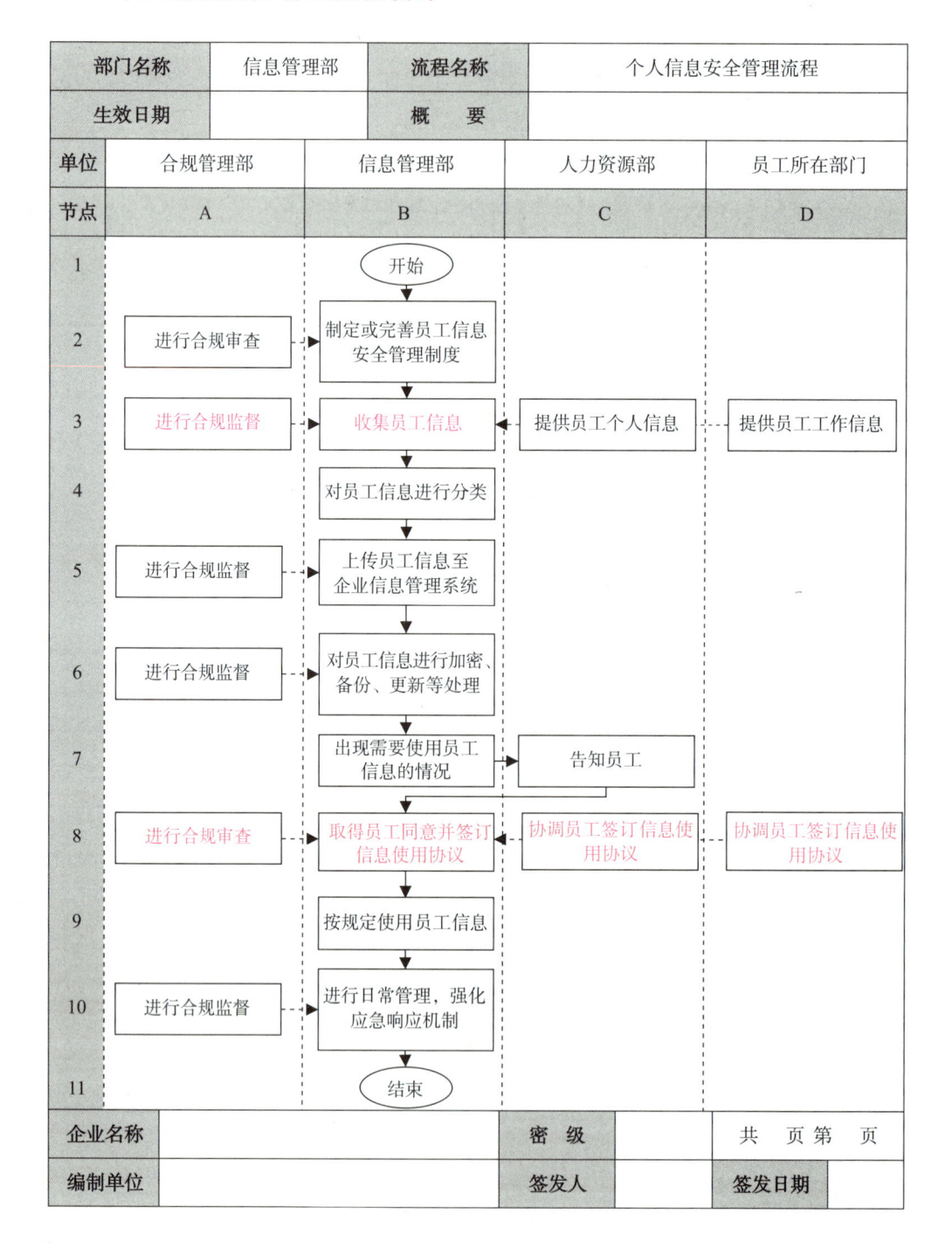

单位	合规管理部	信息管理部	人力资源部	员工所在部门
节点	A	B	C	D
1		开始		
2	进行合规审查	制定或完善员工信息安全管理制度		
3	进行合规监督	收集员工信息	提供员工个人信息	提供员工工作信息
4		对员工信息进行分类		
5	进行合规监督	上传员工信息至企业信息管理系统		
6	进行合规监督	对员工信息进行加密、备份、更新等处理		
7		出现需要使用员工信息的情况	告知员工	
8	进行合规审查	取得员工同意并签订信息使用协议	协调员工签订信息使用协议	协调员工签订信息使用协议
9		按规定使用员工信息		
10	进行合规监督	进行日常管理，强化应急响应机制		
11		结束		

企业名称		密级		共　页第　页
编制单位		签发人		签发日期

17.3.2　个人信息安全管理流程风险点、合规程序、合规依据

合规事项	风险点、合规程序、合规依据
收集员工信息 （B3、A3）	**风险点** （1）采取强制、欺诈等手段违规收集员工信息，给企业带来经济、法律、声誉等方面的负面影响 （2）违规收集员工信息，侵犯员工合法权益，给企业带来不利影响 **合规程序** （1）收集员工信息 　☆ 信息管理部根据实际需要，合法正当地收集员工必要的信息 　☆ 信息管理部可请人力资源部和员工所在部门配合员工信息收集工作 （2）进行合规监督 　☆ 合规管理部要对员工信息收集工作进行监督，确保员工信息收集的程序是正当的，收集的内容是合规的 **合规依据** （1）国家法律法规：《中华人民共和国个人信息保护法》《中华人民共和国民法典》《中华人民共和国计算机信息系统安全保护条例》《计算机信息系统国际联网保密管理规定》 （2）国家标准：《信息技术 安全技术 公有云中个人信息保护实践指南》（GB/T 41574—2022）、《信息安全技术 个人信息安全影响评估指南》（GB/T 39335—2020）、《信息安全技术 个人信息安全规范》（GB/T 35273—2020）、《信息安全技术 公共及商用服务信息系统个人信息保护指南》（GB/Z 28828—2012） （3）企业规章制度："个人信息采集、处理、保存制度"
签订信息使用协议 （B8、A8、C8、D8）	**风险点** （1）企业未经员工个人同意，就违规使用员工个人信息，可能给企业带来经济、法律、声誉等方面的负面影响 （2）企业采取欺诈、胁迫、趁人之危等手段与员工签订信息使用协议，导致信息使用协议无效，给企业带来法律责任、经济损失等 **合规程序** （1）取得员工同意并签订信息使用协议 　☆ 信息管理部在使用员工个人信息前，必须与相关员工签订自愿、平等的信息使用协议 （2）进行合规审查 　☆ 合规管理部要对信息使用协议内容进行审查，确保其没有违反企业、行业、国家有关规定

续表

合规事项	风险点、合规程序、合规依据
签订信息使用协议 （B8、A8、C8、D8）	**合规程序** （3）协调员工签订信息使用协议 ☆ 信息管理部需要使用员工信息时，要请人力资源部、员工所在部门从中协调，使员工明白信息使用的必要性和重要性，并取得员工的同意，与员工签订信息使用协议 **合规依据** （1）国家法律法规：《中华人民共和国电子签名法》《中华人民共和国个人信息保护法》《中华人民共和国民法典》《中华人民共和国计算机信息系统安全保护条例》《计算机信息系统国际联网保密管理规定》《中华人民共和国劳动法》《中华人民共和国劳动合同法》 （2）企业规章制度："个人信息使用管理办法"

第18章
企业合规——礼品与接待

18.1 礼品管理流程设计与风险点、合规程序、合规依据

18.1.1 礼品管理流程设计

部门名称	行政部	流程名称		礼品管理流程
生效日期		概　要		
单位	财务部	行政部	申请部门	合规管理部
节点	A	B	C	D

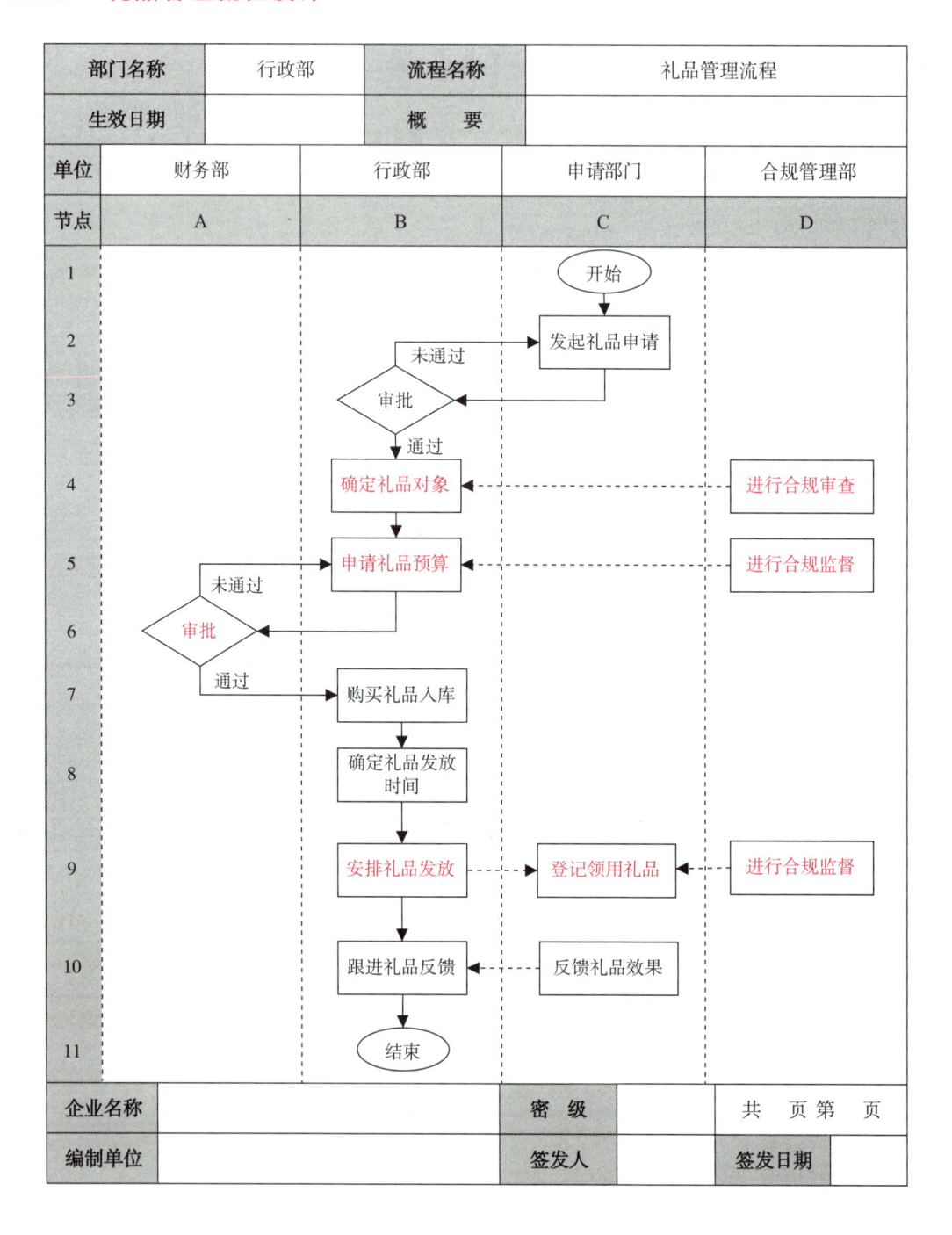

节点	流程
1	开始（C）
2	发起礼品申请（C）
3	审批（B）——未通过则返回
4	确定礼品对象（B）← 进行合规审查（D）
5	申请礼品预算（B）← 进行合规监督（D）
6	审批（A）——未通过则返回
7	购买礼品入库（B）
8	确定礼品发放时间（B）
9	安排礼品发放（B）→ 登记领用礼品（C）← 进行合规监督（D）
10	跟进礼品反馈（B）← 反馈礼品效果（C）
11	结束

企业名称		密　级		共　　页　第　　页
编制单位		签发人		签发日期

18.1.2 礼品管理流程风险点、合规程序、合规依据

合规事项	风险点、合规程序、合规依据
确定礼品对象（B4、D4）	**风险点** （1）拟定发放礼品的对象不明确，无法为申请礼品预算形成有效的事实依据 （2）拟定发放礼品的对象不符合企业现有制度和章程，可能会造成不必要的开支损失 **合规程序** （1）确定礼品对象 ☆ 行政部要依据企业现有制度和章程对申请部门提出的礼品申请进行审批，并对申请部门及其申请的礼品进行登记 （2）进行合规审查 ☆ 合规管理部要仔细审查礼品对象的合规性，排查风险，监督过程并提出整改意见 **合规依据** 企业规章制度："礼品管理制度""企业合规管理制度"
申请礼品预算（B5、A6、D5）	**风险点** （1）礼品预算与实际礼品价值不符，恶意估高价值以收受回扣，给企业造成财务损失 （2）预算购置计划不符合"货比三家，质优价廉"的原则，未能最大限度提高资金使用效率，可能会给企业造成不必要的经济损失 （3）大批量、大宗性质的礼品预算计划违反企业招投标管理制度，可能给企业带来经济、法律等方面的风险 **合规程序** （1）申请礼品预算 ☆ 行政部对所申请的礼品的单价必须进行市场调查，确保礼品预算的合理使用 （2）审批 ☆ 财务部要严格审核申请部门申请的礼品品类和品质情况，明确计划内和计划外的礼品预算申请标准 （3）进行合规监督 ☆ 合规管理部要把控好礼品预算的申请和领用程序，监督好预算审批权限和流程风险 **合规依据** （1）国家法律法规：《中华人民共和国刑法》《企业财务通则》 （2）企业规章制度："礼品管理制度""企业招投标管理制度"

续表

合规事项	风险点、合规程序、合规依据
安排礼品发放（B9、C9、D9）	**风险点** （1）礼品发放未按企业章程进行，未按礼品领发审批表进行登记，造成礼品多发、错发、漏发等问题，给企业带来经济损失 （2）行政部未按制度经常检查礼品储存的卫生环境，导致礼品出现变质、过期等问题，给企业带来经济损失 （3）申请部门未按制度及时上报礼品问题，导致客户接受变质、过期礼品，从而造成企业经济、名誉损失 **合规程序** （1）安排礼品发放 ☆ 行政部至少提前一周核查礼品库存及需求情况，及时检查礼品的性能、状态 ☆ 礼品出库时行政部要依据礼品领发审批表发放，确保礼品数量、品质等符合领发审批表要求 （2）登记领用礼品 ☆ 申请部门领用礼品时要签字确认，按照企业章程执行礼品领取与保管，发现礼品状态异常要及时上报处理 （3）进行合规监督 ☆ 礼品过剩或多余要及时返仓储存，合规管理部要对返仓环节的风险问题进行严格监督 **合规依据** （1）国家法律法规：《中华人民共和国刑法》 （2）企业规章制度："礼品送出管理制度" "企业合规管理制度"

18.2 接待管理流程设计与风险点、合规程序、合规依据

18.2.1 接待管理流程设计

部门名称	行政部	流程名称	接待管理流程
生效日期		概　要	

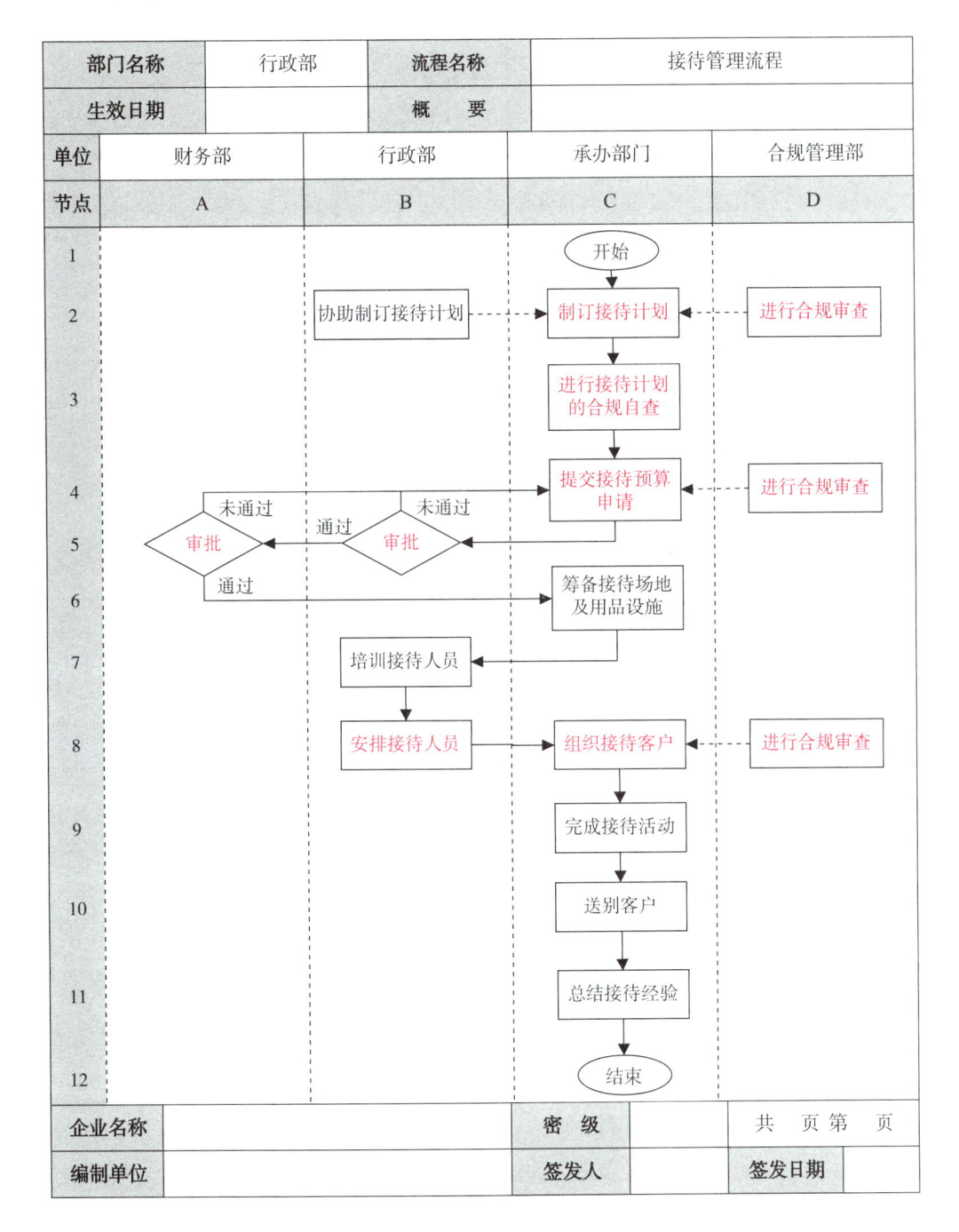

单位	财务部	行政部	承办部门	合规管理部
节点	A	B	C	D
1			开始	
2		协助制订接待计划	制订接待计划	进行合规审查
3			进行接待计划的合规自查	
4			提交接待预算申请	进行合规审查
5	未通过 审批 通过	未通过 审批 通过		
6			筹备接待场地及用品设施	
7		培训接待人员		
8		安排接待人员	组织接待客户	进行合规审查
9			完成接待活动	
10			送别客户	
11			总结接待经验	
12			结束	

企业名称		密级		共　页第　页
编制单位		签发人		签发日期

18.2.2 接待管理流程风险点、合规程序、合规依据

合规事项	风险点、合规程序、合规依据
制订接待计划 （C2、B2、D2、C3）	**风险点** （1）承办部门未按企业制度确定业务接待的费用及服务标准，使企业存在人为操纵的财务损失 （2）承办部门在制订接待计划时未及时与行政部协商、沟通，使得接待业务执行时部门内部不能联动，导致企业的对外形象受损 （3）承办部门在制订接待计划时，未能完整、科学地规避风险，制订的接待计划内容不详细、不准确，给企业造成工作效率及效益的滞后损失 **合规程序** （1）制订接待计划 　☆ 行政部要定期梳理接待计划的风险规避体系及流程，不断完善接待计划的制订规则 （2）进行合规审查 　☆ 合规管理部进行接待计划制订全过程的监督和审查 （3）进行接待计划的合规自查 　☆ 承办部门应对接待计划进行自检自查 **合规依据** （1）国家法律法规：《国家工商行政管理局关于禁止商业贿赂行为的暂行规定》《党政机关国内公务接待管理规定》《国有企业商务招待管理规定》 （2）地方法规：《××省党政机关国内公务接待管理办法》（参照各地管理办法） （3）行业标准："企业诚信合规管理手册" （4）企业规章制度："商务接待管理制度"
申请接待预算 （C4、D4、A5、B5）	**风险点** （1）承办部门对于接待预算的编制不合理，未严格依据业务的需求匹配接待待遇，导致接待资金的浪费和接待配置的冗余 （2）财务部及行政部对于接待预算的审批不严格、不科学，各部门之间缺乏沟通、协商，导致接待预算的执行出现问题，给企业造成经济及名誉损失 **合规程序** （1）提交接待预算申请 　☆ 承办部门要根据企业制度和业务需求匹配接待人员的标准及待遇，编制接待预算并提交审批，避免铺张浪费

续表

合规事项	风险点、合规程序、合规依据
申请接待预算 （C4、D4、 A5、B5）	**合规程序** （2）进行合规审查 　　☆ 合规管理部要从预算额度、支出标准及执行进度上协助承办部门梳理好接待预算的风险问题 （3）审批 　　☆ 行政部要联合财务部与承办部门共同进行接待标准的评估，提前完善预算的调整及追加、扣减流程 **合规依据** （1）国家法律法规：《党政机关国内公务接待管理规定》《国有企业商务招待管理规定》 （2）地方法规：《××省党政机关国内公务接待管理办法》（参照各地管理办法） （3）企业规章制度："商务接待管理制度"
组织接待客户 （C8、B8、 D8）	**风险点** （1）承办部门在接待客户的过程中进行预算调整时程序不规范，预算调整的追加或扣减未按规范及时进行审核、审批 （2）承办部门接待客户时答复客户不专业，造成企业经济利益、信誉及形象损失 **合规程序** （1）组织接待客户 　　☆ 承办部门要依据企业制度进行调增、调减预算的操作，要详细记录接待客户的失误点以供后续工作参考 　　☆ 承办部门要提前准备信息资料用以应对客户问题 （2）进行合规审查 　　☆ 合规管理部要从旁协助承办部门在接待客户过程中规避专业风险问题 **合规依据** （1）地方法规：《××市市属国有企业商务招待管理规定》（参照各地管理规定） （2）企业规章制度："商务接待管理制度"

第19章
企业合规——捐赠与赞助

19.1 捐赠管理流程设计与风险点、合规程序、合规依据

19.1.1 捐赠管理流程设计

部门名称	公益管理部	流程名称	捐赠管理流程
生效日期		概　要	

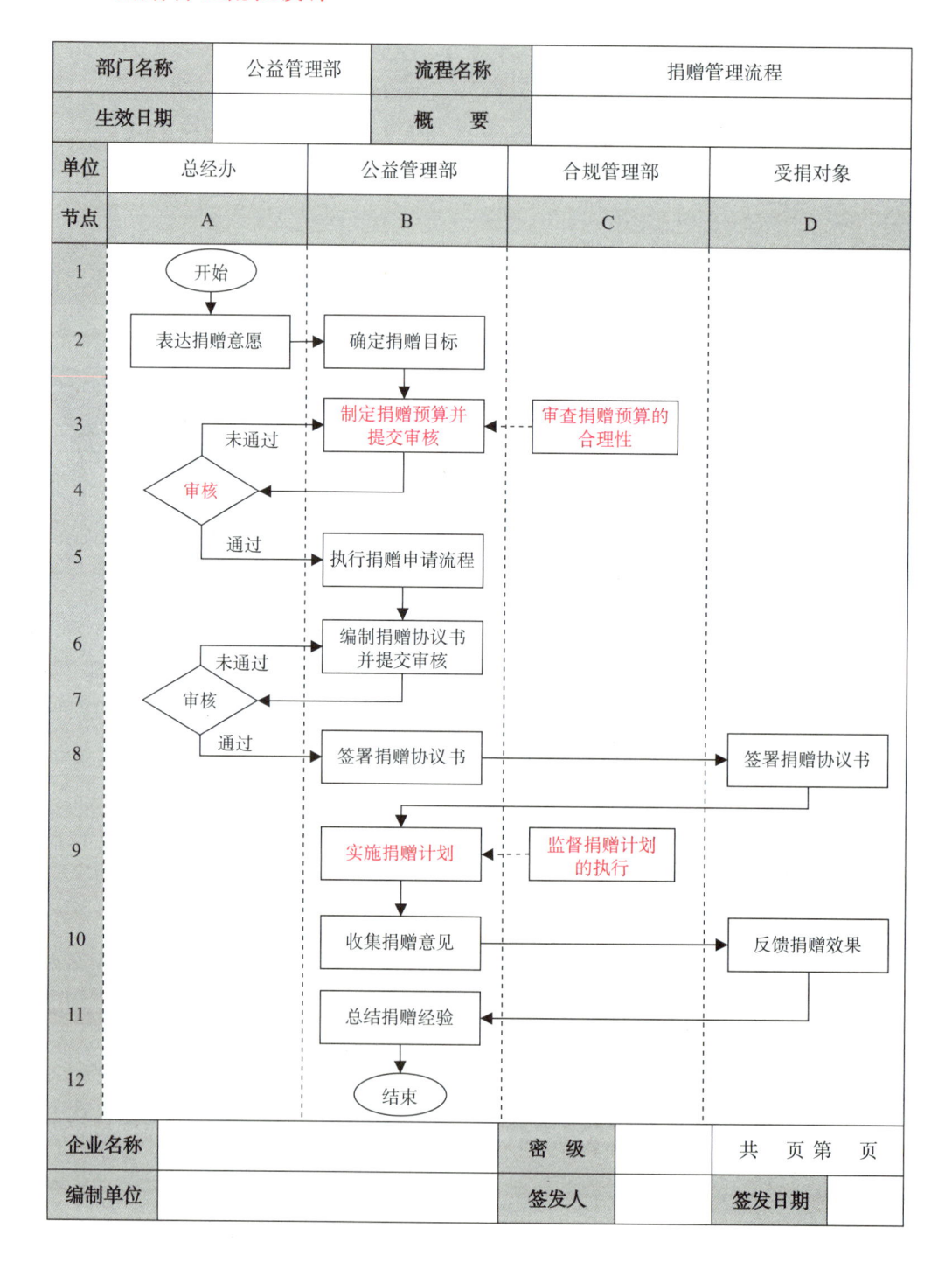

单位	总经办	公益管理部	合规管理部	受捐对象
节点	A	B	C	D
1		开始		
2	表达捐赠意愿	确定捐赠目标		
3		制定捐赠预算并提交审核	审查捐赠预算的合理性	
4	未通过 ← 审核			
5	通过	执行捐赠申请流程		
6		编制捐赠协议书并提交审核		
7	未通过 ← 审核			
8	通过	签署捐赠协议书	→	签署捐赠协议书
9		实施捐赠计划	监督捐赠计划的执行	
10		收集捐赠意见		反馈捐赠效果
11		总结捐赠经验		
12		结束		

企业名称		密级		共　页第　页
编制单位		签发人		签发日期

19.1.2 捐赠管理流程风险点、合规程序、合规依据

合规事项	风险点、合规程序、合规依据
制定捐赠预算 （B3、C3、A4）	**风险点**
	（1）公益管理部未充分考虑企业的经营规模、营收利润等情况，制定的捐赠预算不符合企业实际情况，超出企业的财务承受能力，给企业带来经济风险
	（2）公益管理部制定的捐赠预算中的财产属于不具备处分权的财产，不可作为企业的捐赠标的，导致企业违反相关法律法规，名誉受损
	合规程序
	（1）制定捐赠预算并提交审核 ☆ 公益管理部应充分调研企业的经营状况，综合考虑企业捐赠的社会意义及效果
	（2）审查捐赠预算的合理性 ☆ 合规管理部应对捐赠预算的财产属性进行评估，确保财产符合可捐赠的属性要求，对不符合捐赠法律法规要求的预算要及时叫停并提出修改意见
	（3）审核 ☆ 总经办要依据企业捐赠管理制度严格审核捐赠预算的申请明细，确保捐赠预算的可行性
	合规依据
	（1）国家法律法规：《中华人民共和国慈善法》《中华人民共和国公益事业捐赠法》
	（2）地方法规：《××省省属企业对外捐赠管理办法》（参照各地管理办法）
	（3）行业标准："企业诚信合规管理手册"
	（4）企业规章制度："捐赠审批制度"
实施捐赠计划 （B9、C9）	**风险点**
	（1）公益管理部执行捐赠计划时存在利益输送等行为，违背了捐赠的慈善及公益属性，造成企业经济及名誉受损
	（2）公益管理部在实施捐赠计划时，未确认捐赠的财务合规性，未能取得合法的捐赠发票用于企业税务抵扣，给企业带来经济损失
	（3）公益管理部在实施捐赠计划时，对于符合公告披露要求的捐赠项目，未按程序进行对外公告披露，使企业面临法律、经济、声誉风险
	合规程序
	（1）实施捐赠计划 ☆ 公益管理部需依据国家捐赠法及慈善法等相关法律条例实施捐赠计划，且捐赠过程应透明、公开 ☆ 公益管理部应详细记录每笔捐款支出的明细，并定期核对捐赠发票

续表

合规事项	风险点、合规程序、合规依据
实施捐赠计划 （B9、C9）	**合规程序**
	（2）监督捐赠计划的执行 　　☆ 合规管理部应监督捐赠计划的执行，并对捐款项目的类型进行监督及评估，及时排查可能存在的捐赠风险和问题
	合规依据
	（1）国家法律法规：《中华人民共和国慈善法》《中华人民共和国公益事业捐赠法》
	（2）地方法规：《××省省属企业对外捐赠管理办法》（参照各地管理办法）
	（3）行业标准："企业诚信合规管理手册"
	（4）企业规章制度："捐赠管理制度"

19.2 赞助管理流程设计与风险点、合规程序、合规依据

19.2.1 赞助管理流程设计

部门名称	市场部	流程名称	赞助管理流程
生效日期		概　要	
单位	总经办	市场部	合规管理部	赞助合作方
节点	A	B	C	D

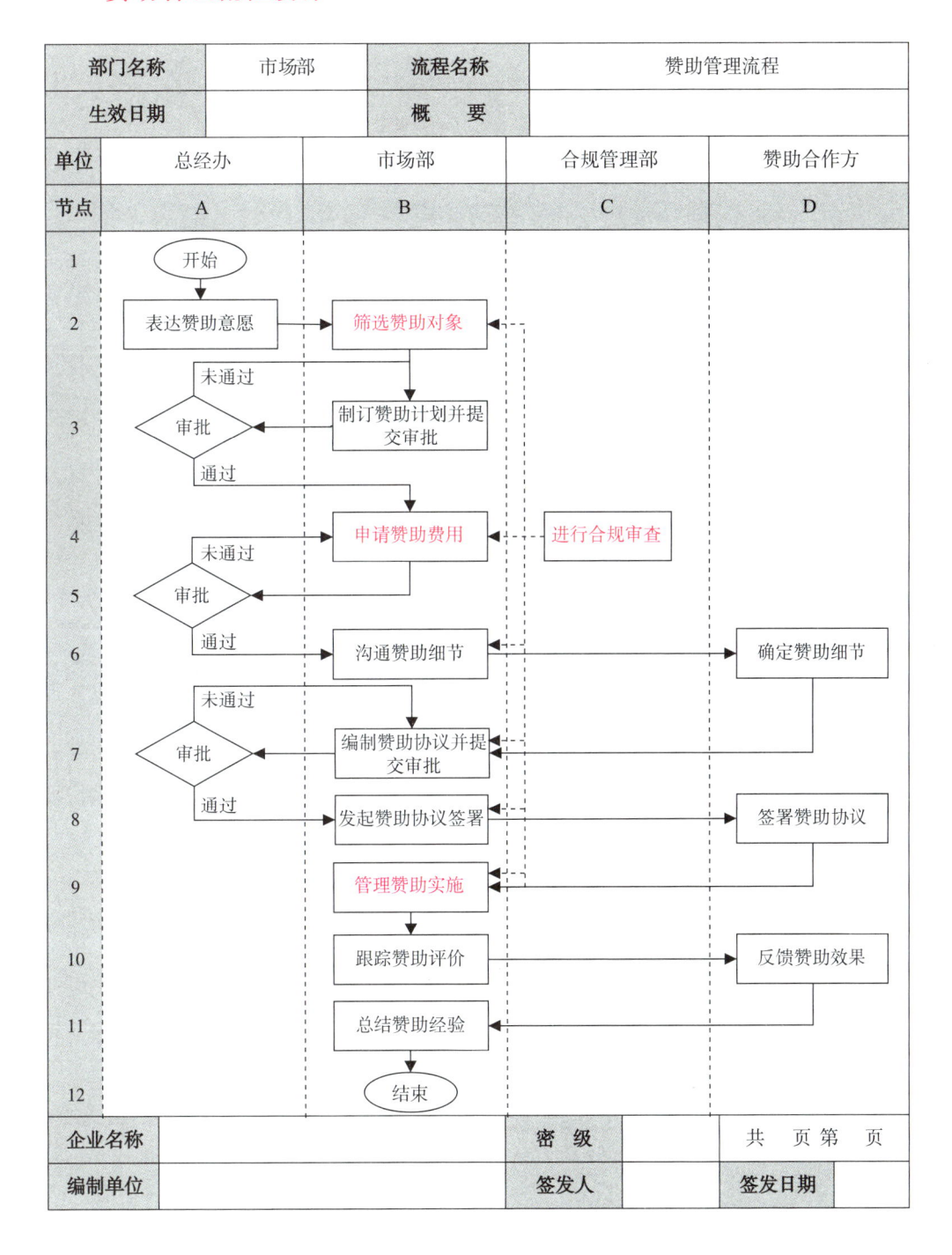

节点	流程
1	开始
2	表达赞助意愿 → 筛选赞助对象
3	审批（未通过/通过）← 制订赞助计划并提交审批
4	申请赞助费用 ← 进行合规审查
5	审批（未通过/通过）
6	沟通赞助细节 ↔ 确定赞助细节
7	审批（未通过/通过）← 编制赞助协议并提交审批
8	发起赞助协议签署 ↔ 签署赞助协议
9	管理赞助实施
10	跟踪赞助评价 ← 反馈赞助效果
11	总结赞助经验
12	结束

企业名称		密级	共　页第　页
编制单位		签发人	签发日期

19.2.2 赞助管理流程风险点、合规程序、合规依据

合规事项	风险点、合规程序、合规依据
筛选赞助目标（B2、C4）	**风险点** （1）市场部在筛选赞助对象时选择存在舆论风险的对象进行合作，给企业造成负面社会影响 （2）市场部违背相关政策法规，利用赞助对象获取不正当利益 **合规程序** （1）筛选赞助对象 　☆ 市场部必须对被赞助对象进行背景调查，充分调研其社会声誉和诚信情况 （2）进行合规审查 　☆ 合规管理部按照企业制度和国家法律法规相关规定对市场部和被赞助对象进行监督，确保二者之间无利益冲突问题 **合规依据** （1）国家法律法规：《中华人民共和国反不正当竞争法》 （2）企业规章制度："赞助管理制度"
申请赞助费用（B4、C4）	**风险点** 市场部未考虑赞助费用的投资回报率，所申请的赞助费用虚高而忽略其宣传效益，可能给企业造成经济损失 **合规程序** （1）申请赞助费用 　☆ 市场部须综合考虑企业对赞助对象的战略定位，从短期和长期效益全盘规划赞助费用的用度问题 （2）进行合规审查 　☆ 合规管理部协同总经办审查赞助费用的规划明细，对约定用途的赞助费用进行合理性和可行性分析 **合规依据** （1）国家法律法规：《社会捐赠（赞助）运动员、教练员奖金、奖品管理暂行办法》 （2）企业规章制度："赞助管理制度"
管理赞助实施（B9、C4）	**风险点** （1）市场部实施赞助项目时，被赞助对象的行为存在不利于市场公平竞争的情况，可能给企业带来各方面的风险 （2）市场部实施赞助项目时，未按企业制度及国家法律法规相关规定做到专款专用，从中收取佣金回扣等，给企业造成经济损失

续表

合规事项	风险点、合规程序、合规依据
管理赞助实施（B9、C4）	**合规程序**
	（1）管理赞助实施 ☆ 市场部要管理赞助实施全过程，确保赞助项目顺利实施 （2）进行合规审查 ☆ 合规管理部对发生过的赞助活动中的部分环节进行抽样审查，可要求市场部提供活动回顾、赞助的市场宣传效果和利益回报等履约情况 ☆ 合规管理部开通内部投诉、监督和举报通道，对市场部的赞助项目实施情况进行合规审查
	合规依据
	（1）国家法律法规：《中华人民共和国反不正当竞争法》 （2）企业规章制度："赞助管理制度"

第20章
企业合规——跨境贸易

20.1 跨境货物贸易管理流程设计与风险点、合规程序、合规依据

20.1.1 跨境货物贸易管理流程设计

部门名称	国际业务部	流程名称	跨境货物贸易管理流程
生效日期		概　要	

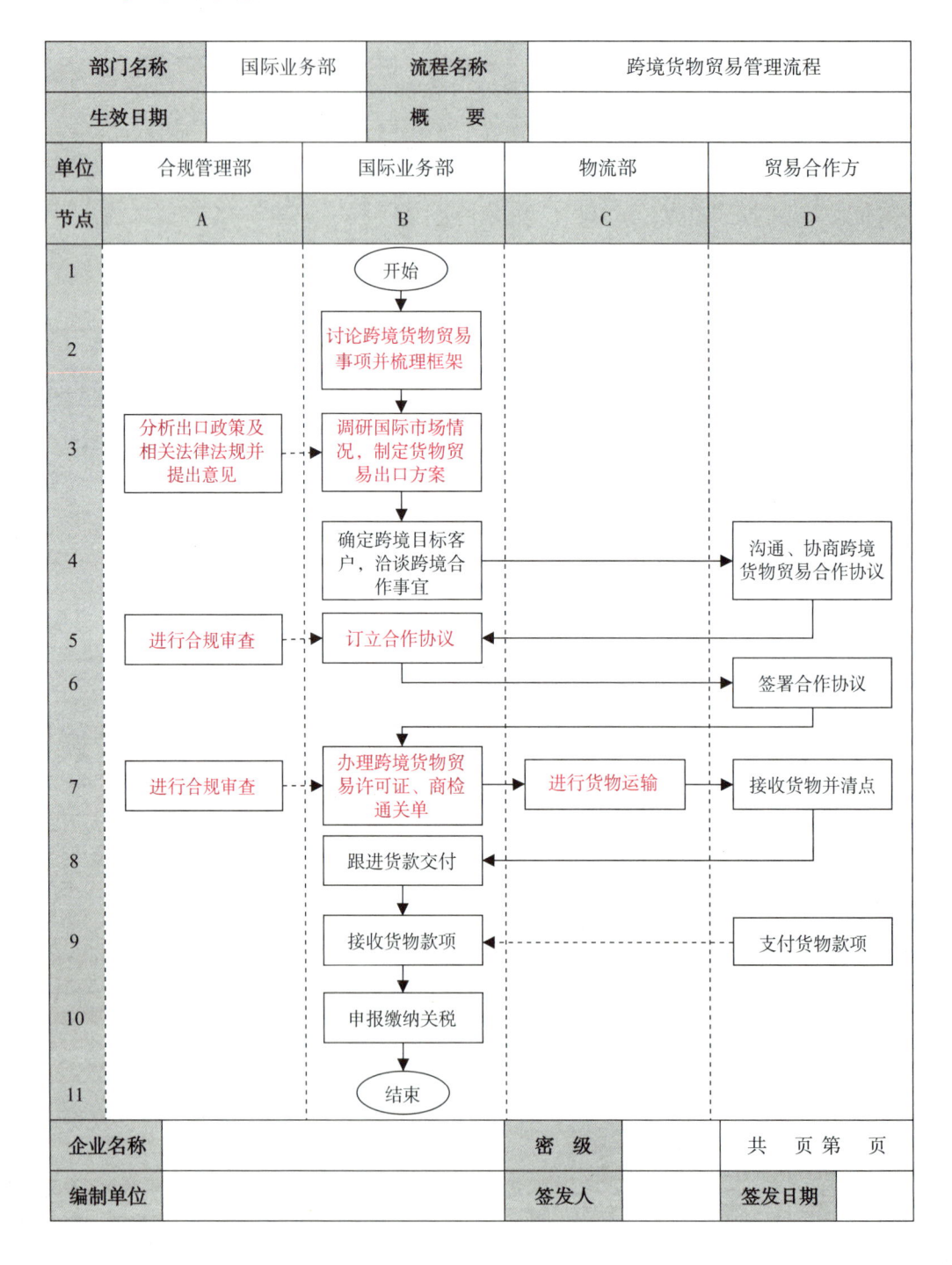

单位	合规管理部	国际业务部	物流部	贸易合作方
节点	A	B	C	D
1		开始		
2		讨论跨境货物贸易事项并梳理框架		
3	分析出口政策及相关法律法规并提出意见	调研国际市场情况，制定货物贸易出口方案		
4		确定跨境目标客户，洽谈跨境合作事宜		沟通、协商跨境货物贸易合作协议
5	进行合规审查	订立合作协议		
6				签署合作协议
7	进行合规审查	办理跨境货物贸易许可证、商检通关单	进行货物运输	接收货物并清点
8		跟进货款交付		
9		接收货物款项		支付货物款项
10		申报缴纳关税		
11		结束		

企业名称		密级		共　页第　页
编制单位		签发人		签发日期

20.1.2 跨境货物贸易管理流程风险点、合规程序、合规依据

合规事项	风险点、合规程序、合规依据
制定货物贸易出口方案（B3、A3）	**风险点**
	国际业务部未按照国家相关规定提前到海关总署进行生产备案，造成所生产的货物侵犯海关总署备案的知识产权问题，导致企业经济及声誉受损
	合规程序
	（1）调研国际市场情况，制定货物贸易出口方案 ☆ 国际业务部要依据国家出口法规及相关政策进行货物贸易出口方案制定，排查出口货物是否存在知识产权、专利权等相关方面问题 （2）分析出口政策及相关法律法规并提出意见 ☆ 合规管理部应对国家出口政策及相关法律法规进行研究分析并向国际业务部提出意见
	合规依据
	（1）国家法律法规：《中华人民共和国海关法》《中华人民共和国出口管制法》《中华人民共和国对外贸易法》 （2）企业规章制度："跨境货物贸易管理办法""跨境货物贸易海关监管和出口管制规范"
订立合作协议（B5、A5）	**风险点**
	（1）国际业务部在订立合作协议时，未考虑协议的签订日期与合作到款日期的国际汇率变化，浮动汇率给企业带来经济损失 （2）国际业务部订立合作协议时，未对可能出现的跨境贸易争议约定明确的仲裁机构和准据法，可能给企业带来贸易仲裁风险
	合规程序
	（1）订立合作协议 ☆ 国际业务部须综合判断汇率波动问题带来的经济影响，妥善选择计价货币及交付时间 ☆ 国际业务部须依据相应法规增加跨境货物贸易的保值条款及汇率风险条款，以尽可能地降低汇率波动给企业带来的经济损失 （2）进行合规审查 ☆ 合规管理部应详细审查合作协议的条例，保护企业经济利益
	合规依据
	（1）国家法律法规：《中华人民共和国外汇管理条例》《承认及执行外国仲裁裁决公约》《中华人民共和国对外贸易法》 （2）企业规章制度："跨境货物贸易管理办法""跨境货物贸易海关监管和出口管制规范"

续表

合规事项	风险点、合规程序、合规依据
运输贸易货物（B7、C7、A7）	**风险点** （1）国际业务部未按最新政策及法律法规对贸易货物申请报关审查，耽误贸易货物运输进度，导致企业经济受损 （2）物流部在运输货物时未按企业制度仔细排查，导致货物破损、运输时间增加、货物丢失等问题，给企业造成经济损失 **合规程序** （1）办理跨境货物贸易许可证、商检通关单 　☆ 国际业务部需联合物流部提前了解货物出关的要求以及目的地国家的海关和进口政策，掌握物流运输的最新规章制度及法律法规 　☆ 国际业务部应准时办理跨境货物贸易许可证、商检通关单 （2）进行货物运输 　☆ 物流部在所有手续办理无误后进行货物运输，确保货物能准时、完整地送达 （3）进行合规审查 　☆ 合规管理部需对物流部运输货物的过程进行审查及监督，及时排查风险并提醒改正 **合规依据** （1）国家法律法规：《中华人民共和国海商法》《国际铁路货物联运协定》《中华人民共和国对外贸易法》 （2）企业规章制度："跨境货物贸易管理办法""跨境货物贸易海关监管和出口管制规范"

20.2 跨境服务贸易管理流程设计与风险点、合规程序、合规依据

20.2.1 跨境服务贸易管理流程设计

部门名称	国际业务部	流程名称	跨境服务贸易管理流程
生效日期		概要	

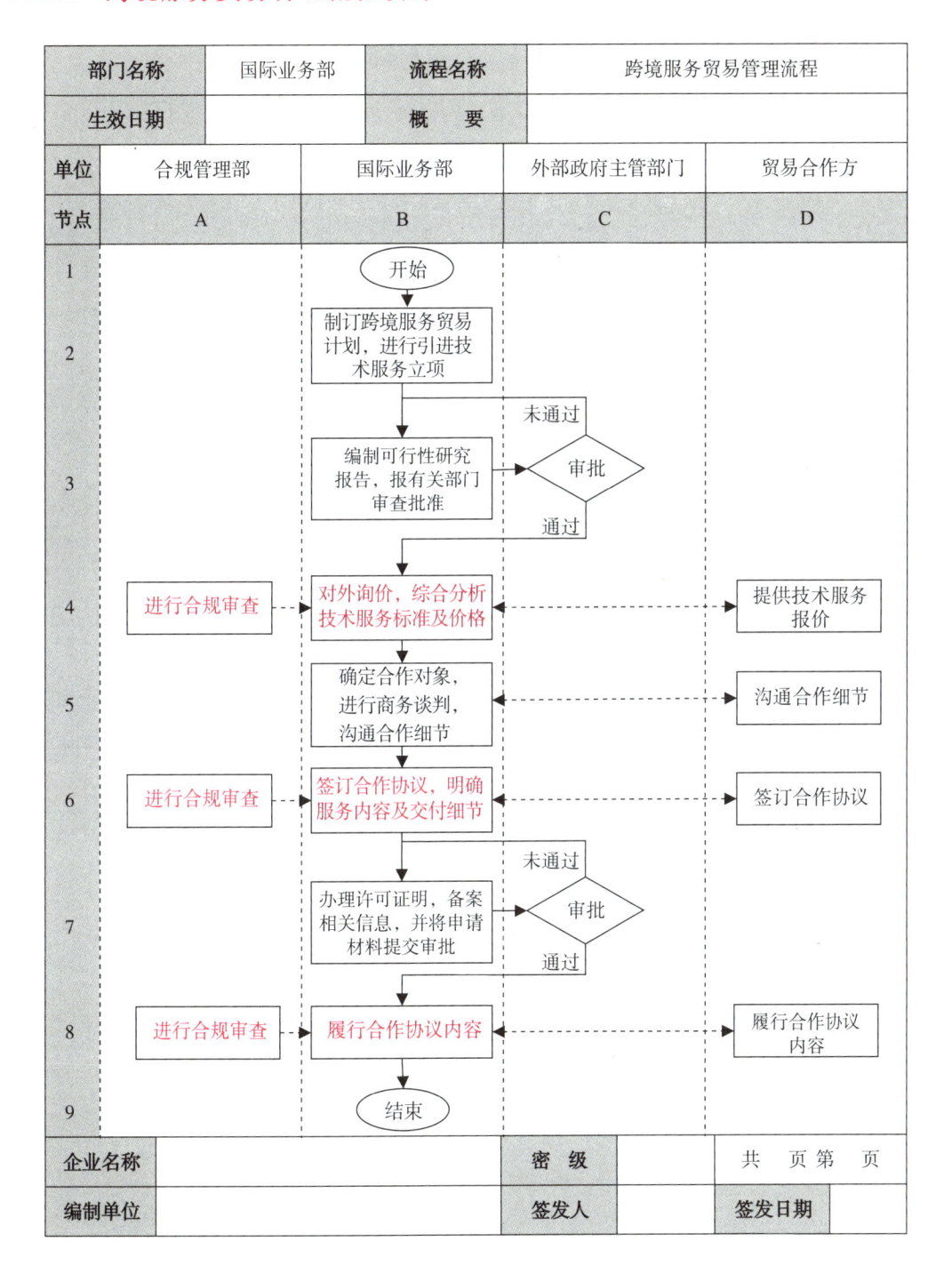

单位	合规管理部	国际业务部	外部政府主管部门	贸易合作方
节点	A	B	C	D
1		开始		
2		制订跨境服务贸易计划,进行引进技术服务立项		
3		编制可行性研究报告,报有关部门审查批准	审批(未通过/通过)	
4	进行合规审查	对外询价,综合分析技术服务标准及价格		提供技术服务报价
5		确定合作对象,进行商务谈判,沟通合作细节		沟通合作细节
6	进行合规审查	签订合作协议,明确服务内容及交付细节		签订合作协议
7		办理许可证明,备案相关信息,并将申请材料提交审批	审批(未通过/通过)	
8	进行合规审查	履行合作协议内容		履行合作协议内容
9		结束		

企业名称		密级		共 页 第 页
编制单位		签发人		签发日期

20.2.2 跨境服务贸易管理流程风险点、合规程序、合规依据

合规事项	风险点、合规程序、合规依据
进行跨境服务贸易询价（B4、A4）	**风险点**
	未按照制度流程进行市场调研，或盲目听信合作方的报价，给企业造成经济损失
	合规程序
	（1）对外询价，综合分析技术服务标准及价格 ☆ 国际业务部对外询价，综合分析技术服务标准及价格，并对国际市场进行充分调研，确保贸易合作方的报价是合理的 （2）进行合规审查 ☆ 合规管理部应对国际业务部的询价方案进行仔细核查，重点关注贸易合作方报价的合理性和可行性
	合规依据
	（1）国家法律法规：《中华人民共和国对外贸易法》《中华人民共和国技术进出口管理条例》 （2）企业规章制度："跨境服务贸易管理办法""跨境服务贸易风险预防办法"
签订合作协议（B6、A6）	**风险点**
	合作协议中包含国家禁止或限制进口的技术及服务内容，可能给企业带来法律风险
	合规程序
	（1）签订合作协议，明确服务内容及交付细节 ☆ 国际业务部应按照国家法律法规有关规定确定进口技术服务内容，按照相关规定调整、取消国家限制及严禁进口的内容 ☆ 国际业务部应及时对进口技术服务进行备案和审批，确保内容及过程合乎规定 （2）进行合规审查 ☆ 合规管理部应对合作协议的内容进行合规审查，重点关注其有无涉及国家法律法规禁止及限制进口的内容，若有，则应立即告知国际业务部更改相应内容
	合规依据
	（1）国家法律法规：《中华人民共和国对外贸易法》《中华人民共和国技术进出口管理条例》 （2）企业规章制度："跨境服务贸易管理办法""跨境服务贸易风险预防办法"

续表

合规事项	风险点、合规程序、合规依据
履行合作协议内容（B8、A8）	**风险点** 国际业务部在履行合作协议内容时存在违法违规行为，给企业带来法律纠纷及经济损失 **合规程序** （1）履行合作协议内容 ☆ 国际业务部要严格遵守合作协议内容，同时也要监督贸易合作方履行合作协议规定的质量和效率情况 （2）进行合规审查 ☆ 合规管理部需按照相关法律法规及企业制度对己方企业和贸易合作方履行合作协议的全过程进行审查，及时提醒并要求其调整及修正不合规行为 **合规依据** （1）国家法律法规：《中华人民共和国对外贸易法》《中华人民共和国技术进出口管理条例》 （2）企业规章制度："跨境服务贸易管理办法" "跨境服务贸易风险预防办法"

第21章
企业合规——重点环节

21.1 制度制定合规管理流程设计与风险点、合规程序、合规依据

21.1.1 制度制定合规管理流程设计

部门名称	企业管理部		流程名称	制度制定合规管理流程
生效日期			概　要	

单位	总经办	企业管理部	其他部门	合规管理部
节点	A	B	C	D
1		开始		
2	表达制度制定意愿	梳理制度制定要求	提供部门职能、职责相关资料	
3		召开制度研究会议	参会并提出意见	
4	未通过	起草试行版制度并提交审批		
5	审批		补充和完善资料	进行合规审查
6	通过	颁布并试行制度	反馈制度执行效果	
7	未通过 审批	汇总并修正制度存在的问题		进行合规审查
8	通过	正式颁布制度		
9			提供制度修改建议	进行合规审查
10		定期优化制度		
11		结束		

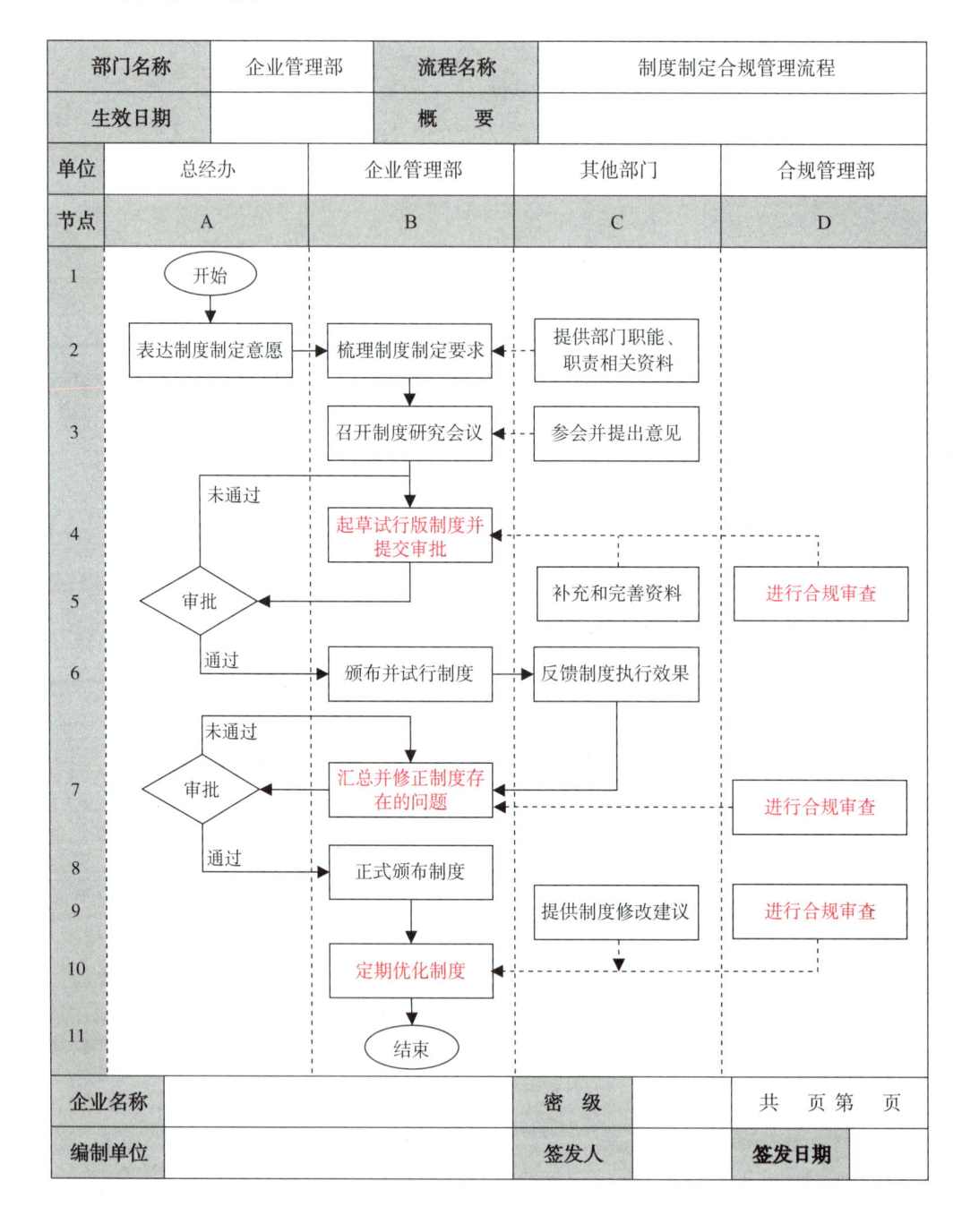

企业名称		密级		共　页　第　页
编制单位		签发人		签发日期

204

21.1.2 制度制定合规管理流程风险点、合规程序、合规依据

合规事项	风险点、合规程序、合规依据
起草试行版制度（B4、D5）	**风险点** （1）企业管理部所制定的管理制度不符合国家法律法规有关规定，造成企业形象及经济受损 （2）制度的文字表述不准确、存有歧义，制度的适用范围不明确，导致其他部门执行效率低下，给企业带来经济损失 **合规程序** （1）起草试行版制度并提交审批 ☆ 企业管理部在制定制度时要充分调研企业各部门的职能及职责内容，综合考虑企业经营体系 （2）进行合规审查 ☆ 合规管理部要强化对企业规章制度等内容的合规审查，确保企业管理部制定的制度符合法律法规、监管规定等要求 **合规依据** （1）国家法律法规：《中华人民共和国公司法》《中华人民共和国劳动法》 （2）企业规章制度："制度与文件合规审查管理办法""制度制定与颁布管理办法"
汇总并修正制度存在的问题（B7、D7）	**风险点** 企业管理部在修正制度问题时，其他部门未及时反馈制度执行有困难，未注重制度的实效问题，导致制度影响企业发展 **合规程序** （1）汇总并修正制度存在的问题 ☆ 企业管理部修正制度问题时，应依据企业章程、国家法律法规有关规定等设置兜底条款，并确保制度条款清晰且符合逻辑 ☆ 企业管理部可设定匿名收集制度问题的方式，为企业管理者与员工在提出制度问题时创造规范有序且公平的环境 （2）进行合规审查 ☆ 合规管理部要对企业管理部的制度问题汇总和修正工作进行合规审查 **合规依据** （1）国家法律法规：《最高人民法院关于审理劳动争议案件适用法律若干问题的解释（一）》 （2）企业规章制度："制度与文件合规审查管理办法""制度制定与颁布管理办法"

续表

合规事项	风险点、合规程序、合规依据
定期优化管理制度（B10、D9）	**风险点**
	企业管理部未按企业制度对已超过适用范围及期限的制度进行优化，给企业带来经济损失
	合规程序
	（1）定期优化管理制度 ☆ 企业管理部需定期对其他部门的制度进行调研，及时优化不符合企业发展的制度 （2）进行合规审查 ☆ 合规管理部应定期对制度的执行情况进行监督、审查，并及时向企业管理部提出优化意见
	合规依据
	（1）国家法律法规：《中华人民共和国公司法》《中华人民共和国劳动法》 （2）企业规章制度："制度与文件合规审查管理办法" "制度制定与颁布管理办法"

21.2 经营决策合规管理流程设计与风险点、合规程序、合规依据

21.2.1 经营决策合规管理流程设计

部门名称	总经办	流程名称	经营决策合规管理流程
生效日期		概要	

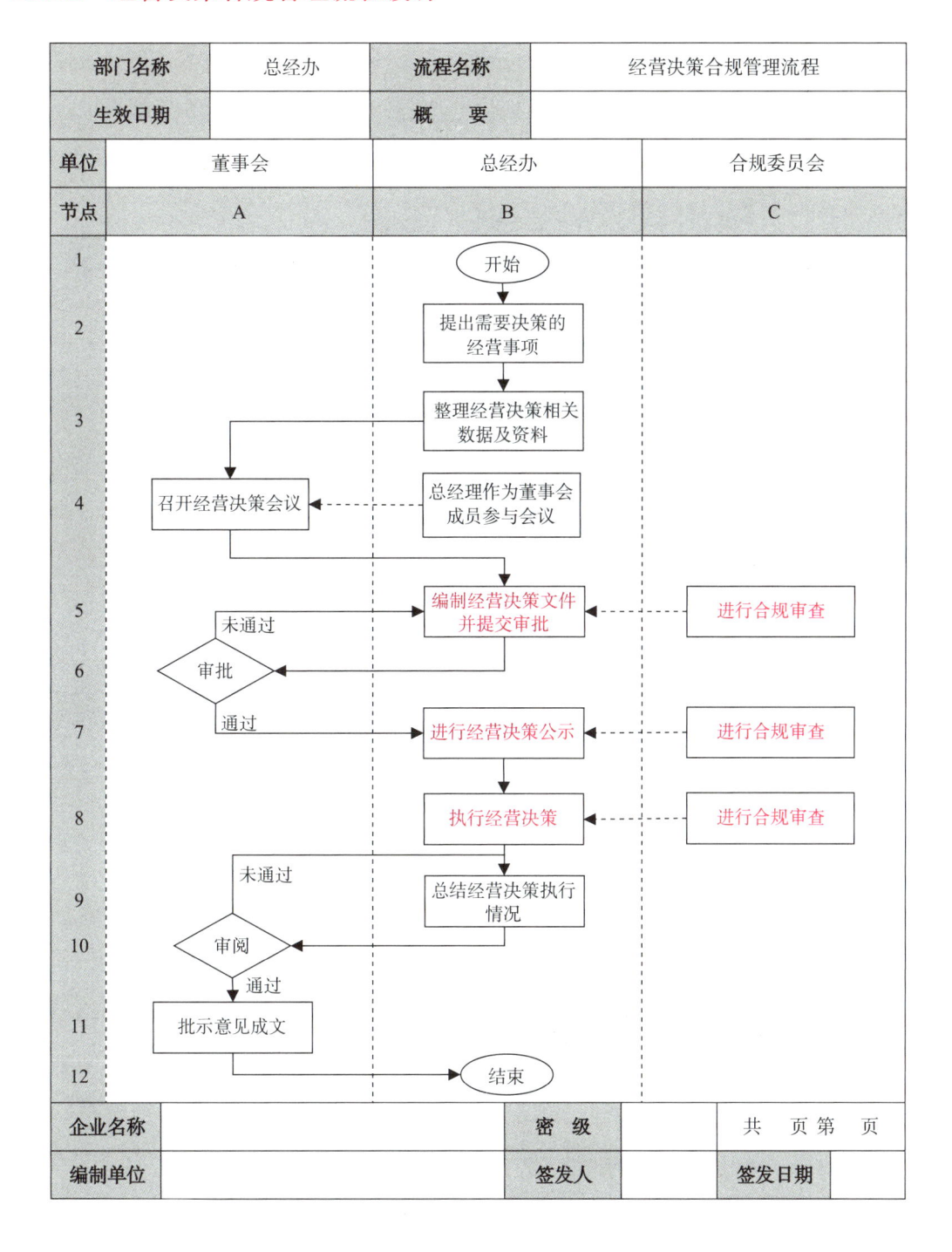

单位	董事会	总经办	合规委员会
节点	A	B	C
1		开始	
2		提出需要决策的经营事项	
3		整理经营决策相关数据及资料	
4	召开经营决策会议	总经理作为董事会成员参与会议	
5		编制经营决策文件并提交审批	进行合规审查
6	审批（未通过/通过）		
7		进行经营决策公示	进行合规审查
8		执行经营决策	进行合规审查
9		总结经营决策执行情况	
10	审阅（未通过/通过）		
11	批示意见成文		
12		结束	

| 企业名称 | | 密级 | | 共 页 第 页 |
| 编制单位 | | 签发人 | | 签发日期 |

21.2.2　经营决策合规管理流程风险点、合规程序、合规依据

合规事项	风险点、合规程序、合规依据
编制经营决策文件（B5、C5）	**风险点**
	（1）经营决策文件不符合国家法律法规有关规定，导致企业受到经济处罚
	（2）经营决策文件未明确决策责任追究方，无法在企业经营出现风险问题时为企业提供依据
	合规程序
	（1）编制经营决策文件并提交审批
	☆ 总经办编制经营决策文件时要熟知国家法律法规及地方法规，并详细记录参照资料
	（2）进行合规审查
	☆ 合规委员会在审查经营决策文件时，要协助总经办提前梳理可能遇到的经营风险，细化各层级决策事项和权限范围，明确经营风险的责任方
	合规依据
	（1）国家法律法规：《中华人民共和国公司法》
	（2）地方法规：《××省省属企业合规管理指引》（参照各地管理指引）
	（3）企业规章制度："经营决策管理制度"
进行经营决策公示（B7、C7）	**风险点**
	（1）经营决策公示期出现与之相关的经营异常问题，不符合企业经营发展规划
	（2）经营决策公示期因企业管理问题被举报，可能给企业带来不好的舆论风险
	合规程序
	（1）进行经营决策公示
	☆ 经营决策公示前，董事会要对其进行严格审批，要依据企业经营状况和制度要求对经营决策进行审查
	☆ 总经办要把握好公示期前后的企业内外部舆论导向，及时排查问题
	（2）进行合规审查
	☆ 合规委员会要对企业经营决策公示期进行合规审查
	合规依据
	（1）国家法律法规：《重大行政决策程序暂行条例》
	（2）企业规章制度："经营决策管理制度""决策事项合规论证制度"

续表

合规事项	风险点、合规程序、合规依据
执行经营决策（B8、C8）	**风险点**
	总经办在执行经营决策时，出现徇私舞弊等问题，违反国家法律法规及企业制度有关规定，给企业带来法律风险
	合规程序
	（1）执行经营决策 ☆ 总经办对执行经营决策的各个环节进行记录保存，并对执行程序进行公开 （2）进行合规审查 ☆ 合规委员会要加强对决策事项的合规论证，要确保决策执行过程依法、合规
	合规依据
	（1）国家法律法规：《中华人民共和国公司法》《中央企业合规管理指引（试行）》 （2）企业规章制度："经营决策管理制度" "决策事项合规论证制度"

21.3　生产运营合规管理流程设计与风险点、合规程序、合规依据

21.3.1　生产运营合规管理流程设计

部门名称	生产部	流程名称	生产运营合规管理流程
生效日期		概　要	

单位	生产部经理	生产部	合规管理部
节点	A	B	C
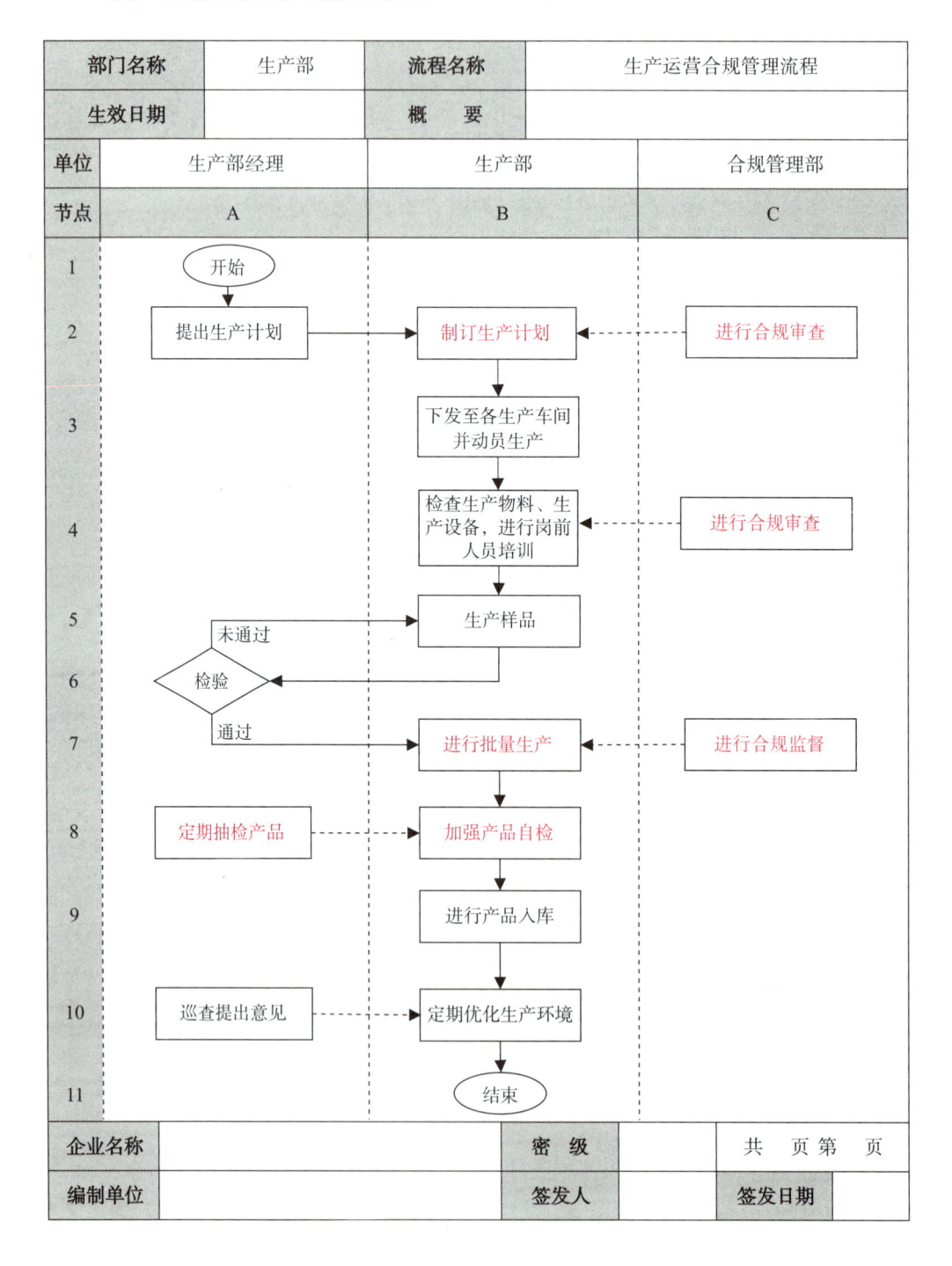 1		开始	
2	提出生产计划	制订生产计划	进行合规审查
3		下发至各生产车间并动员生产	
4		检查生产物料、生产设备，进行岗前人员培训	进行合规审查
5		生产样品	
6	检验（未通过／通过）		
7		进行批量生产	进行合规监督
8	定期抽检产品	加强产品自检	
9		进行产品入库	
10	巡查提出意见	定期优化生产环境	
11		结束	

企业名称		密级		共　页第　页
编制单位		签发人		签发日期

21.3.2　生产运营合规管理流程风险点、合规程序、合规依据

合规事项	风险点、合规程序、合规依据
制订生产计划（B2、C2）	**风险点**
	生产部未按企业、行业及国家相关规定制订生产计划，导致相关生产流程标准制定得不合理，影响企业的生产效率
	合规程序
	（1）制订生产计划 　☆ 生产部在制订生产计划前要对企业车间及人员配置进行充分分析，评估产能产效，结合企业实际情况制订生产计划 　☆ 生产部可联合采购部及物流部配合对生产所需的物料、设备及生产完成后的运输设施进行综合评估，以制订合理、可行的生产计划 （2）进行合规审查 　☆ 合规管理部应对生产计划的内容进行审查，确保生产计划符合相关规定
	合规依据
	（1）国家法律法规：《中华人民共和国安全生产法》 （2）企业规章制度："合规生产管理制度"
产前检查、岗前人员培训（B4、C4）	**风险点**
	（1）生产部未按规定对生产物料库存、原料到货周期、设备设施状态、员工在岗数量等情况进行及时核对、检查，造成生产工期出现问题，给企业造成经济损失 （2）生产部未按规定对员工进行岗前培训，或培训不仔细，造成事故风险，给企业带来法律责任和经济风险
	合规程序
	（1）检查生产物料、生产设备，进行岗前人员培训 　☆ 生产部应按照"合规生产管理制度"对生产机器、设备定期进行保养，并在开始生产前做好检查 　☆ 生产部要清点好生产物料库存，及时与采购部确认原料的到货周期，便于合理配置 　☆ 生产部应规范化工作人员的操作培训，及时关注生产人员的职业素质和心理素质，保障生产效率的稳定性 （2）进行合规监督 　☆ 合规管理部要对生产环境的检查及人员的岗前培训进行合规监督，提前排查出生产环节隐藏的风险
	合规依据
	（1）国家法律法规：《中华人民共和国安全生产法》《中华人民共和国公司法》《中华人民共和国劳动法》《中华人民共和国产品质量法》 （2）企业规章制度："合规生产管理制度""重点流程监督检查制度"

续表

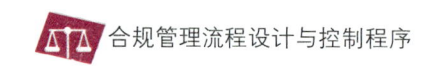

合规事项	风险点、合规程序、合规依据
进行批量生产（B7、C7）	**风险点** （1）生产部未按照工序要求、生产标准进行生产，导致生产的产品不符合客户预期，给企业造成经济损失 （2）在生产过程中未按照生产计划执行，偷工减料，以次充好，对企业经济、声誉等造成负面影响 **合规程序** （1）进行批量生产 ☆ 生产部经理要建立严格的产品质量控制和检验制度，按规、按质进行生产，并定期对生产的产品进行抽检 （2）进行合规监督 ☆ 合规管理部联合生产部加强对生产流程的监督检查，确保生产经营过程相关人员照章办事、按章操作 **合规依据** （1）国家法律法规：《中华人民共和国安全生产法》《中华人民共和国产品质量法》《中华人民共和国消费者权益保护法》《中华人民共和国反不正当竞争法》《中华人民共和国乡镇企业法》 （2）企业规章制度："合规生产管理制度""重点流程监督检查制度"

第 22 章
企业合规——重点人员

22.1 管理人员合规管理流程设计与风险点、合规程序、合规依据

22.1.1 管理人员合规管理流程设计

部门名称	合规管理部	流程名称	管理人员合规管理流程
生效日期		概　要	

单位	董事会	合规管理部	人力资源部
节点	A	B	C
1		开始	
2	提出对管理人员进行合规管理的需求	筛选进行合规管理的管理人员明细	提供人事资料
3		明确管理人员的合规管理方向	
4		法律法规 / 监管规定 / 行业准则 / 企业章程 / 道德规范	
5		确定合规管理方案并提交审批	
6	未通过 ← 审批 → 通过		
7		定期审查并公示合规审查结果	协助评估
8	作出决策，修正问题人员	定期汇报合规问题	
9		结束	

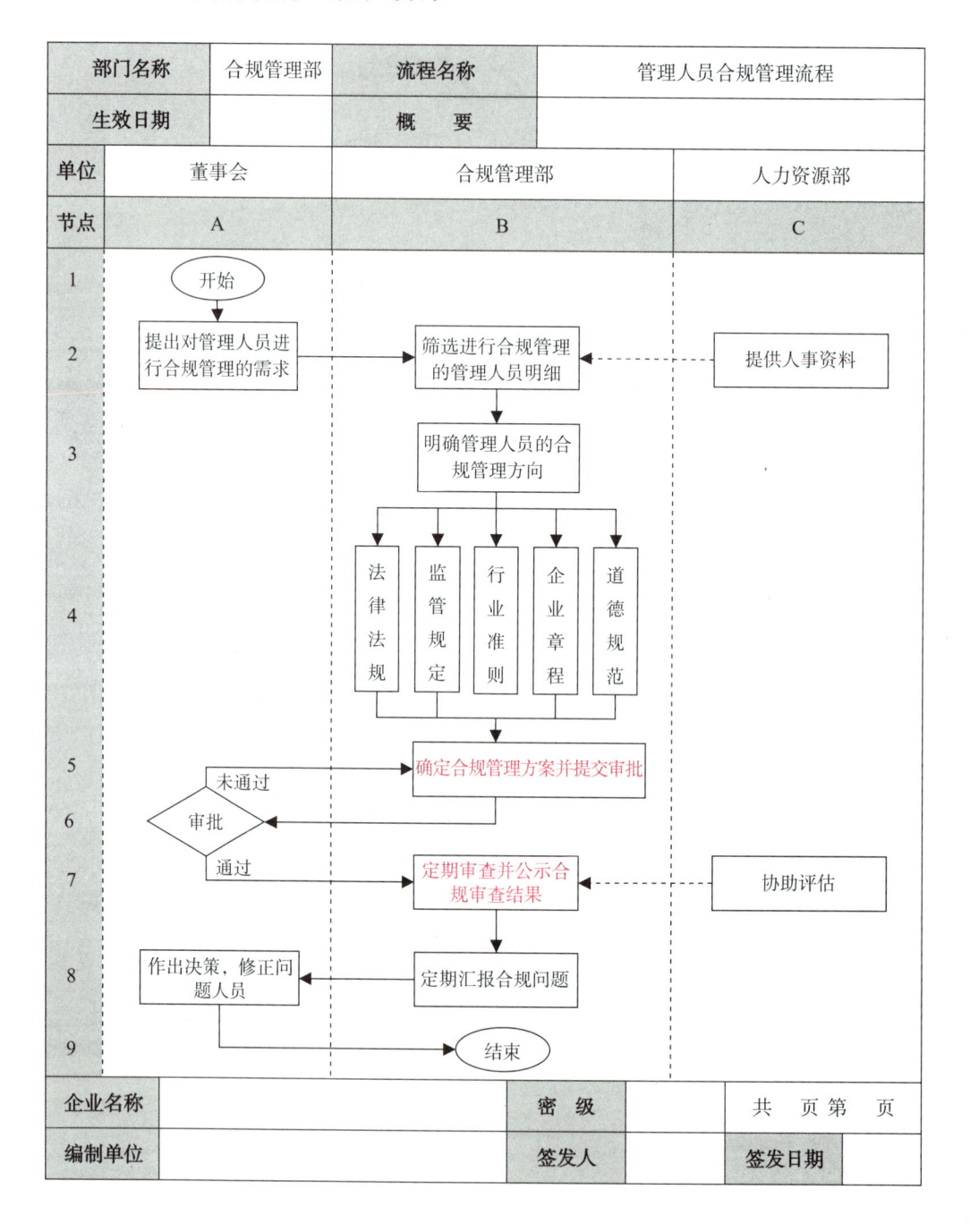

企业名称		密　级		共　页　第　页
编制单位		签发人		签发日期

214

22.1.2　管理人员合规管理流程风险点、合规程序、合规依据

合规事项	风险点、合规程序、合规依据
确定合规管理方案（B5、A6）	**风险点** 合规管理方案不完善，可能给企业造成经济损失 **合规程序** （1）确定合规管理方案并提交审批 　　☆ 合规管理部应按照国家法律法规、企业规定等内容对管理人员的职责进行细化梳理，确保方案能够涵盖管理人员的授权管理、印章管理、经营管理等全过程，以规避系统性风险 （2）审批 　　☆ 董事会要根据相关规定对合规管理部提交的合规管理方案进行严格审批，对管理人员权责合规问题中存在的界限不清的情况应要求合规管理部进行补充完善 **合规依据** （1）国家法律法规：《中华人民共和国公司法》《中华人民共和国劳动合同法》《国有企业领导人员廉洁从业若干规定》 （2）企业规章制度："合规管理职责确认制度""合规管理问责制度"
定期审查并公示合规审查结果（C7、B7）	**风险点** （1）合规管理部未按规定对管理人员的合规问题进行处理，导致小问题变成大事故，给企业带来经济损失、法律责任 （2）审查人员徇私舞弊，对审查结果存在包庇情况，未按规定及时公示合规审查结果 **合规程序** （1）协助评估 　　☆ 人力资源部协助合规管理部对管理人员的合规问题进行分块考核，同时制定对管理人员的内外部监督机制 　　☆ 明确合规考核结果的奖惩机制，对合规审查结果中表现突出的管理人员进行适当表彰，对具有风险问题的管理人员进行分级处理 （2）定期审查并公示合规审查结果 　　☆ 合规管理部定期审查并及时公示管理人员的合规审查结果，且要保障合规审查过程及结果的公开、透明 **合规依据** （1）国家法律法规：《中华人民共和国公司法》《企业内部控制基本规范》《中华人民共和国监察法》 （2）企业规章制度："合规管理问责制度"

22.2 重要风险岗位人员管理流程设计与风险点、合规程序、合规依据

22.2.1 重要风险岗位人员管理流程设计

部门名称	合规管理部	流程名称	重要风险岗位人员管理流程
生效日期		概　要	

单位	董事会	合规管理部	相关风险岗位人员
节点	A	B	C
1		开始	
2	提出重要风险岗位人员合规管理要求	梳理重要风险岗位人员	由风险岗位部门负责人提供相关资料
3		确定岗位风险因素	协同整理风险问题
4		编制风险识别制度并提交审批	
5	未通过 ← 审批		
6	通过 →	组织培训合规事项	
7	监督指导	定期评估考核	
8		形成检查通报	
9		表彰合规人员，责令不合规人员整改、修正问题	不合规人员整改、修正问题
10	监督并提出意见	定期轮岗调换人员	
11		结束	

企业名称		密　级		共　页第　页
编制单位		签发人		签发日期

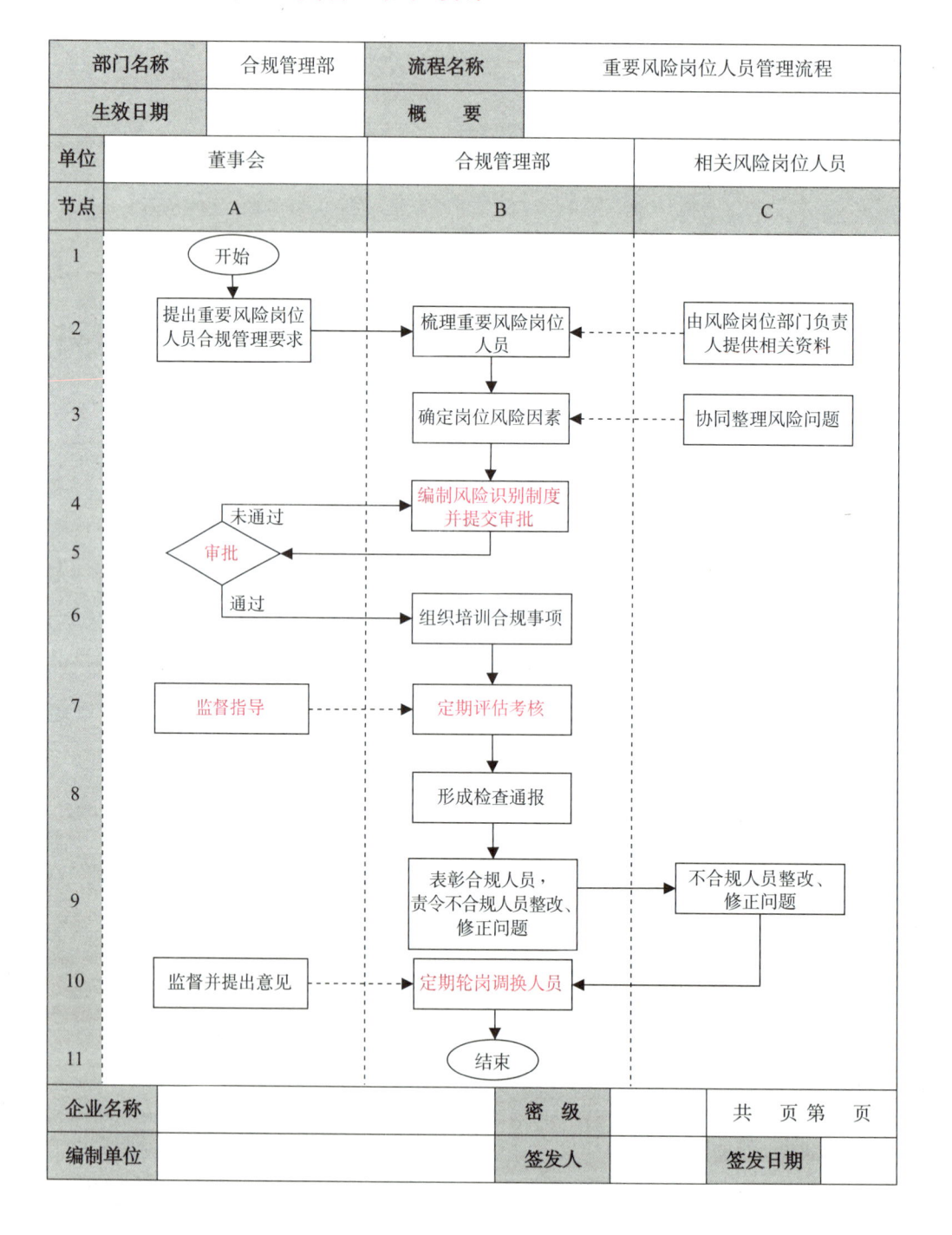

22.2.2 重要风险岗位人员管理流程风险点、合规程序、合规依据

合规事项	风险点、合规程序、合规依据
编制风险识别制度（B4、A5）	**风险点** （1）合规管理部未按照相关规定编制风险识别制度，或风险识别制度不完善，给企业带来潜在法律风险 （2）风险识别制度中部分内容指向不明确，存在模棱两可的情形，导致执行时适用难度较大，可能造成企业经济损失 **合规程序** （1）编制风险识别制度并提交审批 　☆ 合规管理部应把握好各风险岗位的职能、职责及风险因素，根据企业的实际情况及相关制度、国家法律法规有关规定、行业标准等内容，编制并完善风险识别制度 　☆ 合规管理部在编制风险识别制度时要充分调研风险岗位人员职工代表的意见，确保风险识别制度的可行性 （2）审批 　☆ 董事会应对风险识别制度内容进行合规审批，要求制度细化完善、可执行性高，符合国家法律法规有关规定及企业相关规章制度 **合规依据** （1）国家法律法规：《中华人民共和国公司法》《中华人民共和国安全生产法》《国有企业领导人员廉洁从业若干规定》 （2）企业规章制度："重要风险岗位人员监督问责制度"
定期评估考核（B7）	**风险点** （1）企业合规管理部设计的考核指标体系不符合相关规定，且考核标准多为主观判断，给企业造成不当的舆论影响 （2）考核结果未由岗位人员签字确认，未及时与岗位人员达成一致，给企业带来法律责任、声誉损失 **合规程序** 定期评估考核 　☆ 合规管理部须在评估考核阶段依据相关规定制定考核标准，要明确指出针对的是哪一种行为以及若存在该种行为会有何后果 　☆ 评估考核内容要明确到具体的执行部门和审批部门，要客观、准确 　☆ 评估考核结果公示前，合规管理部应与部分员工提前沟通，合规管理部须让员工对考核结果进行签字确认，证明员工对评估考核结果的认可 　☆ 涉及重大风险问题的评估考核结果，需要依据法律法规对评估考核结果进行具有司法效力的民主程序和公示程序

续表

合规事项	风险点、合规程序、合规依据
定期评估考核（B7）	**合规依据** （1）国家法律法规：《中华人民共和国公司法》《中华人民共和国劳动法》《中华人民共和国劳动合同法》《企业民主管理规定》 （2）企业规章制度："重要风险岗位人员监督问责制度"
定期轮岗调换人员（B10、A10）	**风险点** （1）未按相关规定对涉及机密信息岗位的人员进行定期轮岗调换，导致企业信息泄露，给企业造成经济、法律风险 （2）重要风险岗位人员在调换岗位时，合规管理部未按规定对其进行脱密处理，给企业带来各方面损失 **合规程序** （1）定期轮岗调换人员 ☆ 合规管理部应定期优化轮岗流程，做好轮岗制度的更新和维护工作，持续关注重要风险岗位人员的工作状态 ☆ 要加大对重要风险岗位人员的轮岗培训力度，强化上层领导的管理和监督责任 （2）监督并提出意见 ☆ 对重点领域和重点环节的重要风险岗位人员，合规部要联合董事会共同进行合规监视 **合规依据** （1）国家法律法规：《中华人民共和国数据安全法》《中华人民共和国网络安全法》《中华人民共和国计算机信息系统安全保护条例》 （2）企业规章制度："重要风险岗位人员培训制度"

22.3 境外人员管理流程设计与风险点、合规程序、合规依据

22.3.1 境外人员管理流程设计

部门名称	合规管理部	流程名称	境外人员管理流程
生效日期		概　　要	

单位	董事会	合规管理部	人力资源部	相关境外人员
节点	A	B	C	D
1			开始	
2	提出招聘管理层的岗位要求及意见		招聘境外人员入职	
3		进行合规监视	申办境外人员就业许可相关证明	
4		进行合规监视	对拟录用境外人员进行安全背景调查	
5	审批（未通过/通过）	制定合规管理制度并提交审批		
6		进行合规培训		参与培训
7		签署合规承诺书		签署合规承诺书
8		建立合规档案		
9		进行数据安全巡查		
10		处理违规人员	协助处理	
11		结束		

企业名称		密级		共　页第　页
编制单位		签发人		签发日期

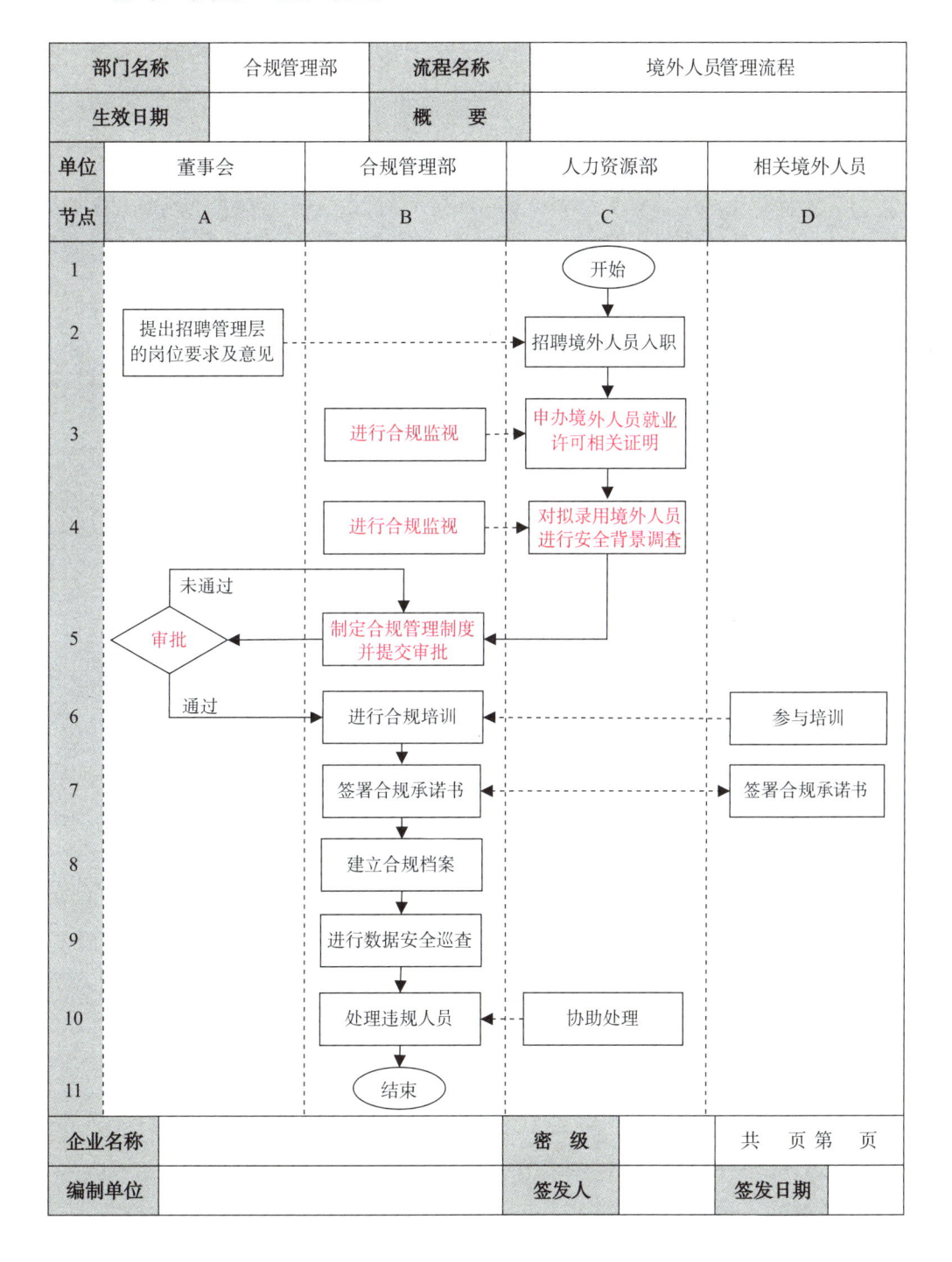

22.3.2 境外人员管理流程风险点、合规程序、合规依据

合规事项	风险点、合规程序、合规依据
申办境外人员就业许可相关证明（C3、B3）	**风险点**
	人力资源部未按照国家法律法规有关规定申办境外人员就业许可相关证明，或所申办的证明不完善，给企业带来法律风险
	合规程序
	（1）申办境外人员就业许可相关证明 　☆ 人力资源部应按照国家法律法规相关规定，了解境外人员在国内就业所需的许可证明，梳理不同国家人员在我国就业所需的资质内容，制定模板及流程，按章办事 （2）进行合规监督 　☆ 合规管理部应协助人力资源部对境外人员证件证明的真实性、有效性等内容进行核实，部分证明存在延期或变更问题的，要及时告知境外人员处理
	合规依据
	（1）国家法律法规：《中华人民共和国出境入境管理法》《中华人民共和国外国人入境出境管理条例》《外国人在中国就业管理规定》《中华人民共和国国籍法》《数据出境安全评估办法》 （2）企业规章制度："境外人员国内工作规定"
对拟录用境外人员进行安全背景调查（C4）	**风险点**
	人力资源部未按法律规定对拟录用境外人员的背景进行充分调查，未依据不同国家法律法规的授权方案进行调查，给企业带来经济损失、法律责任
	合规程序
	对拟录用境外人员进行安全背景调查 　☆ 人力资源部要熟悉不同国家的法律条例，对拟录用境外人员的背景调查必须要获得其所属国家的协会或机构的正规授权，以降低雇佣风险 　☆ 人力资源部在进行背景调查时，要根据国家法律法规尽可能全面的进行调查，包括但不限于境外人员的国籍护照信息、犯罪记录、民事诉讼记录、工作经历、学习经历、社交媒体等内容
	合规依据
	（1）国家法律法规：《中华人民共和国出境入境管理法》《中华人民共和国外国人入境出境管理条例》《外国人在中国就业管理规定》《中华人民共和国国籍法》《中华人民共和国劳动合同法》《中华人民共和国个人信息保护法》 （2）企业规章制度："境外人员国内工作规定"

续表

合规事项	风险点、合规程序、合规依据
制定合规管理制度（B5、A5）	**风险点**
	合规管理制度不完善，未充分考虑国外法律及规定，可能给企业带来法律风险
	合规程序
	（1）制定合规管理制度并提交审批 ☆ 合规管理部在制定合规管理制度时，应充分搜集境外人员所属国家的相关法律法规，结合国内相关管理规定，对拟录用境外人员进行管理 ☆ 合规管理部应定期对国内外法律法规进行梳理，及时修正和优化制度 （2）审批 ☆ 董事会要根据企业相关制度进行审批，并监督合规管理的执行 ☆ 董事会要定期审阅制度内容，监督执行效果，及时指导合规管理部对制度进行修正
	合规依据
	（1）国家法律法规：《中华人民共和国出境入境管理法》《中华人民共和国外国人入境出境管理条例》《外国人在中国就业管理规定》 （2）企业规章制度："境外人员国内工作规定"

第 23 章
企业合规——境外投资经营

23.1 境外投资合规风险排查流程设计与风险点、合规程序、合规依据

23.1.1 境外投资合规风险排查流程设计

部门名称	合规管理部	流程名称	境外投资合规风险排查流程
生效日期		概　要	

单位	总经办	合规管理部	国际业务部
节点	A	B	C
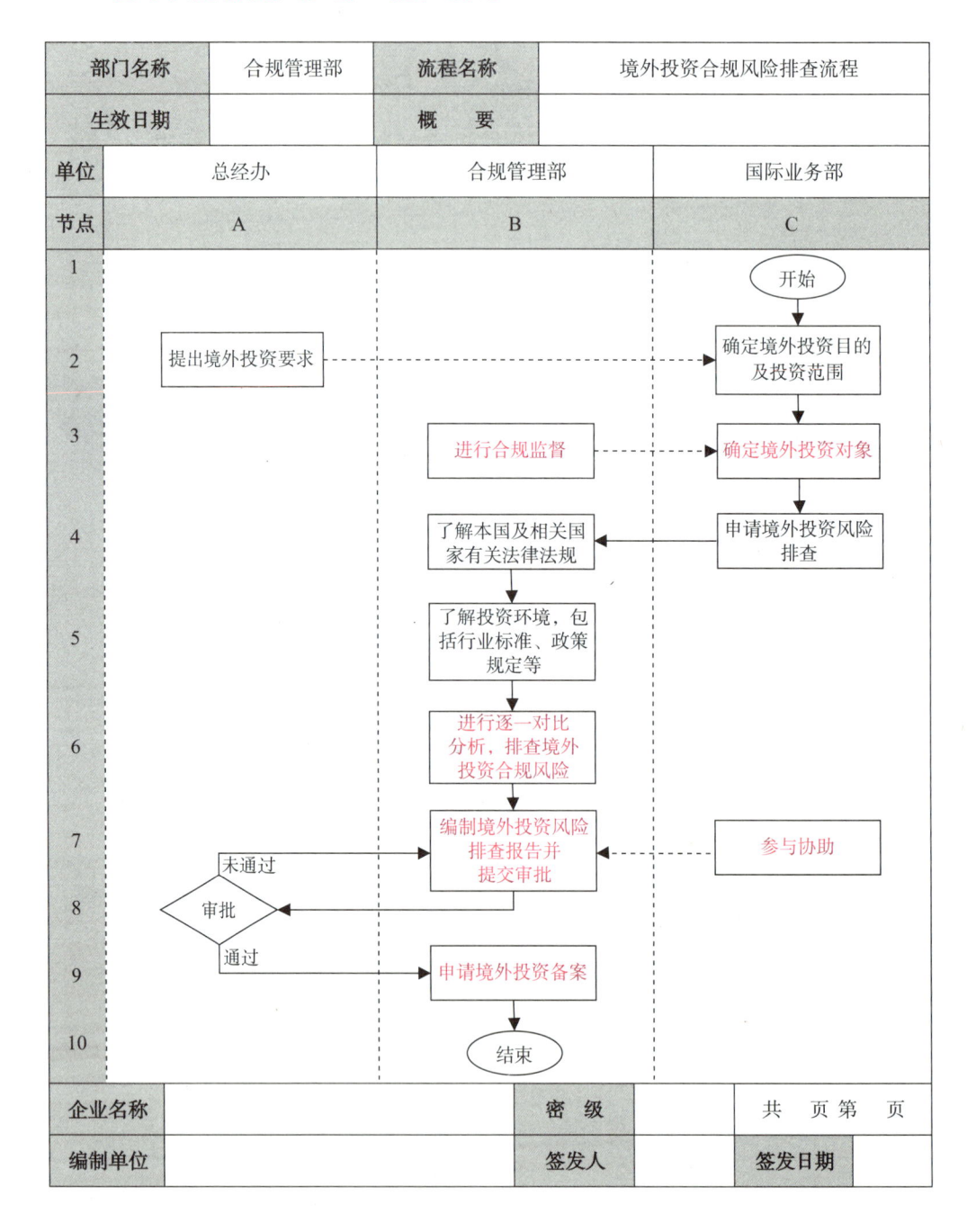 1			开始
2	提出境外投资要求		确定境外投资目的及投资范围
3		进行合规监督	确定境外投资对象
4		了解本国及相关国家有关法律法规	申请境外投资风险排查
5		了解投资环境，包括行业标准、政策规定等	
6		进行逐一对比分析，排查境外投资合规风险	
7		编制境外投资风险排查报告并提交审批	参与协助
8	审批（未通过/通过）		
9		申请境外投资备案	
10		结束	

企业名称		密级		共　页 第　页
编制单位		签发人		签发日期

23.1.2 境外投资合规风险排查流程风险点、合规程序、合规依据

合规事项	风险点、合规程序、合规依据
确定境外投资对象（C3、B3）	**风险点** 国际业务部在筛选境外投资对象时存在徇私舞弊行为，存在收受贿赂指定境外投资对象的行为，给企业带来法律和经济风险 **合规程序** （1）确定境外投资对象 　　☆ 国际业务部必须依据企业战略及相关政策严格筛选境外投资对象，仔细核查投资对象的背景、关系等 　　☆ 国际业务部必须依据国家法律法规有关规定确定境外投资对象，不得在筛选投资对象时收受好处 （2）进行合规监督 　　☆ 合规管理部要对投资对象的被选择原因、条件、背景等内容进行合规监督，确保无中间人收受贿赂 **合规依据** （1）国家法律法规：《中华人民共和国公司法》《中华人民共和国证券投资基金法》《中华人民共和国外商投资法》 （2）企业规章制度："境外经营合规风险排查与评估制度"
编制境外投资风险排查报告（B6、B7、C7、A8）	**风险点** 合规管理部缺乏对境外投资环境的有效风险评估，未依据法律法规、相关政策对所投资的地点及对象进行有效评估，从而导致所编制的境外投资风险排查报告有漏洞、不完善，给企业带来经济、法律风险 **合规程序** （1）逐一对比分析，排查境外投资合规风险 　　☆ 合规管理部应充分评估对境外投资对象进行投资的可行性，充分了解外投资相关的法律法规以及投资地点的政策及规范性文件，仔细筛选并对比投资风险 　　☆ 合规管理部要做好对境外投资所在国政治、经济形势的评估，要对海外经纪人、投资中间人的专业技能进行考察，确保投资信息准确、合规 （2）编制境外投资风险排查报告并提交审批 　　☆ 合规管理部在编制境外投资风险排查报告时，应充分核对法律法规、相关政策的相关内容，对所投资的对象进行有效评估，提前排查风险并整理应对方案

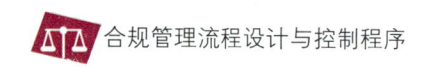

续表

合规事项	风险点、合规程序、合规依据
编制境外投资风险排查报告（B6、B7、C7、A8）	**合规程序**
	（3）参与协助 ☆ 国际业务部在辅助编制境外投资风险排查报告的工作中，应提供详尽资料，按规定协助排查风险漏洞 （4）审批 ☆ 总经办要对境外投资风险排查报告进行严格审批，指导、监督境外投资风险排查报告的可行性、准确性，及时排查隐患
	合规依据
	（1）国家法律法规：《中华人民共和国证券投资基金法》《中华人民共和国外商投资法》《企业境外投资管理办法》《商务部办公厅关于做好境外投资管理工作的通知》《商务部办公厅关于做好国内企业在境外投资开办企业（金融企业除外）核准初审取消后相关工作的通知》 （2）地方法规：《××省境外投资管理办法实施细则》（参照各地管理规定） （3）企业规章制度："境外经营合规风险排查与评估制度"
申请境外投资备案（B9）	**风险点**
	（1）合规管理部在申请境外投资备案时未按照相关法律法规办理完整的证明手续，备案资质不完善，给企业带来法律风险 （2）境外投资备案证件超过使用期限或企业境外投资中出现增资、减资等情况时，合规管理部未按相关规定及时更新备案证明，给企业带来法律风险
	合规程序
	申请境外投资备案 ☆ 合规管理部应按照国家法律法规及国际投资有关规定，梳理完整的境外投资备案流程模板，按章办事 ☆ 合规管理部要定期对境外投资备案证件进行检查，及时排查异常，及时更新证件、证明资料
	合规依据
	（1）国家法律法规：《中华人民共和国证券投资基金法》《境外投资管理办法》《商务部办公厅关于做好境外投资管理工作的通知》《商务部办公厅关于做好国内企业在境外投资开办企业（金融企业除外）核准初审取消后相关工作的通知》 （2）企业规章制度："境外经营合规风险排查与评估制度"

23.2 境外投资合规风险评估流程设计与风险点、合规程序、合规依据

23.2.1 境外投资合规风险评估流程设计

部门名称	合规管理部	流程名称	境外投资合规风险评估流程
生效日期		概　要	
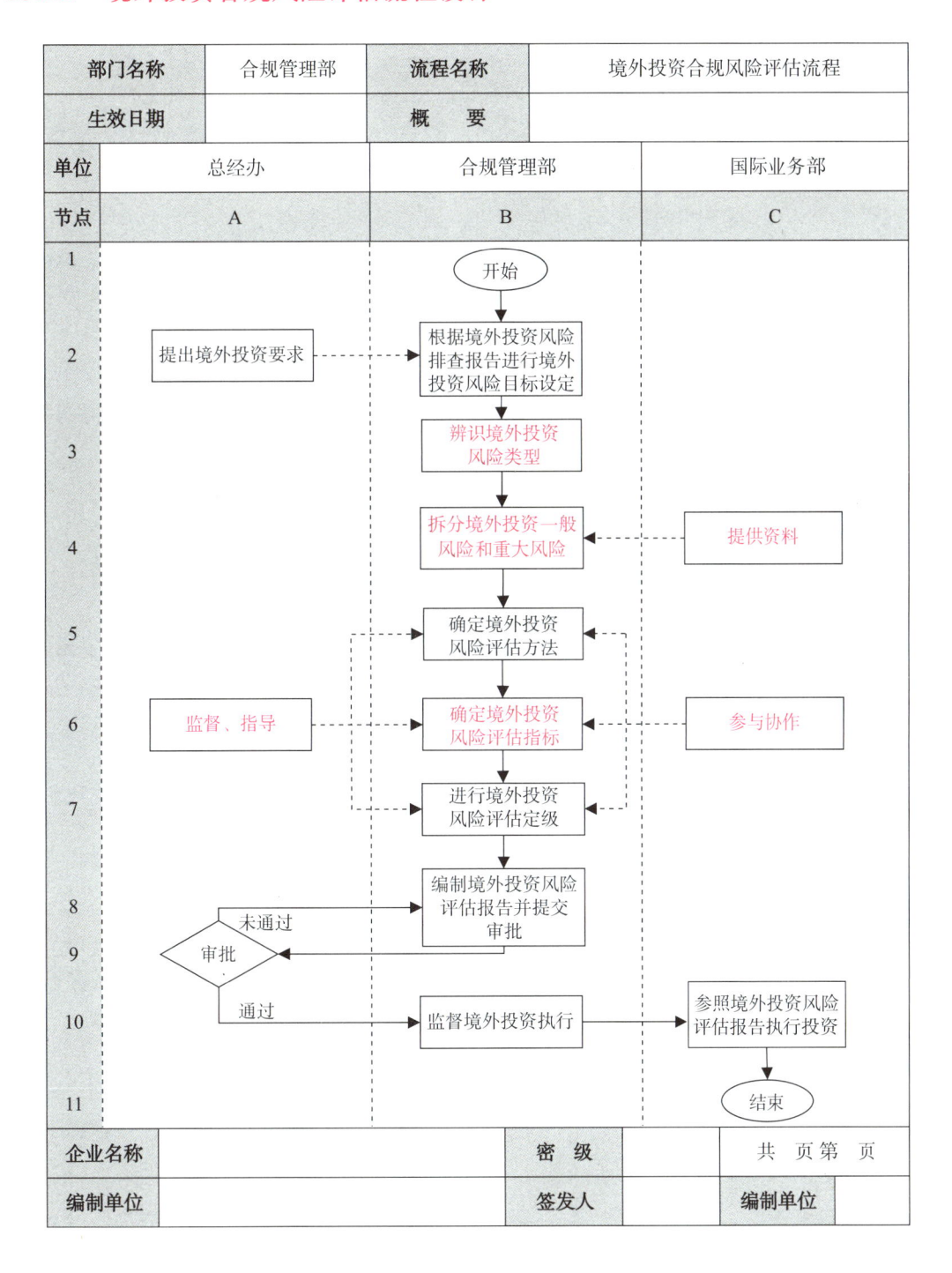 单位	总经办	合规管理部	国际业务部
节点	A	B	C
1		开始	
2	提出境外投资要求	根据境外投资风险排查报告进行境外投资风险目标设定	
3		辨识境外投资风险类型	
4		拆分境外投资一般风险和重大风险	提供资料
5		确定境外投资风险评估方法	
6	监督、指导	确定境外投资风险评估指标	参与协作
7		进行境外投资风险评估定级	
8		编制境外投资风险评估报告并提交审批	
9	审批（未通过/通过）		
10		监督境外投资执行	参照境外投资风险评估报告执行投资
11			结束

企业名称		密级	共　页　第　页
编制单位		签发人	编制单位

23.2.2　境外投资合规风险评估流程风险点、合规程序、合规依据

合规事项	风险点、合规程序、合规依据
辨识风险类型（B3、B4、C4）	**风险点** 合规管理部在拆分境外投资风险类型时，没有仔细核查境外投资风险出现的原因，未按相关规定对境外投资风险问题进行全部梳理，导致遗漏部分风险问题，可能给企业造成经济损失 **合规程序** （1）辨识境外投资风险类型 　☆ 合规管理部可根据境外投资的投资前期、中期、后期不同阶段梳理境外投资风险类型，按照相关法律法规及企业制度提前辨识境外投资风险类型 （2）拆分境外投资一般风险和重大风险 　☆ 合规管理部要根据国际业务部提供的资料尽可能多的捕捉境外投资细节，对境外投资对象的生产、运营、管理、组织、市场等多方面进行横向、纵向对比，依据法律法规、国际交易政策及规定等细化风险问题 （3）提供资料 　☆ 国际业务部要为企业管理部提供尽可能详细、完整的境外投资相关资料，以供企业管理部排查境外投资项目可能存在的风险 **合规依据** （1）国家法律法规：《中华人民共和国公司法》《中华人民共和国证券投资基金法》《国有企业境外投资财务管理办法》《企业境外投资管理办法》《国家外汇管理局关于进一步简化和改进直接投资外汇管理政策的通知》《关于进一步引导和规范境外投资方向指导意见的通知》 （2）地方法规：《××市财政局关于加强本市境外投资财务管理若干意见的通知》（参照各地通知） （3）企业规章制度："境外经营合规风险排查与评估制度"
确定风险评估指标（B6、A6、C6）	**风险点** 合规管理部在确定风险评估指标时，未选择正确、合适的准则、制度，或指标内容存在遗漏，可能给企业带来法律风险 **合规程序** （1）确定境外投资风险评估指标 　☆ 合规管理部要对境外投资风险的重要程度、影响大小等进行优先级分类，依据相关规定及制度选择合适、准确的评估指标 　☆ 合规管理部在确定评估指标时要结合境内外资产评估、法律服务、财会板块、认证服务等多维度进行筛选

续表

合规事项	风险点、合规程序、合规依据
确定风险评估指标（B6、A6、C6）	**合规程序**
	（2）严格监督、指导 ☆ 总经办要对境外投资风险评估指标进行严格的监督和指导，及时提出有关国家政治、经济、社会等方面可能存在的风险 （3）参与协作 ☆ 国际业务部要帮助合规管理部梳理境外投资风险评估指标，确保指标体系的建立符合国内外投资政策及有关法律规定
	合规依据
	（1）国家规定：《中华人民共和国证券投资基金法》《国有企业境外投资财务管理办法》《企业境外投资管理办法》《国家外汇管理局关于进一步简化和改进直接投资外汇管理政策的通知》《关于进一步引导和规范境外投资方向指导意见的通知》 （2）企业规章制度："境外经营合规风险排查与评估制度"

23.3　境外投资合规风险应对流程设计与风险点、合规程序、合规依据

23.3.1　境外投资合规风险应对流程设计

部门名称	合规管理部		流程名称	境外投资合规风险应对流程
生效日期			概　要	
单位	总经办	合规管理部		国际业务部
节点	A	B		C
1				开始
2				执行境外投资计划
3		发现境外投资风险		协助识别境外投资风险
4		进行境外投资风险评估		
5		拆分境外投资一般风险和重大风险		
6	监督、指导	开会讨论境外投资风险应对方案		参与境外投资风险应对方案讨论
7		风险		
8		干预、化解一般风险　转移、放弃重大风险		
9		制定境外投资风险应对方案并提交审批		参与境外投资风险应对方案制定
10	未通过　审批			
11	通过	指导境外投资风险应对方案的执行		执行境外投资风险应对方案
12				结束
企业名称			密　级	共　页第　页
编制单位			签发人	编制单位

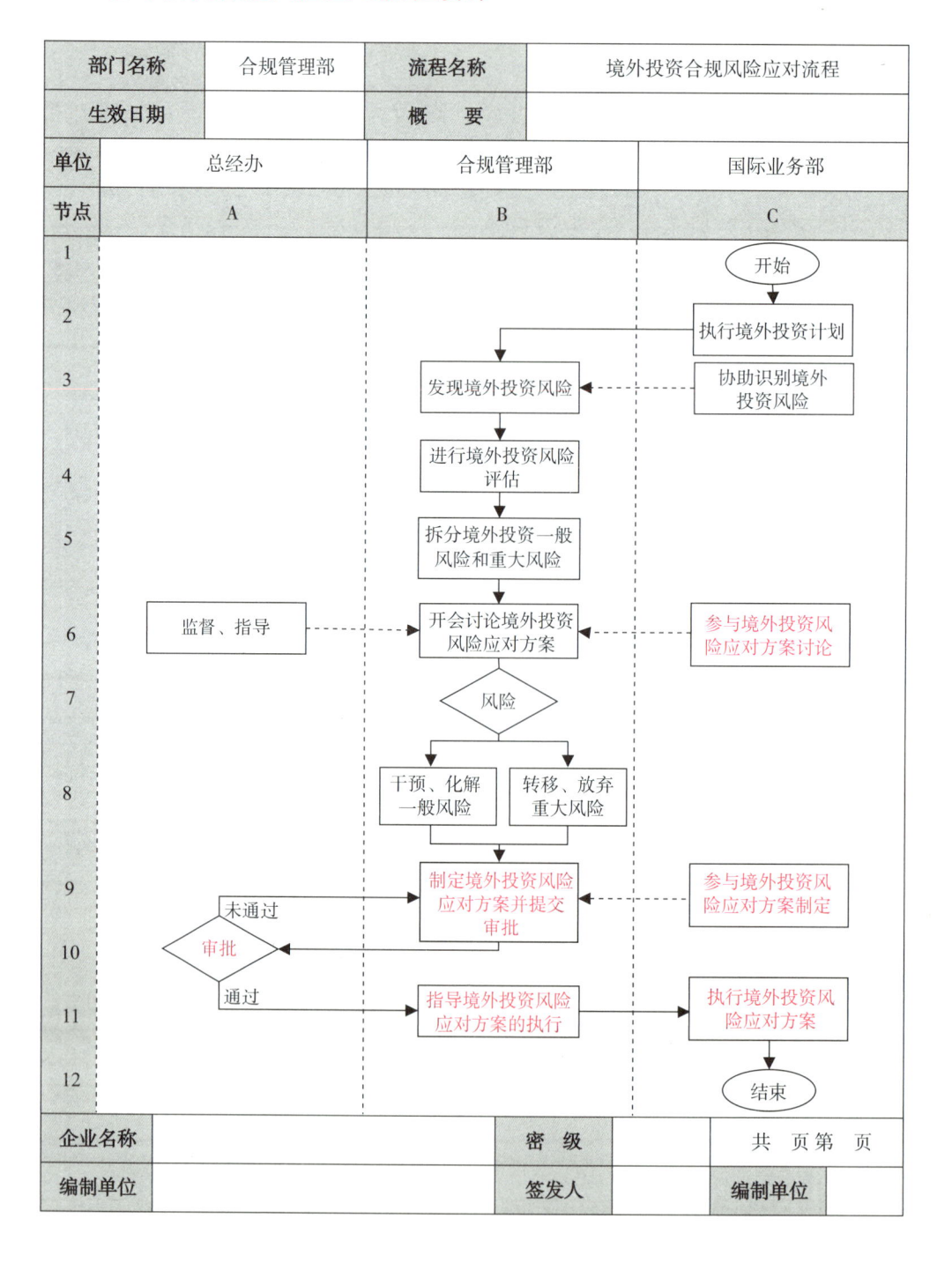

23.3.2 境外投资合规风险应对流程风险点、合规程序、合规依据

合规事项	风险点、合规程序、合规依据
制定境外投资风险应对方案（B9、A10）	**风险点** （1）境外投资风险应对方案不符合国家法律法规及相关政策有关规定，或违反了企业制度有关规定，给企业带来了法律风险 （2）对境外投资风险的预判出现失误，缺乏对相关政策的深度认知，导致境外投资风险应对方案与实际情况有差距，给企业造成经济损失 **合规程序** （1）制定境外投资风险应对方案并提交审批 ☆ 合规管理部应按照相关法律法规对境外投资风险进行辨识梳理，结合企业境外投资的战略定位回溯境外投资风险出现的原因，注意境外投资风险的处理方式应与企业发展规划相匹配 ☆ 国际业务部要密切关注国际市场的变化，协助合规管理部及时判定和调整境外投资风险问题 （2）审批 ☆ 总经办在审批境外投资风险应对方案时，要注意境外投资风险应对方案内容是否全面、完善，评估其可行性，确保境外投资风险应对方案能够在法律法规、规章制度下实行 **合规依据** （1）《中华人民共和国公司法》《中华人民共和国证券投资基金法》《国有企业境外投资财务管理办法》《企业境外投资管理办法》《国家外汇管理局关于进一步简化和改进直接投资外汇管理政策的通知》《关于进一步引导和规范境外投资方向指导意见的通知》 （2）地方法规：《××市财政局关于加强本市境外投资财务管理若干意见的通知》（参照各地通知） （3）企业规章制度："境外投资合规风险应对管理办法"
执行境外投资风险应对方案（C11、B11）	**风险点** （1）国际业务部执行境外投资风险应对方案时未按流程进行报备审批，未按照相关规定进行外部备案，给企业带来法律风险 （2）国际业务部未对境外投资风险应对方案进行深度解读和分析，处理境外投资风险问题时专业度不高，违规执行操作，给企业造成经济损失 **合规程序** （1）执行境外投资风险应对方案 ☆ 国际业务部要按照规章制度执行境外投资风险应对方案，且所有执行动作需要在合规监视下进行

续表

合规事项	风险点、合规程序、合规依据
执行境外投资风险应对方案（C11、B11）	**合规程序**
	（2）指导境外投资风险应对方案的执行 ☆ 合规管理部要建立健全境外投资决策、财务管理和违规责任追究制度，对违规操作的责任人进行通报处罚，严格控制境外投资风险应对方案的执行 ☆ 合规管理部要对境外投资风险应对方案执行过程进行合规监视，排查违规行为
	合规依据
	（1）《中华人民共和国企业国有资产法》《中华人民共和国公司法》《中华人民共和国证券投资基金法》《国有企业境外投资财务管理办法》《企业境外投资管理办法》《国家外汇管理局关于进一步简化和改进直接投资外汇管理政策的通知》《关于进一步引导和规范境外投资方向指导意见的通知》 （2）地方法规：《××市财政局关于加强本市境外投资财务管理若干意见的通知》（参照各地通知） （3）企业规章制度："境外投资合规风险应对管理办法"

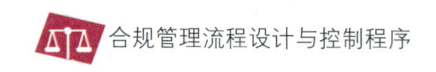

第 24 章
企业合规——合规管理运行

24.1 风险应对管理流程设计与风险点、合规程序、合规依据

24.1.1 风险应对管理流程设计

部门名称	合规管理部		流程名称		风险应对管理流程
生效日期			概　要		
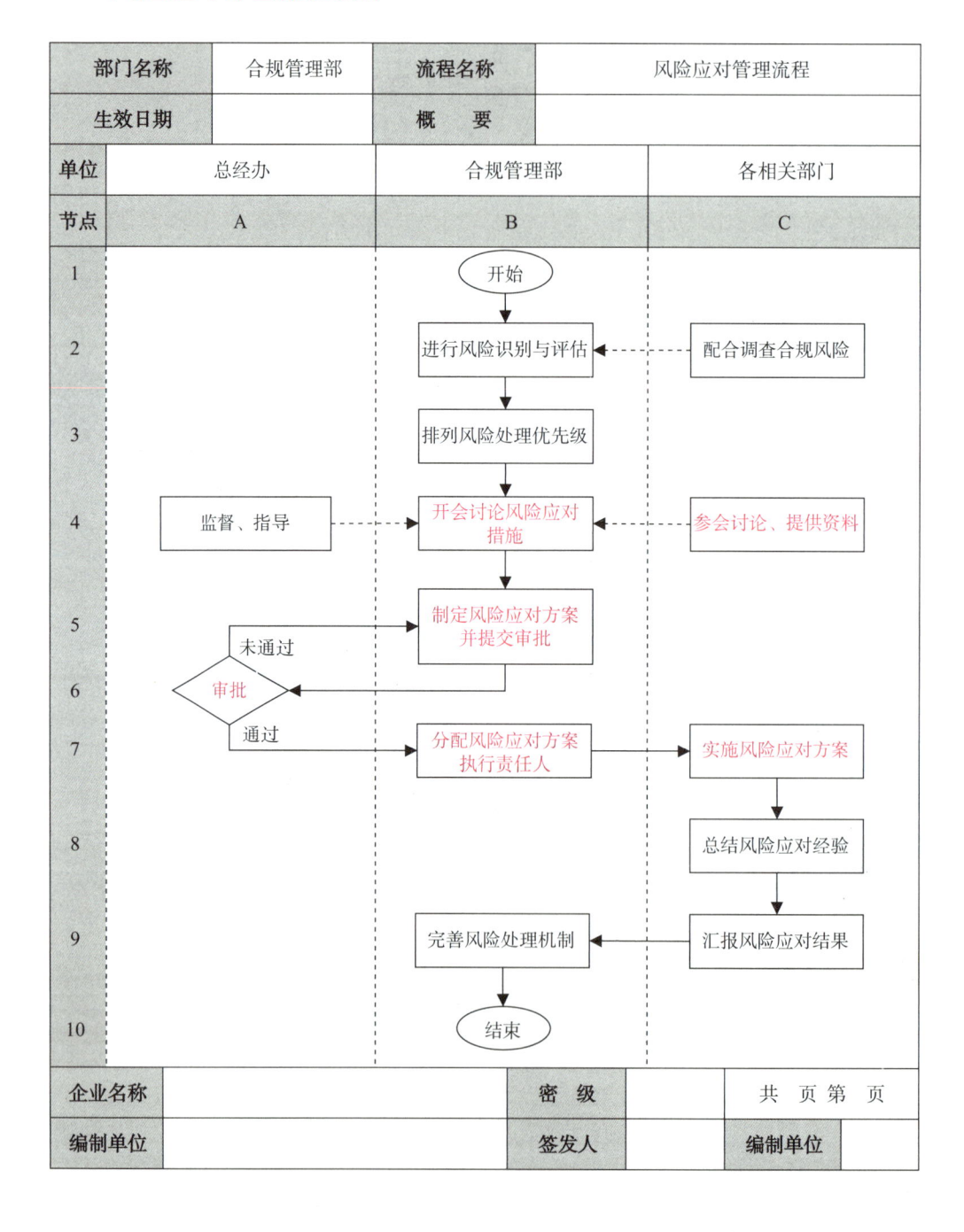 单位	总经办		合规管理部		各相关部门
节点	A		B		C
1			开始		
2			进行风险识别与评估	←----	配合调查合规风险
3			排列风险处理优先级		
4	监督、指导	----→	开会讨论风险应对措施	←----	参会讨论、提供资料
5			制定风险应对方案并提交审批		
6		未通过	审批		
7		通过	分配风险应对方案执行责任人	----→	实施风险应对方案
8					总结风险应对经验
9			完善风险处理机制	←----	汇报风险应对结果
10			结束		

企业名称		密　级		共　页　第　页
编制单位		签发人		编制单位

24.1.2 风险应对管理流程风险点、合规程序、合规依据

合规事项	风险点、合规程序、合规依据
制定风险应对方案（B4、B5、A6）	**风险点** （1）风险应对方案的内容不符合法律法规及政策相关规定，导致风险应对方案在指导工作时出现更大纰漏，给企业带来法律风险 （2）相关部门提供给合规管理部的资料不准确、不完善，导致风险应对方案在执行时出现违规，给企业造成经济损失 **合规程序** （1）开会讨论风险应对措施 ☆ 合规管理部要与风险问题所涉及的部门组织开会讨论风险应对措施，尽可能全面、准确的罗列风险所产生的影响，使后续所制定的风险应对方案有针对性 （2）制定风险应对方案并提交审批 ☆ 合规管理部在制定风险应对方案时要依据相关法律法规、政策以及风险的类型来反馈和总结，要结合项目现实情况以及企业的实际运转情况不断进行调整和修正 （3）审批 ☆ 总经办在审批风险应对方案时，要仔细审查其合规性 ☆ 总经办要对风险应对方案的可行性进行严格审查，确保风险应对方案的内容可以在符合相关规定的情况下解决风险问题 **合规依据** （1）国家法律法规:《中华人民共和国公司法》《中华人民共和国企业国有资产法》《企业境外经营合规管理指引》《中央企业合规管理办法》 （2）国家标准:《合规管理体系要求及使用指南》（ISO 37301:2021） （3）地方法规:《××市国资委监管企业合规管理指引(试行)》(参照各地管理指引) （4）企业规章制度:"风险识别预警制度""合规风险应对预案"
实施风险应对方案（B7、C7）	**风险点** 在风险应对方案的实施过程中，部门人员出现不合规的行为，违规使用不正当手段达成目的，或存在隐瞒企业损失等问题，可能给企业带来法律、经济层面的风险 **合规程序** （1）分配风险应对方案执行责任人 ☆ 合规管理部要设立执行风险应对方案的负责人，明确其职责和工作要求，及时审查风险应对方案执行进度和执行的合规性 ☆ 要对风险应对方案的执行进度进行风险跟踪和风险监测，把握过程的合规性，并及时评估和调整风险应对方案

续表

合规事项	风险点、合规程序、合规依据
实施风险应对方案（B7、C7）	**合规程序**
	（2）实施风险应对方案 ☆ 相关部门在实施风险应对方案时，要根据计划和时间表，依据相关规定逐一实施应对措施，并在实施过程中发现新的风险点时及时处理 ☆ 要定期对风险应对方案的实施情况进行汇报，以便更好地优化和完善风险应对方案的实施效率和效果
	合规依据
	（1）国家法律法规：《中华人民共和国公司法》《中华人民共和国企业国有资产法》《企业境外经营合规管理指引》《中央企业合规管理办法》 （2）国家标准：《合规管理体系要求及使用指南》（ISO 37301:2021） （3）地方法规：《××市国资委监管企业合规管理指引(试行)》(参照各地管理指引) （4）企业规章制度："风险识别预警制度" "合规风险应对预案"

24.2 合规审查管理流程设计与风险点、合规程序、合规依据

24.2.1 合规审查管理流程设计

部门名称	合规管理部	流程名称		合规审查管理流程
生效日期		概 要		
单位	总经办	合规管理部		各相关部门
节点	A	B		C

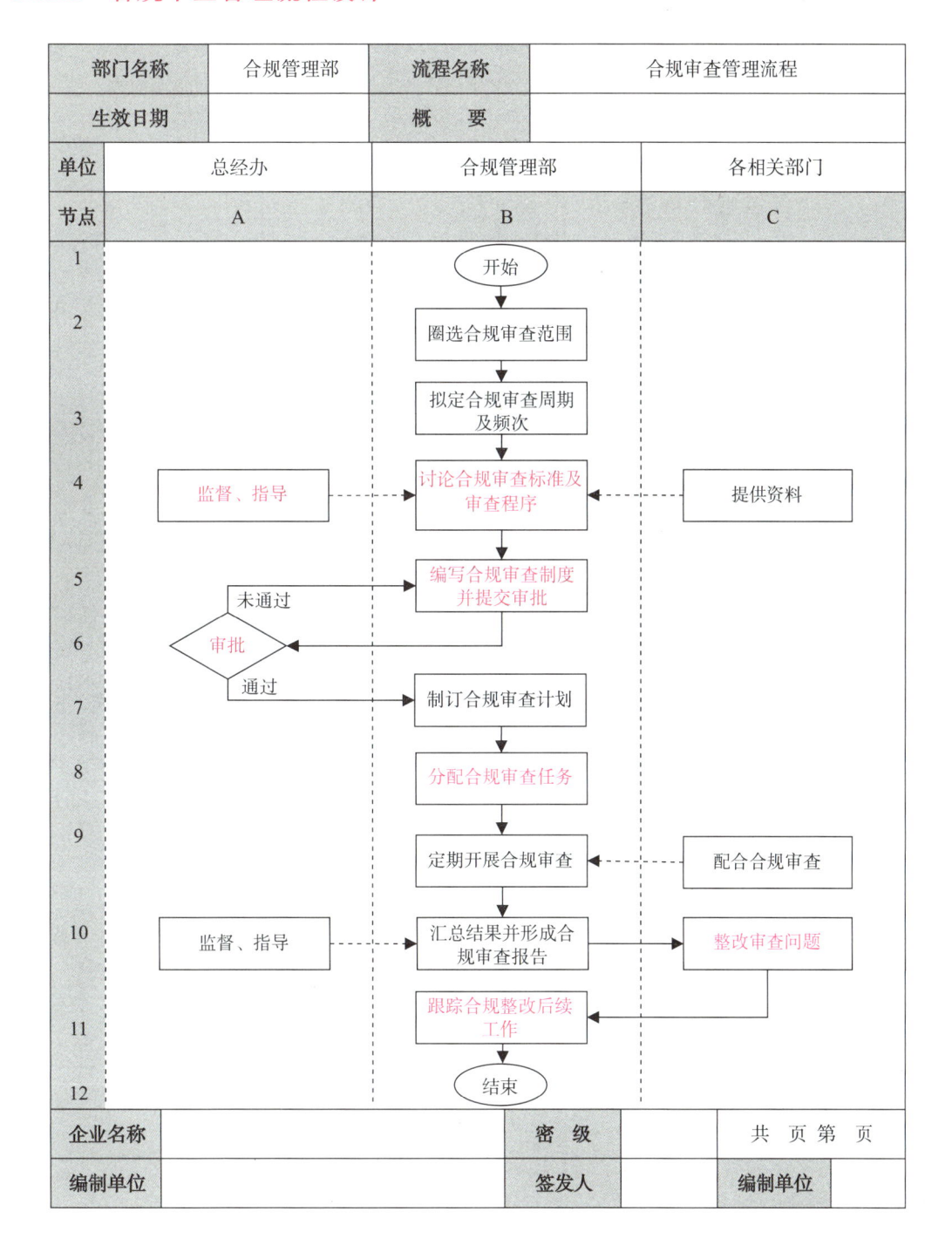

节点	流程
1	开始
2	圈选合规审查范围
3	拟定合规审查周期及频次
4	监督、指导 ← 讨论合规审查标准及审查程序 ← 提供资料
5	编写合规审查制度并提交审批
6	审批（未通过／通过）
7	制订合规审查计划
8	分配合规审查任务
9	定期开展合规审查 ⇄ 配合合规审查
10	监督、指导 ← 汇总结果并形成合规审查报告 → 整改审查问题
11	跟踪合规整改后续工作
12	结束

企业名称		密级		共 页 第 页
编制单位		签发人		编制单位

237

24.2.2 合规审查管理流程风险点、合规程序、合规依据

合规事项	风险点、合规程序、合规依据
编写合规审查制度（B5、A6）	**风险点**
	合规管理部所编写的合规审查制度的内容中存在不了解企业业务流程、不熟悉经营交易背景的情况，部分细则出现"矫枉过正"的情况，束缚手脚，对企业经营及部门业绩产生不利影响
	合规程序
	（1）编写合规审查制度并提交审批 　　☆ 合规管理部要明确合规审查的流程、方法、标准和要求，以确保合规审查的全面性、严谨性和科学性 　　☆ 相关部门要根据本部门业务特点和工作模式提供尽可能详细的资料，合规管理部要协同联动相关部门共同构建合规审查制度体系 （2）审批 　　☆ 总经办要对合规审查制度的制定过程进行监督，使合规审查制度管理内容与业务管理内容相结合
	合规依据
	（1）国家法律法规：《中华人民共和国公司法》《中央企业合规管理办法》 （2）国家标准：《合规管理体系指南》（GB/T 35770—2017） （3）企业规章制度："制度文件合规审查制度""合规审查制度"
分配合规审查任务（B8）	**风险点**
	分配合规审查任务时，执行合规审查的责任人和被审查部门之间存在利益关系，容易出现滥用职权，强令、授意实施违法行为，导致审查结果不公正
	合规程序
	分配合规审查任务 　　☆ 合规管理部在分配合规审查任务时，要充分调查业务部门之间的利益关系，把握好责任人的职业素养和专业能力 　　☆ 所分配的合规审查任务必须要责任到岗、责任到人，要在合规审查任务分配过程中增强员工对企业的归属感和责任感，有效提高合规管理效率
	合规依据
	（1）国家法律法规：《中华人民共和国公司法》《中华人民共和国刑法》《中央企业合规管理办法》 （2）国家标准：《合规管理体系指南》（GB/T 35770—2017） （3）企业规章制度："合规审查制度"

续表

合规事项	风险点、合规程序、合规依据
整改审查问题（C10）	**风险点** （1）被审查部门对需要整改的问题认识不够，整改工作不彻底，可能给企业带来法律风险 （2）相关人员对待整改问题的重视程度不高，整改问题时力度不大，执行效率低下，可能造成企业经济损失 **合规程序** 整改审查问题 ☆ 需要整改审查问题的部门要制定行之有效的问题整改流程和整改标准，整改过程要突出考核导向，要不断促进整改的有效执行 ☆ 合规管理部要严格监督相关部门的审查问题整改执行质量和效率，发现问题要及时指导并上报 ☆ 合规管理部定期应选取具有典型代表的案例进行通报公示，为整改审查问题要提供参考案例 **合规依据** （1）国家法律法规：《中华人民共和国公司法》《中华人民共和国企业国有资产法》《企业国有资产监督管理暂行条例》 （2）企业规章制度："合规审查制度"

24.3　违规问责管理流程设计与风险点、合规程序、合规依据

24.3.1　违规问责管理流程设计

部门名称	合规管理部	流程名称	违规问责管理流程
生效日期		概　要	
单位	总经办	合规管理部	各相关部门
节点	A	B	C

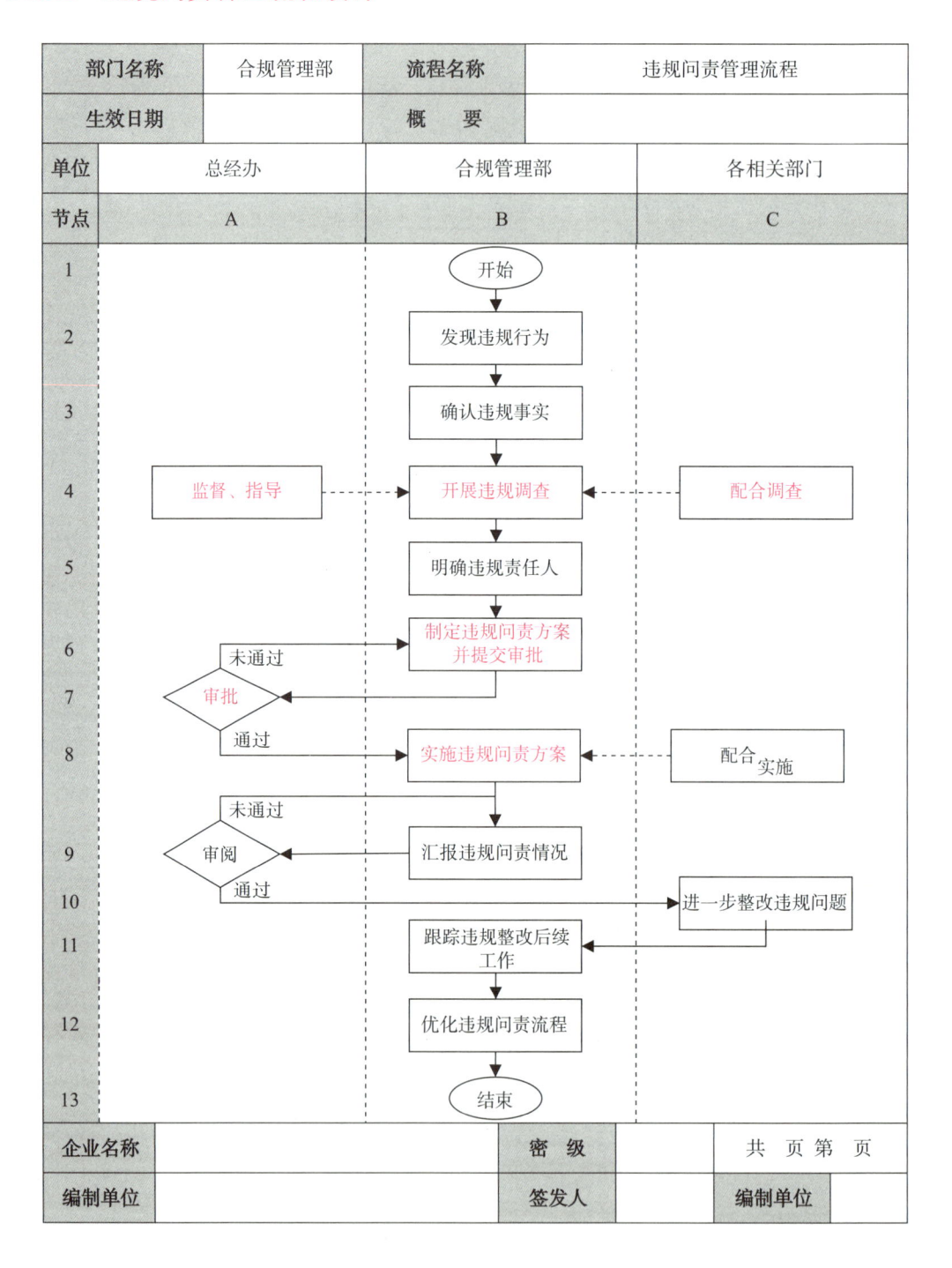

节点	流程
1	开始
2	发现违规行为
3	确认违规事实
4	监督、指导 ← 开展违规调查 ← 配合调查
5	明确违规责任人
6	制定违规问责方案并提交审批
7	审批（未通过／通过）
8	实施违规问责方案 ← 配合实施
9	审阅（未通过／通过）← 汇报违规问责情况
10	进一步整改违规问题
11	跟踪违规整改后续工作
12	优化违规问责流程
13	结束

企业名称		密级		共　页　第　页
编制单位		签发人		编制单位

24.3.2 违规问责管理流程风险点、合规程序、合规依据

合规事项	风险点、合规程序、合规依据
开展违规调查（B4）	**风险点** （1）开展违规调查时未注意对信息的有效保密和处理，可能给企业带来法律风险 （2）相关部门不配合或配合程度不高，所提供的资料、数据无法有效支撑违规调查工作的顺利进行，可能给企业造成经济损失 **合规程序** 开展违规调查 　☆ 开展违规调查时，应注意调查手段的合法性以及被调查人员个人信息的隐私保护，要避免因内部违规调查产生的不合规影响 　☆ 合规管理部开展违规调查时，除被调查人提供的资料数据外，还应设立违规举报制度，提供违规举报渠道，接受第三方的信息支持 **合规依据** （1）国家法律法规：《中华人民共和国公司法》《中华人民共和国个人信息保护法》《中华人民共和国国家安全法》《中华人民共和国劳动合同法》 （2）企业规章制度："违规问责制度"
制定违规问责方案（B6、A7）	**风险点** 违规问责方案中所涉及的标准、检查、评估等一系列内容缺乏统一的标准和手段，无法为违规问责工作提供有效依据，且违规问责方案中的部分内容不符合法律法规有关规定，导致违规问责方案实施时给企业带来法律及财务风险 **合规程序** （1）制定违规问责方案并提交审批 　☆ 合规管理部应对相关责任人所涉及的违规问题进行全面、系统的梳理，制定出高效可行的违规问责方案 　☆ 合规管理部要确保违规问题确实存在，且获取违规证据和材料的手段是符合法律法规有关规定的 （2）审批 　☆ 总经办要对违规问责方案的制定过程进行监督指导，严格审批违规问责方案的合规性和可行性 **合规依据** （1）国家法律法规：《中华人民共和国公司法》《中央企业合规管理指引（试行）》 （2）企业规章制度："违规问责制度"

续表

合规事项	风险点、合规程序、合规依据
实施违规问责方案（B8）	**风险点**
	合规管理部在实施违规问责方案时，未按规定对违规部门及相关人员的处理情况进行公示通报，可能给企业造成不良影响
	合规程序
	实施违规问责方案 ☆ 合规管理部实施违规问责方案时，要公开、透明，在对违规部门及人员进行警告、停职、降职、撤职、开除等处理时要注意留存记录，并及时公示和通报进度 ☆ 合规管理部应建立违规问责方案实施过程的监督和举报机制，要不断总结、反思和整改，不断优化和改进违规问责的实施流程
	合规依据
	（1）国家法律法规：《中华人民共和国公司法》《中央企业合规管理指引（试行）》 （2）企业规章制度："违规问责制度"

24.4 合规评估管理流程设计与风险点、合规程序、合规依据

24.4.1 合规评估管理流程设计

部门名称	合规管理部	流程名称	合规评估管理流程
生效日期		概　要	
单位	总经办	合规管理部	各相关部门
节点	A	B	C

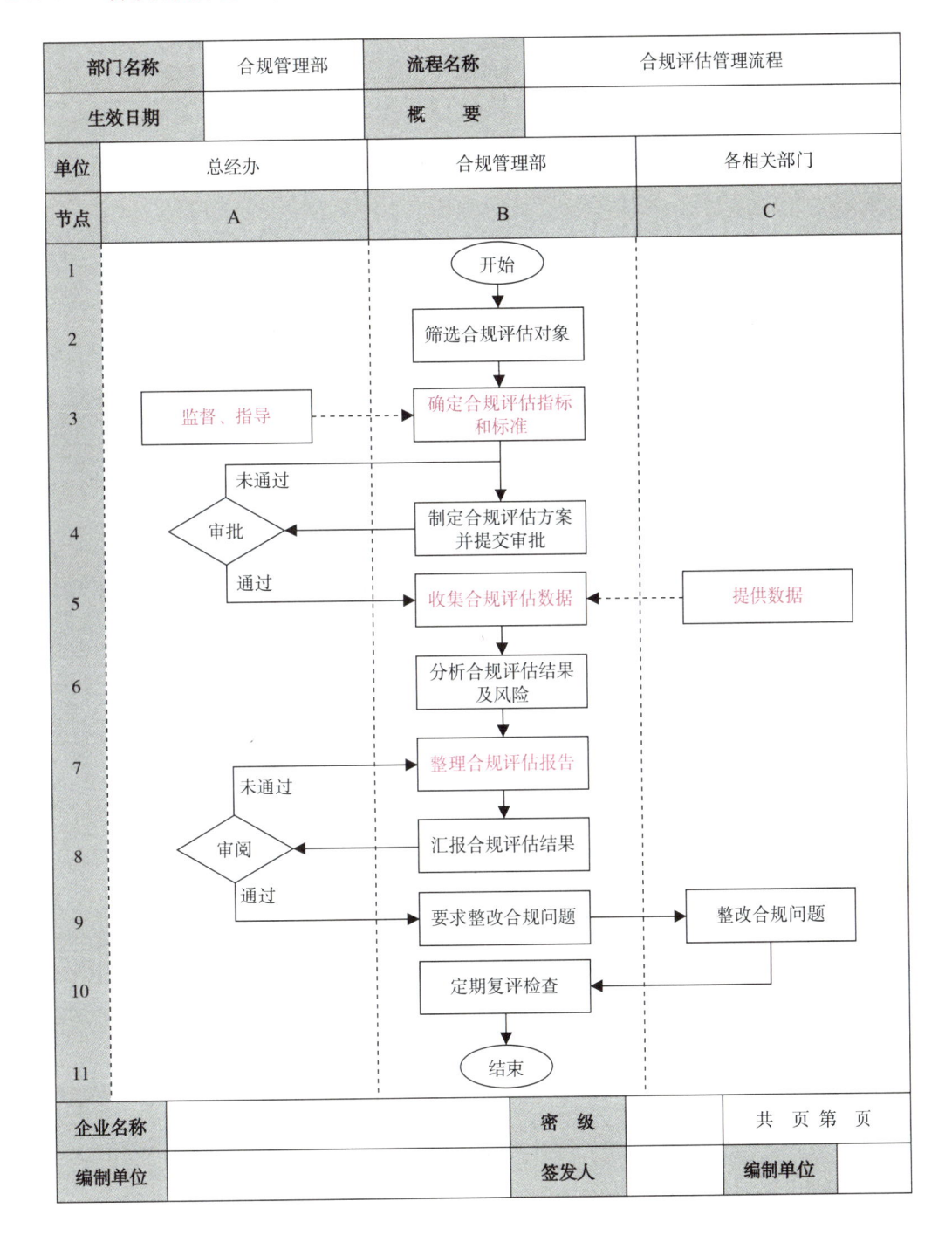

节点	流程
1	开始
2	筛选合规评估对象
3	监督、指导 → 确定合规评估指标和标准
4	审批（未通过／通过）← 制定合规评估方案并提交审批
5	收集合规评估数据 ← 提供数据
6	分析合规评估结果及风险
7	整理合规评估报告
8	审阅（未通过／通过）← 汇报合规评估结果
9	要求整改合规问题 → 整改合规问题
10	定期复评检查
11	结束

企业名称		密级		共 页 第 页
编制单位		签发人		编制单位

24.4.2 合规评估管理流程风险点、合规程序、合规依据

合规事项	风险点、合规程序、合规依据
确定合规评估指标和标准（B3、A3）	**风险点** 筛选合规评估指标和标准时，缺乏要素的完整性和有效性，可能对合规评估结果造成误导，给企业带来法律风险 **合规程序** （1）确定合规评估指标和标准 　☆ 合规管理部要提升合规评估的管理能力，要掌握相关法律法规对企业合规评估指标和标准的要求，不断梳理并检查合规评估体系各构成要素的完整性和有效性 （2）监督、指导 　☆ 总经办要在确定合规评估指标和标准的过程中，及时提供监督和指导意见，及时审阅和反馈合规评估指标可能存在的风险问题 **合规依据** （1）国家法律法规：《中华人民共和国公司法》《中央企业合规管理指引（试行）》 （2）企业规章制度："合规评估制度"
收集合规评估数据（B5）	**风险点** 合规管理部在收集相关合规评估数据时，未对关键数据的真实性进行核查，可能给企业造成经济损失 **合规程序** 收集合规评估数据 　☆ 合规管理部要对收集到的合规评估数据的真实性和即时性进行核查，要确保数据是准确、完整、真实、有效的 　☆ 合规管理部收集合规评估数据时要获得相关部门及管理层的授权 　☆ 合规管理部要对相关部门提供的合规评估数据进行合规监视和审查，要确保相关部门提供的合规评估数据符合规定，不会违反企业制度 **合规依据** （1）国家法律法规：《中华人民共和国公司法》《中央企业合规管理指引（试行）》 （2）企业规章制度："合规评估制度"
整理合规评估报告（B7）	**风险点** 合规评估报告中所涉及的关键数据指标未进行脱敏处理，或存在人为泄密，给企业造成经济损失

续表

合规事项	风险点、合规程序、合规依据
整理合规评估报告（B7）	**合规程序**
	整理合规评估报告 ☆ 合规管理部在整理合规评估报告时，要对合规评估数据的来源进行标记存档，要对核心关键合规评估数据进行脱密处理 ☆ 对于接触合规评估报告中核心数据的人员要进行合规监视，确保合规评估数据的安全
	合规依据
	（1）国家法律法规：《中华人民共和国国家安全法》《中华人民共和国计算机信息系统安全保护条例》 （2）企业规章制度："合规评估制度"

第25章
企业合规——合规管理保障

25.1 合规考核流程设计与风险点、合规程序、合规依据

25.1.1 合规考核流程设计

部门名称	合规管理部	流程名称	合规考核流程
生效日期		概　要	

单位	总经办	合规管理部	各相关部门
节点	A	B	C
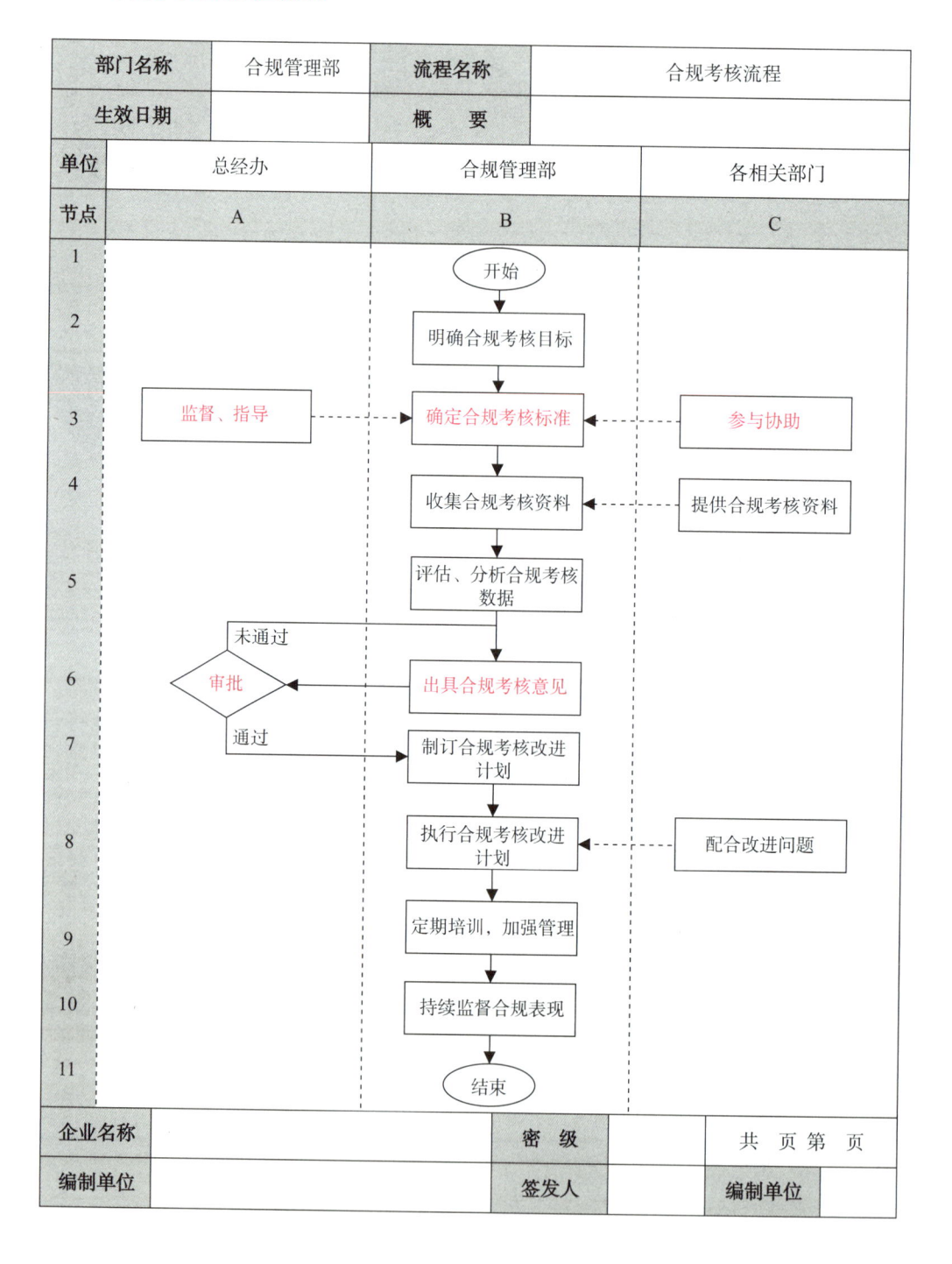 1		开始	
2		明确合规考核目标	
3	监督、指导	确定合规考核标准	参与协助
4		收集合规考核资料	提供合规考核资料
5		评估、分析合规考核数据	
6	审批（未通过/通过）	出具合规考核意见	
7		制订合规考核改进计划	
8		执行合规考核改进计划	配合改进问题
9		定期培训，加强管理	
10		持续监督合规表现	
11		结束	

企业名称		密级		共　页　第　页
编制单位		签发人		编制单位

25.1.2 合规考核流程风险点、合规程序、合规依据

合规事项	风险点、合规程序、合规依据
确定合规考核标准（B3、A3）	**风险点** 合规考核标准内容存在违规违法风险问题，可能会给企业带来法律风险和经济损失 **合规程序** （1）确定合规考核标准 　☆ 合规管理部在确定合规考核标准时，要遵循相关法律法规和企业制度 　☆ 合规管理部要充分考虑职工民主，合规考核标准的内容要公正、客观且科学、有效 （2）监督、指导 　☆ 总经办要履行监督、指导职责，确保合规考核标准合乎规定和制度要求 **合规依据** （1）国家法律法规：《中华人民共和国劳动法》《中华人民共和国公司法》《中央企业合规管理指引（试行）》 （2）企业规章制度："合规考核评价制度"
出具合规考核意见（B6、A6）	**风险点** （1）所选择的合规评估考核数据不够客观、公正，导致合规考核意见内容不准确，给企业造成不良影响 （2）所参考的合规评估考核数据是在违规违法的情况下获得的，给企业带来法律风险 **合规程序** （1）出具合规考核意见 　☆ 合规管理部在出具合规考核意见时，要确保合规考核结果的准确性、客观性、全面性和规范性 　☆ 合规管理部收集考核数据的方法和手段要符合法律法规相关规定 （2）审批 　☆ 总经办需要对合规考核意见进行审批，并督促相关部门负责人签字确认 **合规依据** （1）国家法律法规：《中华人民共和国劳动法》《中华人民共和国公司法》《中华人民共和国个人信息保护法》 （2）企业规章制度："合规考核评价制度"

续表

合规事项	风险点、合规程序、合规依据
制订合规考核改进计划（B7）	**风险点**
	合规考核意见的内容未经管理层审批，意见内容与部门业务相冲突，从而导致据此制订的合规考核改进计划的执行难度高，可能给企业造成不良影响
	合规程序
	制订合规考核改进计划 ☆ 合规管理部所出具的考核意见要充分考虑各部门业务需求的实际情况，要对据此制订的合规考核改进计划进行可行性分析
	合规依据
	（1）国家法律法规：《中华人民共和国劳动法》《中华人民共和国公司法》《中央企业合规管理指引（试行）》 （2）企业规章制度："合规考核评价制度"

25.2 合规报告管理流程设计与风险点、合规程序、合规依据

25.2.1 合规报告管理流程设计

部门名称	合规管理部	流程名称		合规报告管理流程
生效日期		概 要		
单位	总经办	合规管理部		各相关部门
节点	A	B		C

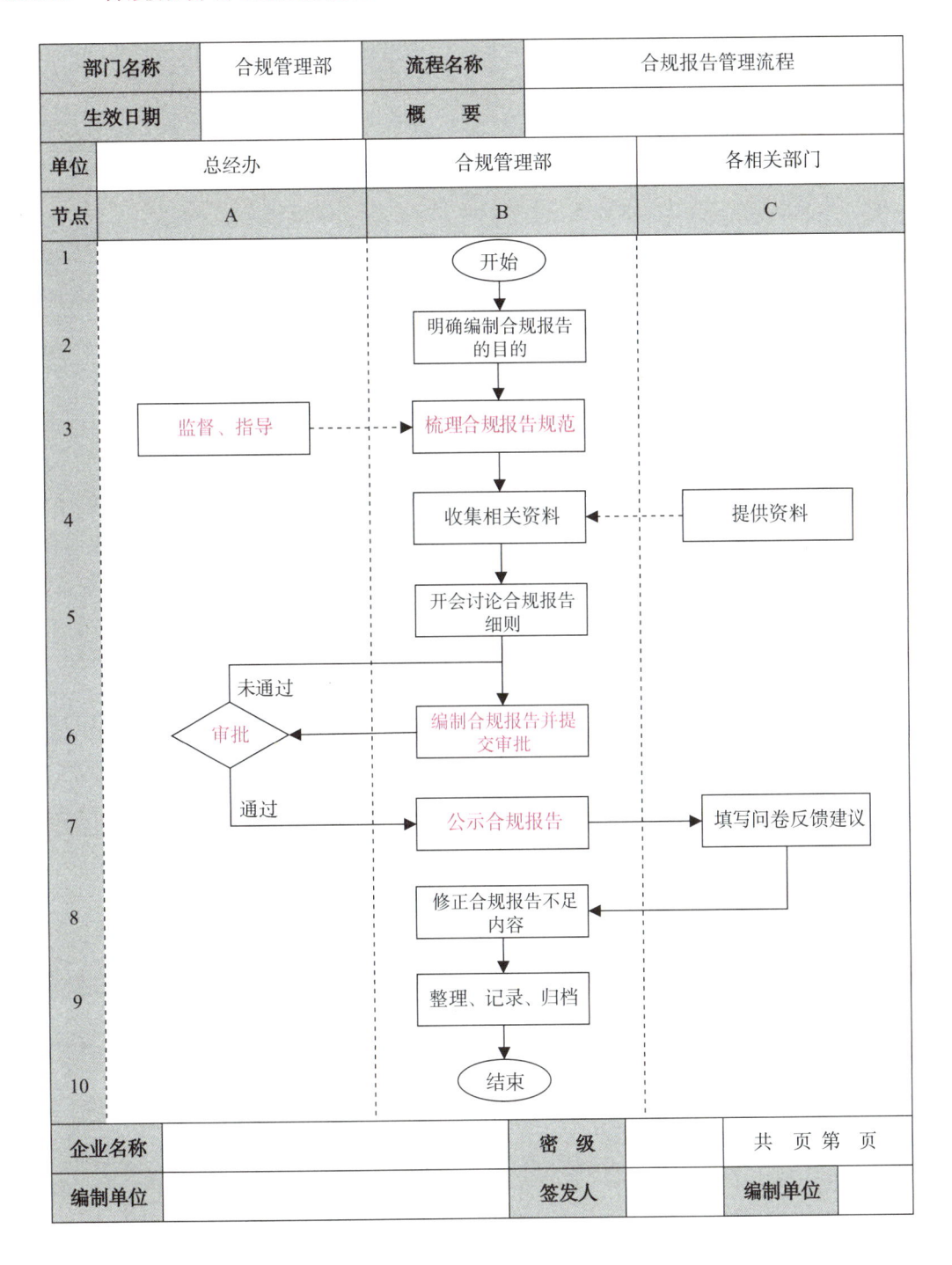

节点	流程
1	开始
2	明确编制合规报告的目的
3	监督、指导 → 梳理合规报告规范
4	收集相关资料 ← 提供资料
5	开会讨论合规报告细则
6	编制合规报告并提交审批 → 审批（未通过返回）
7	通过 → 公示合规报告 → 填写问卷反馈建议
8	修正合规报告不足内容
9	整理、记录、归档
10	结束

| 企业名称 | | 密级 | | 共 页 第 页 |
| 编制单位 | | 签发人 | | 编制单位 |

25.2.2 合规报告管理流程风险点、合规程序、合规依据

合规事项	风险点、合规程序、合规依据
梳理合规报告规范（B3、A3）	**风险点** 梳理合规报告规范时，未及时发现企业政策及外部法律法规的变化，或未及时发现相关规章制度和规定已进行了修订、完善或废止，从而导致合规报告内容不准确，可能给企业带来法律风险 **合规程序** （1）梳理合规报告规范 　　☆ 合规管理部要及时跟进外部政策、法律条例和相关规定的变化内容，确保合规报告规范符合要求 （2）进行监督、指导 　　☆ 总经办要密切关注合规管理部所参考的制度、法律法规等内容是否全面且准确，要及时指导、监督合规管理部的工作，并提出相关意见 **合规依据** （1）国家法律法规：《中华人民共和国公司法》《中央企业合规管理指引（试行）》 （2）企业规章制度："合规报告管理制度"
编制合规报告（B6、A6）	**风险点** 合规报告的内容存在失实、不及时、不完整以及不准确的情况，给企业造成损失和各方面的不良影响 **合规程序** （1）编制合规报告并提交审批 　　☆ 合规管理部需要在充分调研实际情况的条件下编制合规报告，并确保合规报告的准确性、客观性、全面性和规范性 （2）审批 　　☆ 总经办要对合规管理部提交的合规报告的内容进行严格审批，确保其符合国家法律法规和相关政策有关规定 **合规依据** （1）国家法律法规：《中华人民共和国公司法》《中央企业合规管理指引（试行）》 （2）企业规章制度："合规报告管理制度"

续表

合规事项	风险点、合规程序、合规依据
公示合规报告（B7）	**风险点**
	合规报告公示期，出现举报、质疑等情况，可能给企业造成不良影响
	合规程序
	公示合规报告 　☆ 合规管理部在合规报告公示前要充分调研和检查合规报告内容的真实性和准确性，必要时要求相关管理人员进行签字确认 　☆ 合规管理部要对公示期出现的举报、质疑等情况进行核实、审查，对不符合规定的内容及时进行修正处理
	合规依据
	（1）国家法律法规：《中华人民共和国公司法》《中央企业合规管理指引（试行）》 （2）企业规章制度："合规报告管理制度"

25.3 合规奖励管理流程设计与风险点、合规程序、合规依据

25.3.1 合规奖励管理流程设计

部门名称	人力资源部	流程名称	合规奖励管理流程
生效日期		概　要	

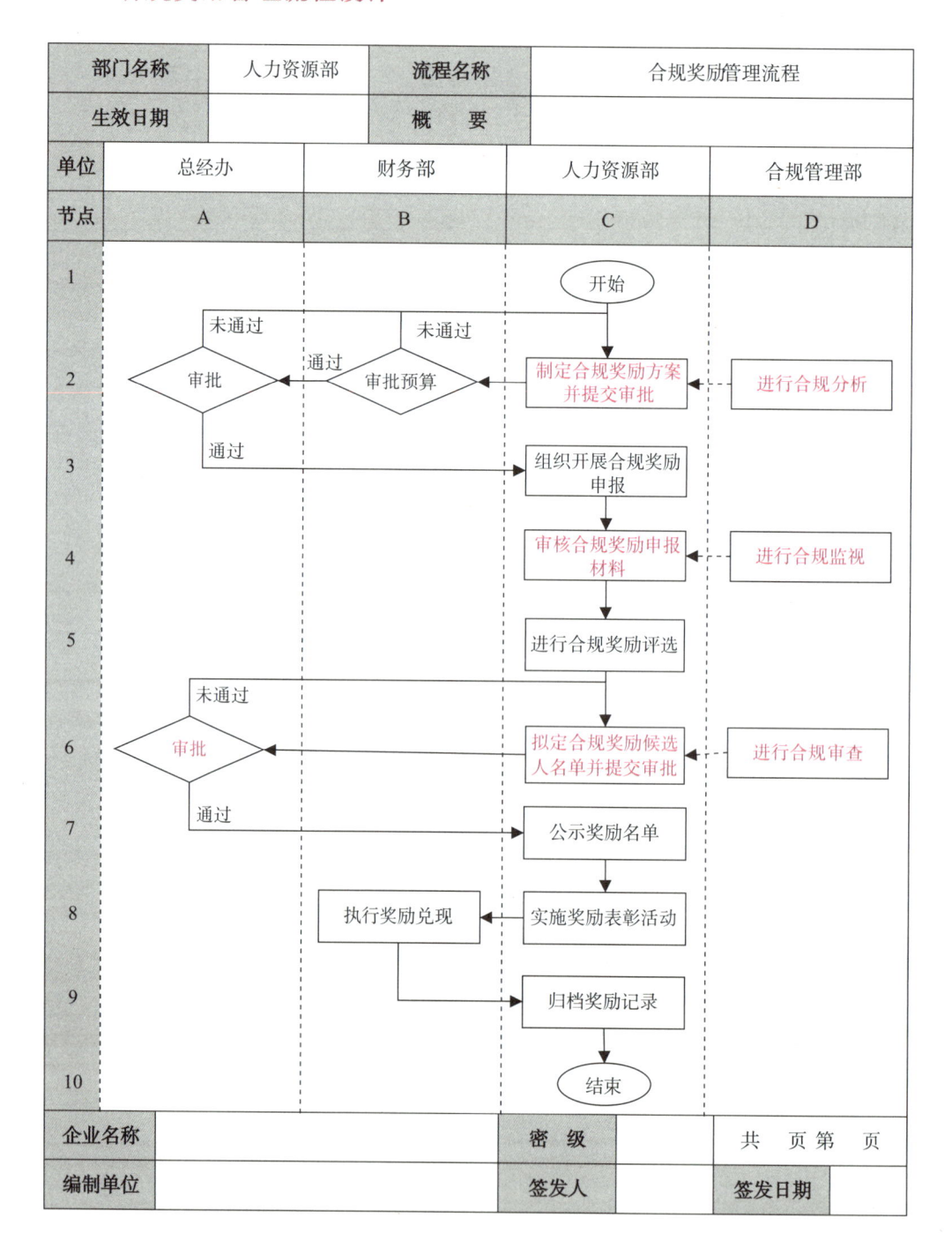

单位	总经办	财务部	人力资源部	合规管理部
节点	A	B	C	D
1			开始	
2	审批（未通过/通过）	审批预算（未通过/通过）	制定合规奖励方案并提交审批	进行合规分析
3			组织开展合规奖励申报	
4			审核合规奖励申报材料	进行合规监视
5			进行合规奖励评选	
6	审批（未通过/通过）		拟定合规奖励候选人名单并提交审批	进行合规审查
7			公示奖励名单	
8		执行奖励兑现	实施奖励表彰活动	
9			归档奖励记录	
10			结束	

企业名称		密级		共　页　第　页
编制单位		签发人		签发日期

25.3.2 合规奖励管理流程风险点、合规程序、合规依据

合规事项	风险点、合规程序、合规依据
制定合规奖励方案（C2、D2）	**风险点** 合规奖励方案中的规则不全面、不够严谨，可能存在被人利用漏洞获取不正当利益的情形，给企业造成经济损失 **合规程序** （1）制定合规奖励方案 　　☆ 人力资源部要完善合规奖励方案规则的合理性，在设计合规奖励方案的规则内容时，要模拟估算各种情况下员工获得的利益以及企业的整体利益，要制定严谨、全面的合规奖励方案，防止出现套利行为 　　☆ 合规奖励方案要与合规考核、合规评估、合规培训等内容有机结合，综合、全面考虑合规奖励方案的科学性 （2）进行合规分析 　　☆ 合规管理部要对合规奖励方案的内容进行合规分析，确保合规奖励方案严谨合规、可执行性高 **合规依据** （1）国家法律法规：《中华人民共和国劳动合同法》《中华人民共和国劳动法》《中华人民共和国反不正当竞争法》《中央企业合规管理指引（试行）》 （2）企业规章制度："合规激励管理制度"
审核合规奖励申报材料（C4、D4）	**风险点** （1）没有及时关注员工合规奖励申报材料的审查进度，影响员工奖励申报进度，造成员工不满，给企业带来不良影响 （2）审核合规奖励申报材料时存在徇私行为，违反国家法律法规和企业相关制度有关规定，给企业造成经济损失 **合规程序** （1）审核合规奖励申报材料 　　☆ 人力资源部要及时审核员工提交的合规奖励申报材料，确保材料的完整性，且须确保员工补充材料和修正材料是在规定时间内完成的 （2）进行合规监视 　　☆ 合规管理部要加强合规监视，提高对虚假行为和徇私行为的惩罚力度 **合规依据** （1）国家法律法规：《中华人民共和国刑法》《中华人民共和国反不正当竞争法》《中央企业合规管理指引（试行）》 （2）企业规章制度："合规激励管理制度"

续表

合规事项	风险点、合规程序、合规依据
拟定合规奖励候选人（C6、A6、D6）	**风险点** 未按照合规奖励评选的结果拟定合规奖励候选人名单，或候选人不符合奖励条件，存在以权谋私、弄虚作假行为，给企业带来经济损失和法律风险 **合规程序** （1）拟定合规奖励候选人名单并提交审批 ☆ 人力资源部应仔细核实候选人的获奖资格，同时设立举报和监督机制，防止有人出现违规、违法操作 ☆ 人力资源部应采取公开、透明的方式民主拟定合规奖励候选人名单，并确保选举过程公正、公开 （2）审批 ☆ 总经办要严格审批合规奖励候选人名单，对不符合规定的行为进行严厉查处和惩罚，要增加企业员工弄虚作假的成本 （3）进行合规审查 ☆ 合规管理部要对合规奖励候选人名单进行合规审查，做好排查隐患、规避违规风险等工作 **合规依据** （1）国家法律法规：《中华人民共和国刑法》《中华人民共和国反不正当竞争法》《中央企业合规管理指引（试行）》 （2）企业规章制度："合规激励管理制度"

25.4 合规培训管理流程设计与风险点、合规程序、合规依据

25.4.1 合规培训管理流程设计

部门名称	人力资源部	流程名称	合规培训管理流程
生效日期		概　要	
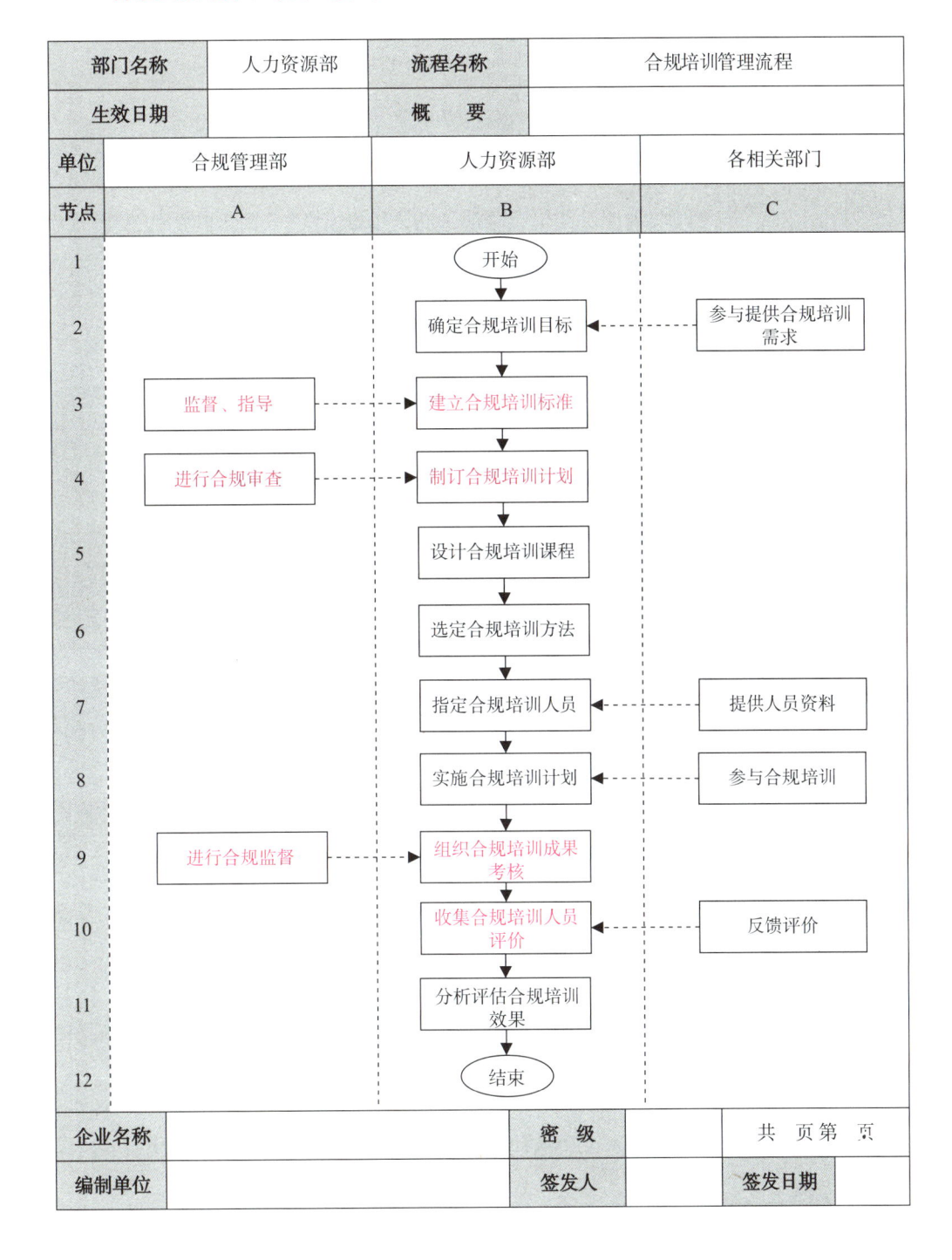 单位	合规管理部	人力资源部	各相关部门
节点	A	B	C
1		开始	
2		确定合规培训目标 ←----	参与提供合规培训需求
3	监督、指导 ----→	建立合规培训标准	
4	进行合规审查 ----→	制订合规培训计划	
5		设计合规培训课程	
6		选定合规培训方法	
7		指定合规培训人员 ←----	提供人员资料
8		实施合规培训计划 ←----	参与合规培训
9	进行合规监督 ----→	组织合规培训成果考核	
10		收集合规培训人员评价 ←----	反馈评价
11		分析评估合规培训效果	
12		结束	
企业名称		密级	共　页第　页
编制单位		签发人	签发日期

25.4.2 合规培训管理流程风险点、合规程序、合规依据

合规事项	风险点、合规程序、合规依据
制订合规培训计划（B4、A4）	**风险点** 合规培训计划脱离企业生产经营的实际情况，计划内容与部门业务存在冲突，可能会给企业造成经济损失 **合规程序** （1）制订合规培训计划 　☆ 人力资源部要按照法律法规、相关政策及企业制度等内容对合规培训的目的和标准进行梳理，制订出全面、科学的合规培训计划 　☆ 合规培训计划的内容要与企业内外部的经营生产实际相结合，要把握合规培训的实用性和实际价值，不能脱离业务 （2）进行合规审查 　☆ 合规管理部要对合规培训计划进行合规审查，确保合规培训计划的内容符合法律法规、政策及企业制度等要求，及时纠正不符合企业发展的内容 **合规依据** （1）国家法律法规：《中华人民共和国劳动法》《中央企业合规管理指引（试行）》《安全评价机构管理规定》 （2）地方法规：《××省劳动保障监察条例》（参照各地监察条例） （3）企业规章制度："合规培训管理制度"
组织合规培训成果考核（B9、A9、B10）	**风险点** 合规培训成果考核的考核方法不客观、不公正，考核内容存在违反行业规定、相关法律法规等内容的情形，可能给企业带来不良影响 **合规程序** （1）组织合规培训成果考核 　☆ 人力资源部要充分研究客观、科学的考核方法，确保考核内容和考核方法符合规定 （2）进行合规监督 　☆ 合规管理部要对考核方法进行合规监督，确保其内容在制度、法律法规等层面是合乎规定的 （3）收集培训人员评价 　☆ 收集参与合规培训及考核的员工的建议及意见，调研员工想法，及时优化其中存在的风险问题 **合规依据** （1）国家法律法规：《中华人民共和国劳动合同法》《中华人民共和国劳动法》《中央企业合规管理指引（试行）》《党政领导干部考核工作条例》 （2）地方法规：《××省安全评价机构监督与考核管理细则》（参照各地管理细则） （3）企业规章制度："合规培训管理制度"

25.5　合规文化建设管理流程设计与风险点、合规程序、合规依据

25.5.1　合规文化建设管理流程设计

部门名称	人力资源部	流程名称	合规文化建设管理流程
生效日期		概　要	

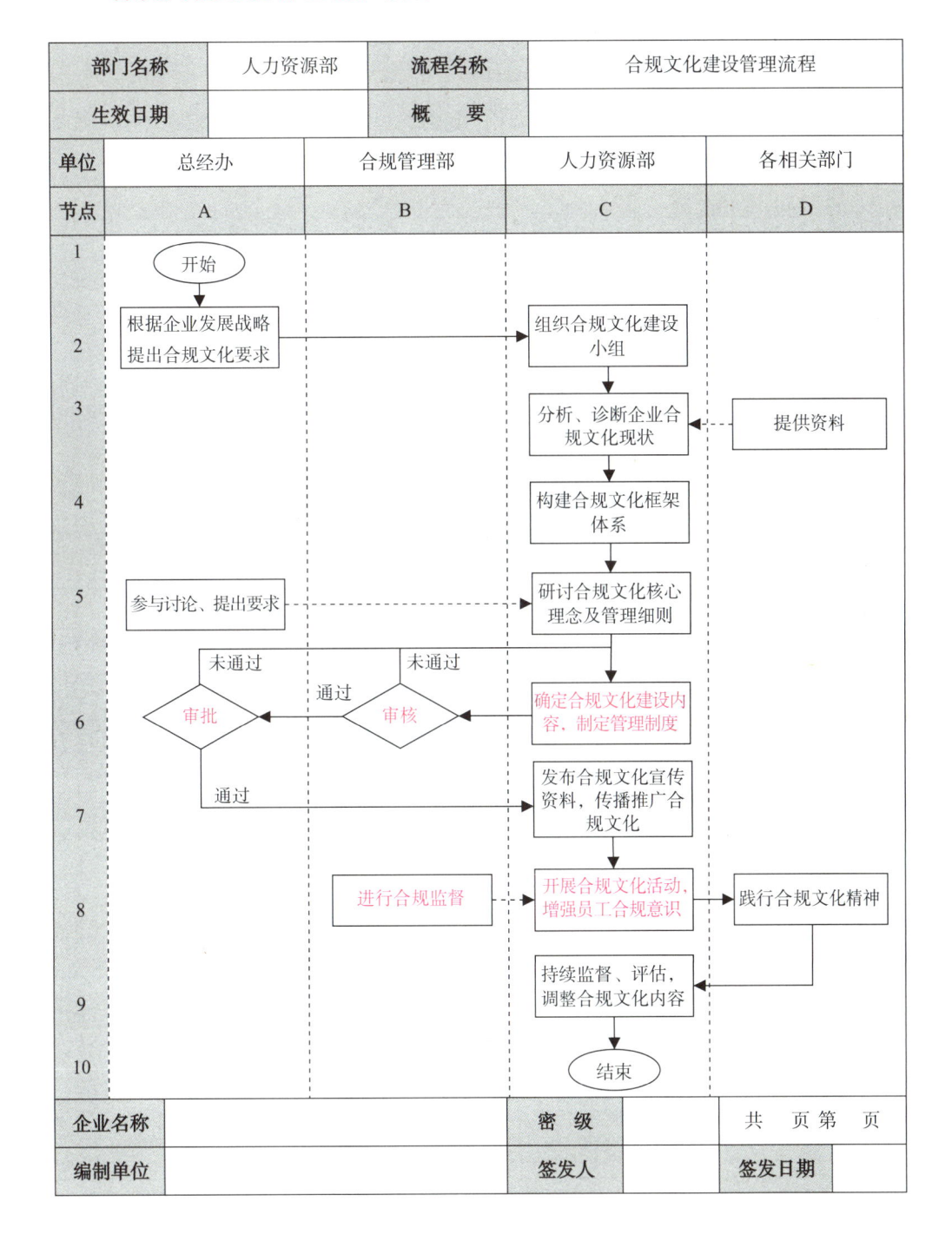

单位	总经办	合规管理部	人力资源部	各相关部门
节点	A	B	C	D
1	开始			
2	根据企业发展战略提出合规文化要求		组织合规文化建设小组	
3			分析、诊断企业合规文化现状	提供资料
4			构建合规文化框架体系	
5	参与讨论、提出要求		研讨合规文化核心理念及管理细则	
6	审批（未通过/通过）	审核（未通过/通过）	确定合规文化建设内容，制定管理制度	
7			发布合规文化宣传资料，传播推广合规文化	
8		进行合规监督	开展合规文化活动，增强员工合规意识	践行合规文化精神
9			持续监督、评估，调整合规文化内容	
10			结束	

企业名称		密　级		共　页第　页
编制单位		签发人		签发日期

25.5.2　合规文化建设管理流程风险点、合规程序、合规依据

合规事项	风险点、合规程序、合规依据
确定合规文化建设内容（C6、A6）	**风险点** （1）合规文化建设内容流于形式，重点不突出，无法从根本上为合规管理提供解决思路，给企业留有风险隐患 （2）未充分考虑潜在的合规风险，如法律法规变更、监管规定变化、行业标准变化等，可能导致方案不符合相关法规和规定，给企业带来法律风险 **合规程序** （1）确定合规文化建设内容，制定管理制度 　☆ 人力资源部要充分考虑相关法律法规的规定、员工行为管理、监管规定管理等以确定合规文化建设内容，同时，还需要定期对合规文化建设内容进行评估和修正改进，以确保其符合相关法律法规的规定 　☆ 人力资源部要充分考虑合规文化建设内容的重点，制定针对性强和可操作性强的制度内容 　☆ 合规管理部要对合规文化建设内容进行合规审核，确保符合相关规定 （2）审批 　☆ 总经办在审批合规文化建设内容时，要充分考虑合规风险的内在属性和发生的规律，确保合规管理理念能够有效提升员工合规意识 **合规依据** （1）国家法律法规：《中华人民共和国公司法》《合规管理体系要求及使用指南》 （2）地方法规：《××省企业合规管理办法》（参照各地管理办法） （3）企业规章制度："合规文化管理制度"
开展合规文化活动（C8、B8）	**风险点** 合规文化活动未按照备案、审批程序进行，可能会给企业造成不良影响 **合规程序** （1）开展合规文化活动，增强员工合规意识 　☆ 人力资源部应按照流程对合规文化活动进行备案、审批，并做好活动记录，确保活动程序合乎规定 　☆ 人力资源部在开展合规文化活动前，要及时协调相关部门的工作，提前确认场地、时间、受邀方等情况，避免造成不良舆论影响 （2）进行合规监督 　☆ 合规管理部要对合规文化活动全过程进行合规监督，及时提出意见及建议 **合规依据** （1）国家法律法规：《中华人民共和国公司法》《合规管理体系要求及使用指南》 （2）企业规章制度："合规文化管理制度"